박정희 일화에서 신화까지

박정희 일화에서 신화까지 값 15,000원

1판4쇄 2020년 1월 10일 인쇄
1판4쇄 2020년 1월 15일 발행

지 은 이/ 김 인 만

발 행 처/ 서림문화사
발 행 자/ 신 종 호
주   소/ 경기도 파주시 광탄면 장지산로
          278번길 68
홈페이지/ http://www.kung-fu.co.kr
전   화/ (02)763-1445, 742-7070
팩시밀리/ (02)745-4802

등   록/ 제406-3000000251001975000017호(1975.12.1)
특허청 상호등록/ 022307호

ⓒ김인만.,2008.Printed in Korea
ISBN 978-89-7186-525-5 03800
ISBN 978-89-7186-004-5(세트)

박정희
일화에서 신화까지

| 김인만 지음 |

서림문화사

차 례

책 머리에/7

1부_ 택시기사는 요금을 받지 않았다

시골뜨기 소년 박정희__13
빼앗긴 들판의 추억__19
대청봉 비목__23
문경새재의 꿈__27
은혜를 원수로……33
아닌 것은 아니다__36
이 양반 박정희 닮았네__42
버스안내양에게 막말하지 말라__48
껌과 은단__53
'동백아가씨'의 진실__58
우리 것은 소중한 것이여__64
아아 으악새 슬피 우니__68
무기는 미술품이 아니다__73
스트라이크 피칭__76
신성일의 무스탕__79
아빠가 누구냐고 물으신다면__82
아호 '中樹'__87
알리와 프레이저의 게임__90
덧니가 드러나는 파안대소__94
펜촉이 너무 날카로워__101
라면의 열정, 라면의 힘__106
마주 앉아서 '마주앙'__111
제주도에는 기차가 있다__114

포플러 장학금__116
기러기 아빠__118
박정희 연설과 LA갈비__126
택시기사는 요금을 받지 않았다__131
삼청동 재즈카페에 가면__134
은행나무가 울고 살구나무는 순절하더이다__136
사찰에서 박정희 영정을 봉안하는 이유__140

2부_ '공양미 3백석'은 효도가 아니다

퍼스트레이디의 유머__147
남자는 여자를 꺾으려고 고집을 피운다__152
아카시아꽃 계절이 돌아오면__155
자연의 친구들__159
턱 밑에 점 하나__163
어느 병사의 히치하이크__168
근혜 숙제 좀 봐주고 가세요__172
청와대의 멧돼지__176
아이들의 일기장, 공책, 성적표, 그림__179
우아한 한복 속에 숨은 눈물__183
육 여사와 똑같이 성형수술을__186
효자동-원효로간 전차에서__189
누나는 싹쓸이, 아버지는 턱걸이__192
캠퍼스 삽화__194
'공양미 3백석'은 효도가 아니다__198
방울이__202
'짠!' 하고 나타난 손자__204

3부_ 무엇을 물려줄 것인가

1호 헬기의 불시착 사고__209
골프와 초가집__215
논두렁 막걸리가 최고야__220
농수산부장관은 하늘이 떼고 붙이는 자리__224
단비를 흠뻑 맞으며__228
국민의 잠을 깨운 '모닝콜'__231
선거에 패해 정권을 내놓는 한이 있더라도__236
외국이 새마을운동에서 모방할 수 없는 것__241
최초의 '풍년 추석'__246
나는 럭키맨이 아니야__251
데모 학생들 앞으로 뚜벅뚜벅__256
대한민국 주민등록번호 1번__260
빌딩 옮기느라 힘들었다__263
판문점 미루나무__267
남북왕래 치사하지 않게__271
노타이 오픈 칼라__276
달에 보낸 한글 메시지__279
백악관 댄스파티__284
우리도 우유 좀 먹자__288
잘사는 나라엔 나무도 많다__295
대통령 '빽'__300
정주영의 배짱 학력__303
연탄불을 가는 국무총리__308
사람을 움직이는 힘__313
국민의 죄, 숭례문__320
무엇을 물려줄 것인가__325
탄신 100주년을 향하여__331

:: 책 머리에

　2008년 2월 숭례문이 화염에 휩싸였을 때 현장에 나타난 대통령의 모습이 겹쳐지면서 강렬한 느낌으로 다가왔다. 대통령의 일사분란한 지휘 아래 최적의 진화 수단으로 서울의 상징이며 대한민국의 관문이라 할 숭례문을 재앙으로부터 구해내는 장면은 그러나 박정희가 시공을 뛰어넘어 현실로 쳐들어온 착각이고 환각이었다.
　시민들이 몰려나와 발을 동동 구르고 눈물을 흘리며 엎드려 잘못을 비는 현장에는 대통령도 없었고, 정치도 없었다.
　대통령 박정희라면 벌떡 일어나 달려왔을 것이다. 국가의 재앙을 맨 앞에서 막아주는 든든한 대통령이라는 믿음을 주는 점에서 그는 확연히 다르다.
　6백년 풍상을 견딘 숭례문이 대한민국 건국 60년만에 불타 없어지는 '국가관리의 실종'을 보면서 말장난의 포퓰리즘 정치, 알량한 권력놀음, 지도층의 위선과 기회주의, 가진 자들의 방관(傍觀)과 오만, 이타(利他)를 비웃는 이기주의가 횡행하는 현실이 환멸스러울 때, 박정희는 비현실로부터 현실의 문을 박차고 나와 특유의 걸음걸이로 우리 앞에 뚜벅뚜벅 걸어오고 있다.
　우리 앞에 다가와 일거수일투족을 다시 보여주고 있다.

그는 공식행사에서 애국가 부르는 소리가 시원치 않자 다시 부르게 했다. 야구경기의 시구를 하면서 그가 던진 공이 포수석을 벗어나자 다시 던져 스트라이크 존을 관통하고서야 만족한 웃음을 지었다. 목장의 송아지가 더러운 것을 보고는 사람의 몸처럼 깨끗이 닦아주라고 엄하게 지시를 하고, 신발을 구겨 신는 사람에게는 평생 구겨진 팔자로 살고 싶으냐고 야단을 쳤다. 또 그를 따라다니며 고생한 언론사 카메라맨들이 청와대를 떠나게 되었을 때는 얼마의 돈이 예금된 통장을 작별의 선물로 주었다.

형식이 아닌 실질을 중시하고, 목표가 분명하고, 부지런하고, 반듯하고, 알뜰한 그의 면모를 보여주는 일화들이다.

필자는 박정희의 약점이나 인간으로서의 불완전한 내면에 오히려 친근감과 흥미를 갖고 있다. 특별하지 않은 보통 인간의 모습은 스스럼없이 접근할 수가 있고, 그를 가까이 이해할 수 있다는 점에서 그러하다. 장점 자랑은 식상(食傷)하기 쉽지만, 약점은 인간의 모습을 보다 선명히 관찰할 수 있기에 그것대로의 가치가 있다.

세간에서 말하는 인간 박정희의 약점은 여자를 좋아했다는 것, 만주군 장교 경력, 그리고 좌익 연루 사건 이 세가지일 것이다.

술자리 풍월을 즐기는 한량 기질의 사내가 여자를 좋아하는 것은 당연하다. 여자에 빠져서 국가경영을 망쳤다면 욕을 먹어도 싸지만 어디 박정희가 그런 지도자인가. 역사는 사생활을 묻지 않는다.

그는 왜 군인이 되었을까. 독립군도 아닌 하필 일본군이 왜 되었을까. 역사의 관찰자들이 독립투쟁의 윗길을 간 사람들과 그를 마주 세울 때 그는 아랫길에 내려서 있다. 전시(戰時)에 군인이 되는 것은 죽음 앞에 투신하는 것이다. 독립군이든 일본군이든 어쨌든 개인에게는 목숨을 장난하는 시뮬레이션이 아니다. 필자는 박정희의 남에게 굽히기 싫어하는 성격이 군인의 길을 가게 했다고 보고 싶다. 작은 키와, 고개를 굽실거리고 말 것도 없는 당찬 몸집에 가장 걸맞는 것이 군복이었다.

혹자는 그가 해방후 좌우 이념 갈등의 격랑 속에서 좌익 연루자들을 배신하고 혼자만 목숨을 구했다고 말하고 있다. 군 시절의 박정희는 총구를 겨눈 자 앞에서 태연히 술잔을 비워 그를 질려버리게 만드는 위인이었다. 한마디로 좌익 연루 사건은 명분 없는 개죽음의 함정이었다. 죽이기에는 너무 아깝다는 신망을 얻고 있었고, 그것이 그를 살렸다.

또 혹자는 박정희를 일컬어 5.16이 아니었으면 벌써 죽었을 사람이라고 했다. 필자는 이 말에 전적으로 동의한다. 그는 가슴 속에 폭풍을 안고 살았다. 전쟁의 폐허 위에 뒹구는 비참한 가난, 굶주림과 부패, 다 망가져 자빠지고 엎어진 허무와 절망을 견딜 수 없었던 박정희는 5.16이 아니면 내연의 폭발로 산산히 부서졌을 이름이다.

5.16은 운명적인 만남이었다.

그는 5.16 새벽에 한강을 넘으면서부터 한 시대의 영욕(榮辱)을 통음(痛飮)했다. 욕을 먹어도 일본과의 국교수립과 청구권 자금을 해결했으며, 가당치도 않다는 경부고속도로와 종합제철 프로젝트를 욕먹으면서 추진했고, 3선개헌과 10월유신으로 독단, 독주의 정치 이정표를 만들고 새마을운동, 중화학공업, 전자공업의 성적표를 막걸리 마시듯 욕사발을 들이키면서 차곡차곡 기록해 대한민국을 바꾸어놓았다. 세계 각국의 교과서는 '6.25전쟁과 가난의 한국'을 '박정희의 놀라운 한국'으로 바꾸었다.

대통령 박정희에게 독재를 말하는 것은 역사를 볼 줄 모르는 청맹과니의 무례한 입방정이다. 독재는 구미 선진국이 자기들 잣대로 후진국

정치를 모욕할 때 쓰는 단골 용어로서, 이는 부패한 권력, 실패한 장기 집권, 그리고 몰락한 공산주의 지배 체제에 갖다붙여야 온당한 말이다. 역사는 인물의 공적과 성공의 가치를 높여서 평가하고 대접을 하게 되어 있다. 20세기의 가장 놀라운 성공으로 대한민국을 환골탈태시킨 박정희 시대는 독재가 아닌 독단과 독주의 강행군이었다. 국가 역량을 총동원한 땀과 눈물, 그리고 꿈과 사랑의 세월이었다.

박정희는 강한 자에게 무섭고 약한 자에게는 한없이 약해 눈물도 많았다. 서민들에 대한 지존(至尊)의 사랑과, 국가와 민족과 역사에 바치는 충성을 품고 있었으며, 뚝심과 오기, 그리고 고구려 싸울아비의 투지와 조선 선비의 기개를 아우른 듯한 특유의 카리스마로 한 시대를 풍미했다.

이 책은 박정희 시대가 남긴 갖가지 일화에 대한 필자의 해석이다.

박정희 시대 18년은 지독한 정열로 산림녹화를 이룬 것만큼이나 무수한 일화가 숲을 이루고 있다. 일화는 대부분 팩트(fact)를 전하는 이야기다. 미화(美化)의 잡물이 거의 없는 순도 높은 광물(鑛物)이다. 필자는 그것들의 순도를 낮추어 식상한 이야기로 격하시키지 않으려 고심했다.

하나하나의 일화는 박정희 시대가 지니는 역사 질량을 미분(微分)으로 나누어 보는 것이라 할 수 있다. 그리고 일화들을 뭉뚱그려 적분(積分)한 전체 업적을 헤아리고 그것을 신화(神話)로 높여 부르는 역사 시점으로 접근해가는 과정을 보여주고자 필자는 감히 이 책을 썼다.

2008년 7월 인천에서 김인만

제1부

택시기사는 요금을 받지 않았다

시골뜨기 소년 박정희

구미 상모리 고향에서 성장하던 시절의 소년 박정희는 읍내에 장이 서는 날이면 아버지의 손을 잡고 장에 가곤 했다. 아버지는 몸집이 매우 크고, 박정희는 제 또래보다 작았다. 아버지 나이 47세에 본 늦둥이 막내라서 아버지가 할아버지 같고 아들이 손자 같았다.

아버지가 이 집 저 집으로 다니며 술을 마시면 소년은 술상 옆에 앉아 기다리곤 했다.

박정희는 읍내에서 다섯 손가락이 들어가는 장갑을 처음 보고 신기하게 생각했던 시골뜨기였다.

초등학교 3학년 때 열한살 위의 장가 든 형님을 따라 김천에 가서 처음 아이스크림이란 것을 맛보았다. 형님의 처가댁에 가는 길이었다. 고깔 모양의 용기에 담긴 아이스크림을 목제 스푼으로 떠먹는데, 걸음이 빠른 형님을 따라가느라고 빨리 먹다 보니 아이스크림 용기가 찌그러져 버렸다. 그는 고깔 용기를 아이스크림 장수에게 돌려주는 줄만 알고 깜짝 놀랐다.

"형님, 이거 찌그러졌어요. 물어주어야겠어요."

형님을 부르고 아이스크림 장수를 돌아보며 울상을 지었다.

그걸 보고 아이스크림 장수가 껄껄 웃었다.

"애야, 그 그릇도 아이스크림과 함께 씹어먹는 것이니 걱정할 것 없다."

그제서야 안심하고 아이스크림을 용기와 함께 씹어먹었다.

그날 저녁 형님과 형수씨는 박정희를 촌놈이라고 놀려댔다.

5학년 때는 아버지가 검정고무신을 사다 주어 처음 신어 보았다. 아버지가 검정고무신을 사오신 날 밤에 그것을 품에 안고 자더니 이튿날 짚신을 신고 학교에 간다고 나섰다. 검정고무신은 학교에 가서 신는다고 손에 들고 갔다.

학교에서 돌아오면 가을걷이가 끝난 논밭에서 짚을 뭉쳐 만든 축구공을 차고 노는 일이 큰 즐거움이었고, 커다란 황소를 몰고 들판으로 나가 풀을 먹이는 것도 소년의 일과였다.

봄날이면 친구들과 어울려 놀다가 밀밭에서 밀사리를 해 먹기도 했다. 덜 여문 밀을 불에 살라 먹을 때의 구수한 맛과, 그리고 집에서는 소쿠리에 담긴 찐보리를 그대로 입에 넣을 때의 맛도 잊을 수 없는 것이었다.

그러나 먹고 싶어도 먹을 수 없는 것이 많았다. 부잣집에서 생선 굽는 냄새가 나면 견딜 수가 없었다. 장에 갔던 사람이 새끼줄에 매단 간고등어 한손을 줄렁줄렁 들고 돌아오는 모습을 멀건히 바라보기도 했다.

소년에겐 배고픈 날이 많았다.

학교 공부를 마치고 20리나 되는 길을 걸어 집에 돌아오면 배가 무척 고팠다. 부엌에 들어가 솥뚜껑을 열어 보면 아무것도 없는 것이다. 무말랭이나 장아찌 같은 것도 없는 부엌 살림을 뒤지다가 간장을 손가락에 찍어 먹어보곤 하릴없이 뒷산으로 가보았다. 밤나무라도 있으면 밤을 쪄서 먹을 수 있겠건만, 밤나무 한그루도 없는 뒷산에도 먹을 것이 있을 리 없었다.

굶주림과 부황증의 아픔이 가실 날 없었던 보릿고개는 그가 대통령이 된 뒤에도 어지간히도 길게 이어졌다. 정부에서 유실수 심기를 권장하던 시절 그는 청와대 뜰에 밤나무를 심게 했다. 그리고 물과 비료 주는 법 등을 적은 지침서를 비서실에 보내 잘 보살피라고 지시했다. 밤이 처음 열렸을 때 밤알 다섯개를 내무장관에게 보내면서 밤나무 가꾸는 법을 적은 메모를 함께 전달했다. 내무장관은 밤알이 담긴 알콜병 표본을 만들어 관계 공무원들이 오면 알콜병에 걸려 있는 대통령의 메모를 베껴가도록 했다고 한다.

대통령 박정희에게 감나무와 밤나무들은 먹을 것을 주는 나무였

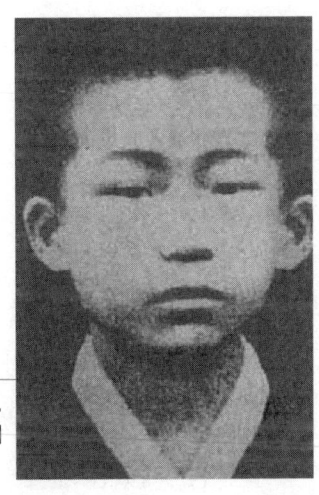

구미초등학교 시절의 박정희.
ⓒ박정희대통령기념사업회

다. 특히 밤나무는 대용 식량을 준다 하여 소중히 여겼다. 밤을 쪄서 먹고 싶었던 키가 작고 영양상태가 나쁜 소년 박정희에게 밤나무는 간절한 그리움의 나무였다.

어려서부터 작은 키는 나이를 먹으면서도 남들의 보통 키를 따라가지 못했다. 그래서 사진기자들은 대통령이 키 큰 외국 손님과 마주 설 때 작은 키를 커버하기 위해 카메라를 낮추어 아래로부터 위를 향하곤 했는데 천정이 찍혀 나올 때가 많았다고 한다.

6학년 졸업 당시의 학교 기록에 보면 그는 신체발육이 '갑, 을, 병'의 '병'이었다. 키가 작아 반에서 줄을 서면 항상 맨앞에서 두번째 자리였다.

구미 상모리 사람들이 부르는 노래가 있었다.

황새야 황새야
뭘 먹고 사니
이웃집 쌀 한됫박
꿔다 먹고 산다
언제 언제 갚니
내일 모레 장보아 갚지.

뿌리 깊은 가난의 세월을 흘러온 구전가요이다.

황량한 들녘에 나와 앉아 황새를 보고 탄식을 하는 그 시절의 모습이 복선(伏線)으로 깔려 있다.

"아버지는 어렸을 때 집이 너무 가난해서 밥을 굶을 때가 많았고 이웃집에서 생선 굽는 냄새가 나면 몹시 먹고 싶었다던 얘기를 하시곤 했다. 그래서 가난이 무엇이고 배고픔이 어떤 건지를 잘 알고 계셨다. 나라가 가난하고 힘이 없어서 국민들이 고생하는 것을 한으로 여기셨던 아버지는 우리 민족이 갱생할 수 있는 길이 없을까 고민하고 또 고민하셨다. 나는 고달픈 몸을 이끌고 한밤중에 잠을 못 이루시던 아버지의 모습을 아직도 기억한다."

박근혜가 전하는 말이다.

상모리 마을에 무서운 버섯이 있었다고 한다. 그 버섯을 먹으면 "당다콩, 당다콩" 하고 소리치다가 죽는다고 해서 '당다콩 버섯' 이라 했다.

소년 박정희는 그 버섯이 무서워 근처에도 가지 않았다고 한다.

박근혜가 아버지의 어린 시절 추억 중에서 이 '당다콩 버섯' 이야기를 가장 재미있어 해서 웃곤 했다고 한다.

아버지에게도 무서운 게 있었다니, 그것도 '당다콩 버섯' 이라니!

호랑이가 곶감이 무서워 도망쳤다는 옛날이야기 같은 것이다. 그야말로 호랑이 담배 먹던 시절의 이야기는 다 그런 재미가 있는 법이다.

오랜 세월이 흘러도 새삼스럽게 떠오르는 추억이 있다.

2008년, 대통령 박정희의 소년 시절 추억이 서린 소나무가 있다고 해서 화제를 모았다. 구미공단의 금성 흑백TV 모태 공장인 LG필립스디스플레이 구미사업장 내에 있는 직경 1미터, 높이 12미터에 수령이 2백60년 된 곰솔이다.

1975년 대통령 박정희가 흑백TV를 생산하던 금성사 공장을 방문하고 이 소나무를 보더니, 어린 시절 풀 먹이던 소를 여기에 매어 두고 책을 읽던 일을 회상했다고 한다. 구미 상모리 집에서 10리 정도 떨어진 곳이다.

　LG 측은 구미공단 조성 초기에 사업장을 신축하면서 이 소나무가 수령이 오래된 점을 고려해 뽑지 않고 그대로 살렸다. 그후 소나무는 몇번 고사 위기를 맞기도 했으나 회사 측이 영양제를 수시로 주사하며 정성으로 보살펴 양호한 건강 상태를 유지해 왔다.

　이같은 사연이 알려져 관계 당국은 2000년 6월 이 소나무를 경북도 보호수로 지정했다. 그후 구경 오는 사람들이 늘어나고, 외국 바이어와 귀빈들이 방문하면 으레 소나무를 배경으로 기념 촬영을 한다고 한다.

　소를 매어두고 책을 읽던 대통령의 어린 시절 자취가 그곳에 있다.

빼앗긴 들판의 추억

오늘의 대구시 중구 대봉동 60번지 경북대 사범대학 부설 중고교는 일제시대 대구사범학교의 맥을 잇고 있는 곳이다.

지금은 남의 땅-빼앗긴 들에도 봄은 오는가?

대구 시인 이상화의 영탄(詠歎)이 흐르던 그 시절, 3남지방의 수재들이 초등 교원의 꿈을 안고 대구사범에 몰려들었다. 당시 전국에 사범학교가 서울, 평양, 대구 세군데밖에 없어 대구사범에 입학하는 학생들이 1개군에서 한명이 나올까 말까 할 정도였다.

구미초등학교에서 최초로 대구사범에 합격한 사람이 박정희였다. 15세 되던 1932년 4월에 입학해서 5년간 수학을 하고 20세 때인 1937년 3월에 졸업해 문경보통학교에 부임해 갔다.

그가 대구사범 5학년 진급을 앞둔 4학년 3학기 중간인 1936년 1월 말쯤이었다.

밤새 눈이 쌓여 상하급생들이 함께 교정의 제설작업을 하고 있었다. 한참 눈을 치우고 있는데 박물교실(博物敎室)의 뒤뜰에서 말다툼

대구사범 시절 고향 구미에서
어머니(백남의)와 함께.
ⓒ박정희대통령기념사업회

하는 소리가 들렸다.

박정희가 그쪽을 돌아보니 대여섯 명의 동급생들이 둘러선 가운데 우락부락한 녀석이 상대도 안 되는 약골을 사정없이 윽박지르고 있었다. 강자의 이름은 석광수, 약자는 주재정이었다. 박정희의 동급생들이다.

"이 자식이 죽을려고 환장을 했나. 어디서 함부로 주둥이를 놀리는 거야!"

으르렁거리는 석광수를 아무도 제지하지 못해 소녀처럼 가냘픈 주재정은 일방적으로 당할 수밖에 없었다. 석광수의 돌주먹에 모두들 겁을 먹어 꼼짝을 못했다.

안 되겠다 싶어 박정희가 그쪽으로 가는데, 석광수가 어디서 주웠는지 유리병을 들어 주재정의 머리를 후려치고 말았다.

"악!"

눈 깜짝할 사이에 주재정은 비명과 함께 쓰러졌고, 시뻘건 피가 얼굴로 흘러내리는 것이었다.

"이놈의 자식!"

꽥 소리를 지르며 뛰어든 것이 박정희였다.

"어, 저 피, 피!"

"괜찮나? 정신 차려라!"

동급생들이 놀라고 당황해 소리를 쳤다.

박정희가 도끼눈을 부릅뜨자 석광수가 움찔했다.

"네가 뭔데 남의 일에 끼어드는 거야?"

"그까짓 일로 사람을 쳐? 네놈이야말로 죽을려고 환장을 했구나!"

박정희는 주재정과 별 차이 없이 키가 작았으나, 동급생들은 걱정하지 않았다. 키는 작아도 당차고, 말이 없어 조용했으나, 돌주먹을 들이대는 석광수 같은 건달들이 함부로 건드리지 못했다. 그는 독사 같은 눈매에 뭔가 폭발할 것 같은 불덩이를 품고 있었던 것이다.

피범벅이 된 얼굴로 의무실에 업혀가는 주재정을 가리키며 박정희가 말했다.

"네놈이 책임을 져야 해. 알았어?"

기세가 꺾인 석광수는 아무런 대꾸도 못했고, 나중에 주재정이 입원한 병원을 찾아가 사과를 했다.

그 사건으로 석광수는 한달 정학 처분을 당했고, 남은 1년 동안 얌전히 공부에 힘써 불명예를 회복했다.

그러나 오랜 세월이 흐른 뒤에도 박정희는 석광수를 가까이 하지 않았다.

"석가 놈에게 가까이 하지 마. 얻어맞을라."

동기생들에게 농담 반 진담 반의 말을 하면서 석광수에 대한 나쁜 인상을 떨쳐버리지 못했다고 한다.

대구사범 동기들이 교육계를 비롯해 사회 각 분야의 지도적인 역할을 담당할 때 석광수는 부산일보의 상무를 역임했다.

모두가 가난과 설움의 그 시절 젊은 꿈의 나래를 펴던 친구들인데, 대통령 박정희는 석광수가 식도암으로 투병중이라는 소식을 듣고 치료비를 대주었다.

석광수가 먼저 떠나고, 박정희도 떠났다.

석광수의 부인은 병상의 남편과 절망에 빠졌을 때 대통령의 도움을 못 잊어 국립현충원 묘소를 찾아가 눈물을 흘렸다고 한다.

대청봉 비목

강원도 인제의 보병7사단.

대한민국 '진짜 사나이'라면 "인제 가면 언제 오나. 원통해서 못 살겠네"라는 말을 알고 있다. 인제, 원통의 산간오지에 복무하는 고달픔을 그렇게 말하면서도 한편으로는 전방에서 가장 군대다운 군대생활을 한다는 강인한 정신과 자부심이 성난 불꽃처럼 튀는 느낌을 준다.

인제의 7사단은 휴전 후 설악산 일대를 관할하고 있었다. 그 일대는 6.25 때 전투가 치열했다.

7사단 예하의 8연대가 대청봉 일대에서 진지 구축작업을 하고 있었다.

사단장은 8연대 장병들의 노고에 대한 관심이 각별했다. 그런데 8연대장의 작업현황 보고가 영 마뜩치 않았다.

"귀관은 대청봉에 올라가 보았소?"

사단장이 묻는 말에 연대장의 얼굴이 붉어졌다.

"아니, 내 부하들이 산꼭대기에 올라가 있는데, 거기를 한번도 가보지 않았단 말인가?"

호통이 떨어지고, 회의 분위기가 얼어붙었다.

사단장은 스페어깡 20개에 막걸리를 채워오게 해서 즉각 참모들과 대청봉으로 향했다.

해발 1천7백미터 고지 정상에서 참호를 파던 병사들이 때아닌 사단장의 출현에 긴장했다.

사단장은 병사들에게 휴식을 명하고 나무그늘에 들어가 막걸리로 목을 축이게 했다.

병사들이 환성을 지르고 막걸리를 마시는 사이, 사단장은 현장을 지휘하는 대대장으로부터 진지 구축 현황에 대한 보고를 받았다.

그런데 웬일로 대대장은 사뭇 엄숙한 표정이었다.

"귀관, 애로사항이 있는가?"

사단장이 물었다.

"아닙니다."

애로사항이 있으면 해결해 주려 했는데 그게 아니었다.

대대장은 별도의 보고를 했다.

"제가 전쟁 때 이곳에서 소대장으로 있었습니다. 적과 교전하다가 부하 병사 한 사람이 참호 안에서 죽어 있는 것을 수습하지 못한 채 후퇴했습니다. 시신을 비옷으로 덮어놓고 돌로 참호를 채운 뒤 표시를 해두고 물러났는데 이번에 진지 작업을 하러 와서 유골을 찾았습니다."

"오, 그래? 어디 가보자."

사단장은 병사의 유골을 확인하고는 사방을 두리번거리기 시작했다. 여기저기를 살피더니 한 곳을 지휘봉으로 가리켰다.

"여기에 매장해 주자."

곧 구덩이를 파고 유골을 고이 싸서 옮겨 묻었다. 나무를 깎아 비목(碑木)을 세운 다음, 막걸리를 붓고 위령제를 지냈다.

"그대의 호국 충혼은 조국과 더불어 영원불멸하리니, 이제 편히 쉬시게."

이때가 1958년. 병사의 비목을 세운 7사단장이 박정희 소장이다. 그는 6.25전쟁을 거쳐 1955년 양구 5사단을 맡아 처음 사단장직에 오른 후 인제 7사단장으로 옮겨다니면서 일선부대를 지휘하고 있었다.

*초연이 쓸고 간 깊은 계곡
깊은 계곡 양지녘에……*

비장하고 힘찬 가곡 '비목'이 등장한 것은 1967년의 일이다. 전방 소대장으로 복무했던 방송국 프로듀서 한명희가 6.25 격전지였던 강원도 화천의 백암산 기슭에서 무명용사의 무덤과 주변에 나뒹굴던 녹슨 철모와 비목 등을 회상하며 노랫말을 짓고 작곡가 장일남이 곡을 붙인 것으로 알려져 있다.

노래를 듣는 대통령 박정희의 심정이 어떠했을지 헤아리기는 어렵지 않다.

*비바람 긴 세월로 이름 모를
이름 모를 비목이여……*

노랫말의 발상지인 강원도 화천군에서는 해마다 '비목 문화제'를 개최하여 지난날 덧없이 스러져간 젊음을 추모하고, 호국의 충혼을 기리고 있다.

　이 나라 이 국민이 온갖 수난을 극복해온 수십년 세월 동안, 예전의 아이가 장년이 되고, 또 지금의 아이가 다음 세상을 이어받아 가는 역사 이정표 위에 선후 세대가 함께 있다. 세월이 무상하고 세태가 아무리 변한다 해도 역사를 동행하는 운명의 공동체간에 국가관과 역사관의 진정성이 빛바래져서는 안 될 것이다.

🌱 문경새재의 꿈

서울과 영남을 가로지르는 문경새재는 옛 정취가 굽이치는 황톳길이다. 지금도 황토 굽이길을 터벅터벅 나그네 걸음으로 넘는다.

문경새재 웬 고갠가. 구부야 구부 구부가 눈물이 난다.

구성진 가락과 함께 고달픈 삶을 등에 지고 넘어야 했던 눈물 고개요, 청운의 뜻을 품고 한양 가는 선비들이 넘던 꿈의 고개이기도 했다. 문경새재 어귀에는 오가는 나그네들을 맞이하는 주막들이 줄지어 있었다.

일제 식민지 시절의 한여름, 밀짚모자를 쓰고 수건을 어깨에 걸친 젊은이가 문경새재 굽이길을 쉬엄쉬엄 넘다가 주막에 들러 풋고추와 된장을 앞에 놓고 시원한 막걸리를 들이킨다.

고개 너머 읍내의 문경서부심상소학교(지금의 문경초등학교) 교사 박정희다.

그가 대구사범학교를 졸업하고 문경소학교에 부임한 것은 20세 되던 해인 1937년.

그 시절 겨울의 어느날, 젊은 선생님은 한겨울 아이들을 눈발이 날리는 운동장에 모이게 했다. 학교의 마지막 일과인 운동시간이다. 남루한 옷차림에 머리와 귀에는 부스럼이 덕지덕지 붙은 아이들이 운동장에서 오들오들 떨고 있었다.

선생님은 손을 들어 눈송이를 가리켰다.

"누구든지 저 눈을 손바닥에 담아 오는 사람은 집에 먼저 보내주겠다."

그러자 몸을 움츠리고 있던 아이들이 "와!" 소리와 함께 흩어져 뛰기 시작했다. 손에 눈송이를 담고 또 담아 움켜쥐고 선생님에게 달려가면 눈은 어느새 녹아 물이 되어 있었다. 그래도 아이들은 신명이 나서 이리 뛰고 저리 뛰기를 멈추지 않았고, 그러는 사이 추위를 잊어버렸다.

당차고 젊은 패기가 넘치는 선생님은 아이들이 웅크리고 있거나 힘없이 느릿느릿 걷는 것을 그대로 두고 보지 않았다. 운동장에서 조회를 마치고 교실에 들어갈 때는 가슴을 펴고 씩씩하게 걸어가라고 으레 행진곡 나팔을 불어 주었다. 나팔을 부는 선생님이다.

학교 아래 하숙집에 묵고 있던 선생님은 새벽이면 운동장에 올라가 마을을 향해 나팔을 불었다. 나팔소리는 산으로 에워싸인 고적(孤寂)한 문경 고을의 새벽 어둠을 흔들고, 먼 곳을 향한 꿈의 날갯짓 같은 파동으로 높은 산마루를 넘어가곤 했다. 그러면 마을 사람들은 나팔소리에 잠이 깨어 소여물을 끓이고, 아직 잠자리에서 일어나지 않은 아이들을 위해 밥을 지었다.

하루는 선생님이 아이들에게 말했다.

1978년 11월24일 문경
초등학교를 방문하여
옛 제자들과 함께.
ⓒ박정희대통령기념사업회

"미국 사람들은 자동차를 한집에서 한대씩 갖고 있고, 일본 사람들은 자전거를 한대씩 갖고 있는데 조선 사람은 지게도 하나씩 가질 수 없으니 우리는 어떡하면 잘살 수 있을까."

일제시대, 춥고 배고픈 그 설움의 세월에 선생님은 먼 구름나라의 꿈 같은 이야기를 들려주며 우리도 잘살 수 있는 길을 찾아야 한다고 아이들을 일깨웠다.

식민지 삶의 고난 속에서도, 그러나 동화 속 장면처럼 눈발이 날리는 운동장에서 춤을 추듯 뛰노는 아이들에게 용기와 꿈을 주던 문경소학교의 선생님은 뒤에 이 나라의 대통령이 되었다.

대통령 박정희.

그의 삶은 식민지 시대로부터 조국근대화 시기에 이르기까지 고난의 바다를 헤쳐온 용기와 꿈, 그리고 고독한 사랑의 항해일지 같은 것이었다.

아 가엾다. 이 내 몸은 그 무얼 찾으려고
끝없는 꿈의 거리를 헤매어 왔노라.

그가 즐겨 불렀던 '황성옛터'의 영탄조(詠歎調) 가락에도 '꿈'이 있다. 망국의 슬픔과 고향을 등진 유랑의 고달픔을 어루만져 주던 이 노래를 부르면서 "끝없는 꿈의 거리를……" 부분에선 목이 메곤 했다고 한다.

일제시대에는 빼앗긴 내 나라의 주권을 찾는, 전쟁의 참상을 겪으면서는 평화를 갈구하는, 그리고 모진 가난을 벗어나고 싶은, 눈물 마를 날 없는 오랜 꿈의 세월이었다.

돌이켜보면 1960년대와 70년대에 근대화에 몸살나게 열정을 바쳤던 것은 '역사의 조바심' 때문이었을지 모른다. 남들이 뛰어갈 때 세상 모르고 잠자던 뒤늦은 역사에 비로소 눈을 떴고, 아득히 앞서가는 나라들, 행복하게 잘사는 나라들을 따라가자면 그들보다 더 빠른 속도로 달려가야 한다는 조바심이 '근대화의 심장'에 불을 당겼으리라.

가난은 굴욕이고, 가난에는 인권도 없고, 가난하면 국가도 없어진다는 역사의 아픔이 골수에 사무쳤기 때문에 '잘살아 보세'를 외쳤고, '하면 된다'고 자신감을 가지라고 부추기면서 '빨리빨리' 가자고 지도자는 다그쳤다.

1960년 후반, 이웃 나라 중국 대륙에 고속도로가 한 뼘도 없을 때 산지가 7할인 이 작은 나라에 가당치도 않다는 고속도로를 닦으면서 대통령 박정희는 자동차를 만들자고 했다. 실 가는 데 바늘 가듯이 자동차가 있어야 하는 것은 당연하다.

대통령의 자동차 생산계획 발표에 업계는 놀랐고, 교수와 지식층에선 후진국이 무슨 자동차냐고 반대했다. 대통령은 한술 더 떠 '1가구 1승용차'의 미래를 예고했지만 그 말을 곧이듣는 사람은 거의 없었다.

국회의원이나 장관들도 자가용을 마련하기가 수월치 않았던 그 시절에 국내에서 자동차를 개발한다는 것은 상상도 하기 어려웠다. 게다가 한집에 자가용 한대씩은 황당하기 짝이 없는 이야기였다.

그러나 대통령은 고속도로 건설에 주도적으로 참여한 현대건설 정주영에게 던져둔 말이 있다.

"당신이 길을 열어야 해."

이 말을 던짐으로써 자동차회사(현대차)가 생기고 국산 고유 모델의 자동차(포니)가 그로부터 8년 후에 탄생했다. 이후 자동차산업은 국가경제를 살찌우는 효자산업으로 급속 성장했으며 한국을 세계에 어깨를 겨루는 자동차 강국으로 자리매김했다.

어느날 딸 박근혜가 물어보았다.

"아버지는 낙관주의자세요, 아니면 비관주의자세요?"

"나는 현실주의자야. 그러나 나에게도 이상은 있어."

거창하지 않고, 딸 앞에서도 약간은 쑥스러운 듯 소박하게 다듬어 내는 말이 부녀간의 살가운 대화 장면을 보는 듯하다.

암울했던 식민지 시대에 "미국 사람들은 자동차를 한집에서 한대씩 갖고 있고……"라며 우리도 잘사는 길을 찾아야 한다던 선구자의 꿈.

지도자는 홀로 꿈꾸지 않는다. 위대한 지도자는 국민에게 꿈을 심어주고 보람의 열매를 주고 나라를 일으킨다.

박정희는 염력(念力)의 마술사처럼 온 국민에게 꿈을 심어 주었다. 꿈의 미래를 보여주고 이 나라를 그림처럼 바꾸어 놓았던 것이다.

1978년 박정희는 문경새재 옛길을 찾았다. 새재의 제3관문인 조령관에서부터 제1관문인 주흘관까지를 걸으며 식민지 시절 아이들을 가르치고 나팔을 불던 추억을 회상했다. 그때 그는 그곳에 차량 통행을 금지시키고 도로포장을 하지 말 것을 지시했다. 그래서 지금도 문경새재 옛길은 자연의 호흡이 살아 있는 황톳길로 남아 있다.

그가 1937년부터 39년까지 아이들을 가르치면서 하숙했던 집도 말끔히 단장되어 보존되고 있다. '청운각'이라고 이름을 붙인 25평 규모의 초가집이다. 그가 쓰던 방에는 책상과 가방, 이불이 가지런히 놓여 있고 벽에는 사진이 걸려 있다. 매년 10월26일이면 제자들의 모임인 '청운회'에서 추모제를 지내고 있다.

은혜를 원수로……

강원도의 어느 부대 병기창고에서 화재가 발생했다. 중요한 병기와 각종 장비가 다 타버렸다는 보고를 받고 연대장은 눈앞이 캄캄했다. 군복을 벗을 수밖에 없을 것 같았다.

화재사고는 즉각 상부에 보고되어 사단장으로부터 호출 명령이 떨어졌다.

"죄송합니다. 책임을 지고 연대장직을 물러나겠습니다."

사단장은 말이 없었다.

무거운 침묵이 흐른 뒤 사단장은 자리에서 일어나 현관 앞에 대기하고 있던 지프에 올랐다.

"타!"

연대장을 뒷자리에 태운 뒤 운전병에게 명령했다.

"가자!"

지프는 인적 없는 산골짜기로 들어섰다. 살벌한 기운이 엄습했다. 전쟁의 상흔이 가시지 않은 전후 50년대.

연대장은 사단장이 권총으로 자기를 쏴죽일지도 모른다는 두려움에 몸을 떨었다.

그러나 지프가 도착한 곳은 사단장 숙소였다.

사단장은 선반에서 양주를 꺼내 맥주잔 두개에 가득 따랐다.

"마셔!"

연대장은 술을 마시지 못하는 체질이었다. 그러나 죄인의 심정으로 술잔에 입을 대었다.

사단장은 한방울도 남기지 않고 잔을 비웠고, 그는 눈을 질끈 감고 목구멍으로 술을 넘겼다.

다시 맥주잔 두개에 술이 채워졌다.

"마셔!"

그는 삼키고 뱉기를 반복하다가 그 자리에 쓰러지고 말았다.

깨어보니 그가 누워 있는 자리가 사단장 침대였다.

사단장은 부관 방에서 담요를 뒤집어쓰고 자다가 일어났다.

그는 잔뜩 움츠러들어 오금을 쓰지 못할 지경이었다.

둘은 다시 아침상 앞에 마주 앉았고, 상에는 또 양주가 올라왔다.

"해장해야지."

사단장은 그가 술 못하는 것을 알고 있었다. 그럼에도 입을 떼지 말고 한꺼번에 마시라고 명령했다.

얼마 후 참모장이 들어와 화재사고가 난 부대에 대한 지시사항이 실행 완료되었음을 보고했다.

그러자 사단장은 연대 복귀를 명령했다.

"돌아가!"

연대장은 체념 상태로 돌아왔다. 연대장실로 들어서니 대기하고 있던 군수참모가 브리핑을 하기 시작했다.

"이번 화재사고로 소실된 장비가 많습니다만 소총, 기관총, 박격포, 무전기 손실분은 각 연대와 타 부대의 지원으로 충당됐고 기타 소소한 장비는 동대문시장에서 구입해 채워 놓았습니다. 병기고는 밤새 전 장병이 동원돼 깨끗이 완성시켜 놓았습니다."

그는 자리에서 벌떡 일어나 엉엉 소리 내어 울고 말았다.

그가 보병 제5사단 제35연대 연대장 김재규였다. 그리고 5사단장은 박정희 소장이었다.

이 이야기는 김재규가 보안사령관으로 있던 1967년 10월 5사단을 방문해서 각 부대장들과 간부들에게 들려준 것으로, 그 자리에 참석했던 5사단 포병사령관 최갑석 대령이 증언하고 있다. (최갑석 〈장군이 된 이등병〉)

그때 5사단에서 무장공비 세 명을 사살한 전과가 있어서 김재규가 격려차 방문했던 것이다.

"사단장과 연대장 사이가 가장 가까워야 합니다. 박 대통령 각하께서 5사단장으로 계실 때 나는 35연대장으로 있었습니다. 처벌받아 마땅한 나를 사단장 각하는 그렇게 배려해 주셨습니다."

그러면서 김재규는 백골난망, 은혜를 입고 사나이로서 목숨 바쳐 충성해야겠다고 다짐했노라고 말했다.

1979년 10월 말, 위의 최갑석은 보통군법회의 육군 심판관으로 궁정동 사건 현장을 검증하면서 다른 사람도 아닌 김재규가 대통령을 시해했다는 사실이 도저히 믿어지지 않아 무척 혼란스러웠다고 했다. "은혜를 원수로 갚는다"는 말이 있지만, 그것만으로는 납득하기가 매우 어려웠다고 했다.

아닌 것은 아니다

　부자에게는 사회적인 도덕규범이 있다. 예로부터 존경받는 부자들은 흉년에 뒤주를 열어놓고 고기 굽는 냄새를 피우지 않았다. 역사의 격동기에는 부잣집이 공격의 대상이 되었지만, 가엾은 사람들에게 미덕을 베풀 줄 아는 부자들은 민란이 일어나도 주민들의 보호를 받았다.
　퍼스트레이디 육영수의 친정은 옥천 부잣집으로 유명했다. 부친 육종관은 개화시대의 신문물에 눈을 떠 옥천과 대전 지방에서 최초로 자가용 승용차를 가졌으며, 취미로 16밀리 필름에 활동사진을 찍어 집안에서 영사기로 돌려 보는 사람이었다. 농사용 트럭까지 가진 만석꾼이어서 옥천 사람들이 육씨네 땅을 밟지 않고는 서울을 못 간다고 했다. 그는 돈을 다리미로 다릴 정도로 구겨진 돈을 용납 못하는 성격이었으나, 밭농사, 논농사, 양잠할 것 없이 열심히 땀 흘려 부농을 이루었고, 적어도 부당한 방법으로 재물을 축적하지는 않았다. 대궐 같은 집에 전기를 끌어들일 때 옥천역에서 자기 마을까지 자비로 모든 전봇대를 세워준 일도 있었다. 그러나 챙길 줄만 알았지 진정으로 베풀 줄을 아는 부자는 아니었다.

청와대 시절, 육영수는 자기 부친을 미화한 신문기사를 보고 당혹했다.

비서관을 불러 기사를 보여주며 한숨을 쉬었다.

"나는 이런 기사가 조금도 고맙지 않아요. 사실이 아니니까요."

그 아버지의 딸이지만, 그 기사는 결코 달갑지 않았다. 부자의 미덕을 아는 아버지가 아닌 것이다.

옥천 사람들이 하는 말이 있었다.

"육씨네는 대문이 여섯개에다 첩이 여섯명이라네."

지난날의 부자들이 그랬던 것처럼 그 아버지도 첩을 여럿 거느리고 떵떵거렸으며, 옥천 코흘리개들이 '육종관' 이름을 함부로 부를 정도로 인심이 좋지 않았다.

예나 지금이나 노블리스 오블리제를 모르는 부자는 존경의 대상이 아니다.

"이걸 옥천 사람들이 보면 어떻게 생각할지, 원!"

육영수는 아버지가 결코 존경받을 만한 부자가 아니라는 사실을 신문사에 바로 알리라고 비서관에게 일렀다.

그 시절의 청와대는 국가경영을 지휘하는 총사령탑으로 권력의 집중도가 높았다. 눈꼴 사나운 충성과 아부도 적지 않았다.

대통령의 생일날 오후 늦게 어느 장관이 급한 보고가 있어 청와대에 올라왔다.

그날 석간신문에 생신을 맞은 대통령이 평상시와 다름없이 집무했다는 기사가 났다.

"늦었으니 저녁이나 들고 가시오."

박정희는 일과 후에 보고를 하러 오는 고위 공직자들을 그냥 보내지 않고 저녁식사를 함께 하곤 했다. 식탁에 수저 하나 더 놓으면 그만이지만, 대통령 내외와 함께 식탁에 앉은 그 장관에겐 영광이 아닐 수 없었다. 더구나 대통령 생신날임에랴!

그 장관이 사주풀이를 하더니 이렇게 말했다.

"각하의 생신 일진이 매우 좋습니다."

주역을 좀 아는 장관이었다.

대통령 박정희의 생일은 음력 9월30일이다. 지난날 음력을 중시하던 민간의 생활 양식과 달리 공식적으로는 양력을 기준으로 하고 있었으나 고치기가 번거로워 그냥 내버려두었다. 그래서 양력 9월 30일이면 국무총리가 청와대에 와서 생신 축하 인사를 올리곤 했다.

"오늘이 매우 길한 날이라 오늘 태어난 역사의 위인들이 많습니다."

박정희는 이렇게 말하는 장관이 무안해 할까봐 오늘이 생일이 아니라는 말은 하지 않고 빙그레 웃기만 했다.

그가 태어난 1917년 음력 9월30일은 양력으로 11월14일이다. 그러니 양력 9월30일의 사주는 넌센스였던 것이다.

이튿날 육영수는 비서관에게 "남자들이 왜 그렇게 아부를 좋아하는지 모르겠다"며 쓴웃음을 지었다.

육영수가 부친을 미화한 신문기사를 보고 그랬던 것처럼 박정희는 자기를 미화하는 행위에 대해 냉정했다.

일제시대에 그는 만주군관학교를 나와 장교가 되었다. 풍찬노숙

하며 투쟁하던 독립운동가와 만주군 장교 박정희는 명암이 뚜렷한 역사의 대조적인 부분이다. 작은 키에 음울한 표정의 식민지 젊은이 박정희는 왜 만주로 갔을까. 그는 남에게 고개 숙이지 않는 성격의 소유자였다. 이순신과 나폴레옹을 숭상했다. 그런 성격의 무인(武人) 기질이 그를 만주로 가게 했을지 모를 일이다. 상급자에게 경례를 붙일지언정 굽신거리지 않는 고개 뻣뻣한 존재가 군인뿐이므로.

어쨌거나 식민지 조국의 해방을 위해 기여한 것이 전혀 없는 젊은 날의 경력에 대해 그는 보태고 말 것도 없다는 식이었다. 해방 후 국군 장교로 들어가 인생 역정을 바꾸지 않은 것도 작은 키에 고개를 숙이고 말 것도 없는 당찬 인간 박정희의 무인 기질 때문이었을 것이다.

혁명정부 시절인 1962년 겨울, 그의 만주군 시절을 미화한 기고문이 신문에 난 적이 있었다. '16년 전의 박정희 학우(學友)' 라는 제목의 기고문 필자는 가오칭인(高慶印)이라는 이름의 만주군관학교 중국인 동기생이었다. 예컨대 그 글은 그가 애국 동지들을 규합해 일제에 저항하기 위한 지하공작을 꾀하면서, 조국땅에 돌아가 해방과 건국에 봉사하지 못하는 처지를 탄식했다는 식의 서술로 사실과 달리 상당히 왜곡되고 미화된 것이었다.

가오칭인은 대통령이 된 박정희를 만나고 싶어했다. 사업상의 도움을 요청하려고 청와대에 면회를 신청했다. 그러나 청와대의 문전박대로 옛 동기생 박정희를 만날 수 없었다.

1967년에는 광복군 출신 박영만이 쓴 소설 〈광복군〉이 또 오해를 불러일으켰다. 소설 〈광복군〉은 일제 말기 박정희의 비밀결사 활동을 그린 것으로 박정희라는 실명과 함께 그의 동선(動線)을 논픽션으로 처리한 것이 문제였다. 이야기의 골자는 박정희가 일본군 내의 한국인 동지들과 조국의 독립을 위한 비밀조직을 만들고, 광복군 제3지대장이던 김학규 장군의 지휘를 받아 일본군 공격을 준비하다가 조국의 해방으로 무산되고 말았다는 것이었다.

책은 청와대에 전달되었고, 박영만은 응분의 사례를 기대했다.

내용을 훑어본 박정희는 버럭 화를 냈다.

"누가 이런 엉터리 책을 쓰라고 했어?"

박영만은 돈 한푼 못받고 호통을 들었다고 한다.

그 무렵 박정희는 극장에서 상영하는 뉴스나 영화, 텔레비전에 자기 얼굴이 너무 많이 나오는 것을 지적한 일이 있다.

"그렇게 나를 찍을 필름이 있으면 진취적이고 국민을 계몽할 수 있는 문화영화를 만들어 국민들이 다 같이 즐길 수 있도록 하시오."

공보부 영화제작소장에게 지시했다. (1962년 1월21일)

충청북도 초도순시에서는 올바른 국사 교육을 위하여 국가원수의 치적 지도서를 발간하여 배포할 계획이라는 충북 교육감의 보고가 있었다.

"지난 10년간의 경제개발이라든가 공업 발전상 같은 것을 책으로 만드는 것은 좋으나 대통령 개인의 것으로 하진 마시오. 경제발전을 대통령 개인이 한 것도 아닌데 그렇게 만들면 되겠소?"

그 자리에서 시정조치를 했다. (1974년 2월8일)

그는 사물의 가치 평가에 자신이 공공연히 개입되는 것을 거부했다. 사물의 실체를 있는 그대로 냉정히 평가하는 것만이 국가적 과제나 역사적 사실 앞에 당당할 수 있다는 자세였다.

만주군 장교 출신의 경력에 대해서도 태연했다. 감추려 하지도 않았고, 보태고 말 것도 없다는 태도였다.

"여러분이 나에게 친일이냐 반일이냐고 묻는다면 서슴지 않고 반일이라고 말할 것입니다. 이것은 한국인이면 누구나 다 같습니다."

미국 방문 중 워싱턴 프레스클럽에서 한 연설 대목이다. (1965년 5월18일)

광복회 원로 회원들이 박영만의 소설 〈광복군〉에 대해 청와대에 질의를 한 적이 있다고 한다.

"진짜 비밀 광복군이었습니까?"

그때 박정희는 자기가 비밀 광복군이었다는 건 사실이 아니라고 분명히 선을 그었다는 것이다.

아닌 것은 아니다.

그는 과거와 미래의 역사 앞에 당당했다.

이 양반 박정희 닮았네

1960년대의 한국 경제를 열정적으로 이끌어간 경제부총리 장기영은 시도 때도 없이 이 사람 저 사람에게 전화를 하기로 유명했다. 1966년 3월6일, 일요일에 집에서 쉬고 있던 청와대 정보비서관 권상하에게 전화를 걸어 좀 만나자고 했다.

권상하가 그때의 이야기를 대구사범 동창회보에 공개한 바 있다. (사기회보 제39호)

장기영은 한국일보 사주(社主)이기도 하고, 권상하는 대구일보 기자 출신에다 대통령 박정희의 대구사범 동기생이다.

두 사람은 부총리실에서 만났다.

장기영은 한국일보가 조성한 남한강변의 포플러 단지 이야기를 꺼냈다.

"대통령께서도 큰 관심을 갖고 계신 사업인데 나무들의 성장이 아주 좋아 한번 보여 드리고 싶소."

그러니 대통령의 의향을 물어달라는 것이었다.

한국일보는 1964년부터 황량한 국토를 푸르게 가꾸기 위한 캠페인으로 포플러 심기 운동을 벌여 자체로 조림단지를 조성하고, 장기영은 사재를 털어 묘목을 사 지방에 보내주는 등 포플러를 적극적으로 보급해서 산림녹화를 뚝심으로 밀어붙이는 대통령과 죽이 잘 맞았다.

"마침 일요일이고 하니 저와 함께 청와대로 들어가 말씀을 드려봅시다."

권상하의 권유대로 청와대에 들어가니, 대통령이 막내 지만이와 국수를 먹고 있었다.

"어이, 잘 왔소. 먹을 복이 있는 양반들이구만."

함께 국수로 요기를 하면서 권상하가 말을 꺼냈다.

"각하, 오늘 오후 일정이 어떻게 되십니까?"

"안 그래도 야외라도 나갈까 하는데."

보름 전에 동남아 순방을 마치고 돌아온 박정희는 여독(旅毒)도 충분히 풀려 활력이 넘치는데 한가한 일요일을 무료하게 보낼 참이었다.

"그러면 좋은 코스가 있습니다."

포플러 단지 시찰을 건의하자 반색을 했고, 세 사람은 곧 점퍼 차림으로 지프차에 올랐다.

검은 안경을 쓴 대통령이 운전석 옆에 앉고, 두 사람은 뒷자리를 차지했다.

민정 시찰을 겸한 이른바 대통령의 잠행(潛行)이다. 잠행을 할 때는 항상 검은 안경에 점퍼 차림을 했다.

암청색으로 선팅한 차창 밖으로 시가의 정황을 샅샅이 살피며 지프는 시내를 벗어나 팔당, 양수리, 양평, 이천, 여주를 거쳐서 남한강변의 포플러 단지에 도착했다.

한겨울 추위를 견디고 봄눈에 막 물이 오르기 시작한 포플러가 큰 무리를 지어 일행을 반겼다. 이탈리아 원산의 포플러였다. 국토가 너무 헐벗어 빨리 자라는 나무가 최고라는 전문가들의 의견에 따라 임목육종연구소가 1961년에 도입해서 증식한 것을 한국일보가 한국포플러위원회와 손잡고 대대적인 보급운동에 나서고 있었다.

박정희는 쭉쭉 뻗은 나무들을 두루 살피고는 두 팔에 안아 보고, 흔들어 보고, 매달려 보면서 무척 흡족해했다.

"대성공이오. 우리 국토에 쓸모없는 땅이 많으니 이런 속성수(速成樹)를 빨리 보급해서 수익성 있는 국토 녹화를 해야겠소."

"각하께서 힘을 실어주시니 성과가 빠릅니다."

대통령의 치하에 장기영은 감사의 말로 답했다. 1965년 2월1일 대통령은 한국일보에 성금을 보내주면서 "이 운동은 경제개발5개년계획의 일환으로 추진하는 치산녹화사업을 촉진할 뿐 아니라 가난한 농촌을 부흥시키는 첩경이 될 것"이라고 격려했던 것이다.

시간이 훌쩍 지나 4시 반경이 되었다.

3월인데 먼 산에는 눈이 하얗게 덮여 있었고, 옷깃을 파고드는 석양의 강바람은 쌀쌀해서 으슬으슬 추웠다.

귀로에 오른 지프가 여주의 한적한 길에 접어들자 허름한 주막이 나타났다.

아니나 다를까, 박정희가 차를 세웠다.

"좀 들렀다 가세."

누추하고 전깃불도 없이 컴컴한 주막이었다.

1976년 8월1일 진해 휴양지에서.
ⓒ박정희대통령기념사업회

50줄 나이의 뚱뚱한 주모가 안내하는 대로 메주 냄새가 물씬 나는 방으로 들어가니 아랫목이 따뜻해서 몸을 녹이는 데는 안성맞춤이었다.

박정희가 아랫목, 두 사람은 웃목에 마주앉았다. 박정희는 고향집에 온 듯 편한 자세로 퍼더버리고 앉았는데 버릇대로 안경을 벗진 않았다.

"날도 쌀쌀하니 막걸리 따끈하게 해서 한사발 주시오."

얼마 후 주모는 찌개 안주와 따끈한 막걸리를 가져와 손님들에게 한사발씩 권했다.

"사장님, 술맛이 괜찮은데요."

잠행을 할 때는 대통령 박정희가 아닌 '박사장'으로 행세하는 것이 관례여서 동행자들은 한껏 풀어진 분위기를 즐길 수 있었다.

손님들과 막걸리 사발을 주거니 받거니 하던 주모가 박정희를 요리조리 훑어보았다. 그러더니 갑자기 박정희의 무릎을 탁 쳤다.
"아이고, 이 양반이 꼭 박정희를 닮았네. 신문에서 본 그대로야. 똑같애. 어쩌면 이렇게 똑같은지 몰라."
순간, 동행자들은 긴장했다.
"주모! 내가 왜 박정희 닮아? 모두들 박정희가 날 닮았다고 하는데."
박정희가 능청을 떨자, 비로소 킥킥 웃음이 나왔다.
주모는 손님들 눈치는 아랑곳없다는 듯 얼굴이 불콰해지도록 술상 앞에 꼭 붙어앉아 이것저것 참견하다가 고달픈 세상살이 불평 불만을 늘어놓더니 정부에 대해 욕사발을 퍼붓기 시작했다.
동행자들은 술기운이 싹 가시면서 안절부절못하는데, 박정희가 흥에 겨워 추임새를 넣어주니 잔뜩 기세가 오른 주모는 군수, 경찰서장, 지서 주임에서 아무개 순경까지, 또 면장과 면서기들을 일일이 거명하면서 '죄상'을 낱낱이 폭로하는 것이었다. 그러더니 다시 박정희로 돌아왔다.
"박정희는 새까맣고 조그만 것이 어찌 그리 간이 큰가 몰라. 하도 단단해서 돌로 쳐도 안 죽을 거야."
동행자들은 오싹해서 그저 주모의 입방정이 끝나기만 고대하는데, 박정희는 파안대소하며 연신 맞장구를 쳤다.
방안으로 어둠이 기어들 무렵, 마을 청년 한 무더기가 들이닥쳐 화투판을 벌이려 하므로 일행은 황급히 자리를 털고 일어났다. 술값 3천원을 치르고 도망치듯 빠져나왔다.
차창 밖으로 서쪽 하늘에 저녁놀이 아름답게 물들어 있었으나, 입정 사나운 주모를 만나 호되게 당하고 보니 장기영, 권상하 두 동행자들은 대통령의 유쾌한 일요일을 망친 기분을 떨칠 수가 없었다.

불안한 침묵을 깨고 권상하가 입을 열었다.

"죄송합니다."

"어, 무슨 소리야? 아주 즐거웠어. 그게 진짜 민심이라는 거야."

다음날인 월요일 오전 11시에 그곳 군수와 서장이 청와대로 부리나케 달려왔다. 주막에서 급히 자리를 피하는 일행을 이상히 여긴 마을 청년들이 주모로부터 말을 전해 들으니 영락없는 대통령인지라 소문이 금방 쫙 퍼졌다는 것이다.

군수와 서장은 바짝 쪼그라들어 죽을상이었다.

"어제 각하께서 오셨는데 전혀 몰랐고, 무식한 주모가 너무 방정을 떨어서 몸둘 바가 없습니다."

백배 사죄하며 처분만 바란다는 듯 고개를 조아렸다.

권상하는 두 사람의 이야기를 대통령에게 구두로 보고했다.

박정희는 껄껄 웃으며 이렇게 말했다.

"어제 주모한테 민정을 잘 전해 들었고, 좋은 충고도 고맙게 받아들이겠다고 그 군수하고 서장한테 전해주게. 그리고 그 두 사람에게 그 주모를 잘 보살펴 주도록 부탁한다고 해."

잔뜩 움츠러들었던 군수와 서장은 비서관으로부터 대통령의 말을 전해 듣고는 어깨를 펴고 돌아갔다.

검은 안경에 점퍼 차림의 박정희가 민생을 살피고 망중한(忙中閑)의 여백을 막걸리로 채우기도 했던 소탈한 모습은 그 시대에만 볼 수 있었던 대통령의 현대판 미복잠행(微服潛行)이었다.

버스안내양에게 막말하지 말라

1960~70년대에 늘 대중과 함께 움직이는 도시의 억척스런 생활인이 버스안내양이었다. 대부분 돈 한번 벌어 잘살아 보겠다고 시골에서 도시로 나온 처녀들이었다.

1962년 11월, 서울 시내버스 26개 노선에 근무하는 안내양 2백13명을 대상으로 한 조사 결과에 의하면 대부분 18세 전후의 나이에, 초등학교를 나온 뒤 할 일이 없어 버스안내양이 되었다고 했다. 그들의 하루 노동시간은 18시간이었고, 하루 잠자리에 드는 시간은 4~5시간, 식사시간은 1시간에 불과했다.

승용차가 흔치 않은 시절이라 출퇴근 시간의 버스는 늘 콩나물 시루였고, 안내양들은 한 사람이라도 더 태우려고 안간힘을 썼다. 버스 승객들은 안내양들에게 하녀 대하듯이 막말하기가 일쑤였고, 버스 노선을 돌고 오면 요금을 훔치는 '삥땅'을 의심한 몸수색도 당연시되었다.

만원버스에 손님을 태우다 밖으로 굴러떨어져 크게 다치는 일도 있었고, 대학생의 꼬임에 넘어가 실패한 사랑의 아픔도 있었다. 그리고 회사측의 지나친 몸수색에 항의해 자결하는 사건도 있었다.

1977년 11월, 대통령의 딸 박근혜가 서울시내 버스안내양들의 바자회에 갔다. 안내양들의 복지에 써달라는 대통령의 보조금을 전달하고, 안내양들이 만든 수예와 편물 작품을 관람했다.

딸에게 안내양들의 이야기를 들은 대통령 박정희는 서울시내 91개 버스회사에 대한 대대적인 감사를 실시했다. 청와대 민정수석비서관과 감사원으로 구성된 조사반이 1만여명 버스양내양들의 합숙소, 식당, 침실, 침구 등 후생복지 시설과 근로 조건을 조사한 결과, 상당수 업체가 시설이 불비할 뿐 아니라 근무조건이 열악하다는 보고였다.

박정희는 교통부장관과 서울시장, 노동청장을 불러 시설이 나쁜 버스업체들은 조속히 개선해서 안내양들의 근무에 불편이 없도록 복지 향상에 힘쓰도록 권장하라고 지시하면서, 시설 개선에 필요한 자금이 부족한 업체에는 특별 자금을 지원하라고 했다.

아울러 이렇게 말했다.

"일부 지각없는 시민들이 버스안내양들에게 폭언이나 폭행을 하는 일이 없도록 계몽지도하여 법에 어긋나는 행위가 있을 때는 엄중 조치하시오."

그가 딸 박근혜에게 또 들은 말이 있다.

"겨울이라 매우 추워 해요. 따뜻한 옷을 입혔으면……."

"음, 방한복을 해주어야겠구만. 역시 소녀들이니까 모양나게 입어야겠지?"

그는 직접 모자가 달린 방한복의 디자인을 고르고, 그대로 만들어 달라고 제조업체에 일을 맡겼다. 그렇게 만들어진 방한복 상하 한벌

씩을 서울시내 버스안내양 1만여명에게 보내주고 그들을 위로했다.

그리고 이듬해 1978년 1월 연두 기자회견에서 새해 정부 시책과 특별히 당부하고 싶은 말을 해달라는 기자의 질문에 대한 답변에서 버스안내양 이야기를 했다.

"요즘 서울에는 교통 사정이 대단히 나쁘고 버스 한번 타기가 대단히 힘이 든다고 합니다. 불편하고 혼잡해서 버스를 타면 짜증이 나고 신경질이 나는 것도 충분히 이해가 갑니다. 그렇다고 해서 버스에 근무하는 안내양들에게 큰 소리를 친다든지, 거친 말을 쓴다든지 때로는 욕설을 한다든지 그런 점잖지 못한 행동을 하는 것은 시정되어야 한다고 생각합니다. 버스가 혼잡하고 불편한 것이 결코 안내양들의 책임이 아닙니다. 책임이 있다면 버스 회사에 책임이 있고, 더 위로 추궁을 하면 서울시에 책임이 있고, 또 더 추궁하면 정부의 책임이라고 할 수 있을는지 모르지만, 버스가 혼잡한 것이 안내양에게 무슨 책임이 있으며, 왜 안내양들에게 화풀이하고 짜증을 내고, 신경질을 내고 큰 소리를 하느냐 하는 것입니다.

버스를 이용하는 시민들도 그들을 남처럼 생각지 말고 내 딸이나 내 누이동생이 저런 직장에 나가서 새벽부터 밤늦게까지 하루 종일 고된 일을 하고 있다고 생각하면 불편하고 짜증이 나더라도 절대로 신경질을 부리지 않고 거친 말도 쓰지 않겠지 않겠느냐 하는 것입니다. 소녀들의 여러가지 딱한 사정을 잘 이해하고 아량을 가지고, 버스에서 서로 고운 말은 주고받고 서로 웃음을 주고받고, 또 노약자들이 들어오면 아무리 복잡한 속에서도 서로 자리를 양보하는 이런 인정이 오고 가는 명랑한 버스, 그런 버스를 타면 훨씬 편리하고 버

1977년 12월19일 구자춘 서울시장이 대통령이 직접 디자인을 고른 방한복을 버스안내양들에게 전달하고 있다.
ⓒ국가기록원

스도 빨리 갈 것이며, 다소 복잡하더라도 기분이 나쁘지는 않을 것입니다."

이어서 그해 2월에는 버스안내양의 방한복을 무료로 납품해준 제조업체 사장(권태흥)에게 편지를 보내 "가정형편이 허락하지 않아 상급학교에 진학도 못하고 직업전선에 나와서 고된 일을 하면서 국민에게 봉사하고 있는 소녀들을 위로하고 격려할까 하는 뜻에서 방한 코트 제작을 의뢰했던 것인데 방한 바지를 함께 제작해 무료로 납품을 해주어 진심으로 감사한다"고 했다.

대통령 박정희가 민생 부분에서 가장 주목한 것이 버스안내양들의 문제였다. 가슴 아픈 사연들이 많기도 했지만, 그는 특히 안내양들의 인권을 무시하고 막말을 하는 현실에 상당히 화를 냈다.

"버스안내양들의 대부분이 중학교나 고등학교를 중퇴했고 불우한 가정의 처녀들인데 이들의 처우도 좋지 않으니 이들이 의욕을 갖고 친절히 일하도록 배려해야 한다. 넥타이 매고 버젓한 신사들이 이들 불우한 안내양들에게 따뜻하고 부드럽게 얘기하지 않고 상스럽게 얘기들을 하는 경향이 있는데 옷 잘 입고 잘 먹고 좋은 차를 타야 신사가 되는 것이 아니고 인격이 갖춰져야 신사다. 국법을 어긴 사람들을 법에 의해 처벌을 하면 인권 침해가 아니냐면서 굉장히 떠드는 사람들이 안내양의 인격을 존중하지 않고 과격한 말을 쓰는 등 천시하는데 이것이 훨씬 큰 인권 침해다."

그는 분노의 말을 자주 했다.

버스의 남자 차장들이 여성들로 교체되어 버스안내양이 처음 등장한 것은 5.16혁명 직후였다. 근대화시대와 함께 출발한 버스안내양들은 대부분 옷이나 화장품 구입 등 여성으로서의 당연한 소비 욕구를 억제하면서 돈을 고향집에 보내 송아지도 사서 키우게 하고 남동생 학비를 대주면서 억척스럽게 살았다.

이후 그들에게도 경제성장에 따른 면학과 취업 등의 확대된 기회가 주어지는 사회적 변화가 오고 1980년대에 자동문과 요금함이 달린 자율버스가 등장함으로써 그들은 버스를 떠났다.

그들은 근대화시대와 함께 땀을 흘린 역동적인 민생의 구성원이었다. 기억되어야 할 헌신적인 누이들이다.

껌과 은단

시계, 열쇠, 돈지갑, 손수건, 수첩, 껌.

양복 속에서 나온 소지품들이다. 대통령 박정희가 마지막으로 입었던 양복이다.

이 중에서 껌은 금연 결심을 하고 담배의 공백을 대신 메우던 것이었다.

주머니 속에 은단을 갖고 다니는 경호원도 있었다. 대통령이 가끔 은단을 찾기 때문에 항상 몸에 지니고 다녔다고 한다.

그러나 금연은 성공하지 못했다.

그는 젊어서부터 거의 줄담배를 피우다시피하는 골초였다. 해방 후 육사 교육을 받던 시절에는 배급 담배가 모자라 담배 안 피우는 동료가 주는 것으로 양을 채우기도 했다. 지독히도 많이 피웠다고 그를 아는 사람들은 말했다.

옛 시절 그의 고향집에는 다른 집에서 볼 수 없는 장면이 있었다. 아버지가 어머니에게 담배를 권하고 같이 피웠다. 그의 어머니는 어린 시절에 할아버지의 담배 수발을 도맡아 하느라고 담뱃대에 불을 붙일 때마다 몇모금씩 빨다가 담배를 배우게 되었다고 한다. 아버지는 이런 어머니의 흡연 내력을 존중했다. 그때 소년 박정희가 보았던, 집에 돈이 없어 근심걱정으로 밤에 잠 못 이루고 한숨과 함께 담배연기를 토하던 어머니 모습은 오랜 세월이 흘러도 잊혀지지 않는 선명한 그림으로 남아 있었다.

젊은날의 박정희는 까무잡잡한 얼굴에 욕구불만을 억누른 눈동자는 불꽃을 튀기고, 말이 없는 그 입에 오직 담배만이 물려 있었다.

청와대에서도 늘 마주앉은 사람에게는 담배부터 권했다. 그리고 라이터 불을 붙여주는 다정다감한 대통령을 회고하는 사람들이 한둘이 아니다.

그러나 부인 육영수는 남편의 지나친 흡연을 방관할 수 없었다. 남편이 담배를 태우면 속이 타는 것은 부인이다.

박정희는 가족과 함께 텔레비전을 보다가도 화면 속의 인물이 담배를 피우면 그냥 넘기지를 못하고 주머니의 담배를 꺼냈다. 인기 드라마 '수사반장'의 주연 배우 최불암이 버버리코트 차림에 담배를 피우는 장면은 남정네들의 흡연 충동을 일으키는 데 더할나위없는 가장 대표적인 사례라고 할 만했다.

최불암이 전하는 이야기가 있다.

1973년의 어느 일요일 저녁, '수사반장'이 방영되는 시간에 최불암은 집에서 텔레비전을 보다가 어디선가 걸려온 전화를 받았다.

"안녕하셨어요? 저 육영수입니다."

그 소리에 깜짝 놀라 벌떡 일어났다.

대통령 부인은 '수사반장' 드라마를 이야기하려는 것이었다.

"아이고, 담배를 많이 피우시네요."

1968년 9월 호주를 방문해서 고튼 수상에게 담배를 권하고 있다.
ⓒ국가기록원

당시는 배우들이 담배를 멋지게 피우는 것이 빼놓을 수 없는 연기인지라 최불암은 은근히 기분이 좋았다.

"네, 넉 대를 태웁니다."

드라마 한편에 담배 피우는 장면이 네번 설정되어 있어 그렇게 말했다. 그는 대통령 부인이 드라마에서 형사반의 박 반장인 자기의 연기를 칭찬하는 줄 알고 있었다.

"담배 태우시는 건 드라마에서 속상할 때 연기하시는 거니까 그런 줄 압니다. 이 양반도 담배를 많이 피우시는데 텔레비전의 박 반장이 담배 태우실 때 꼭 따라 피워요."

그때 옆에서 남자의 웃음소리가 났다. 귀에 익은 음성이라 옆에 대통령이 있는 것을 알아차릴 수 있었다.

대통령 부인의 사근사근하고 약간 조심스러운 듯한 말소리는 계속 이어졌다.

"이 양반 피우는 건 괜찮아요. 이쪽은 상관없는데, 인기가 높으신 분이라 드라마에서 속상해서 담배를 피우실 때마다 국민이 모두 속상하게 따라 피울 것 같아요. 건강이 좋아질 리가 있겠습니까."

1부_ 택시기사는 요금을 받지 않았다 | 55

그제서야 최불암은 가슴이 뜨끔했다.

"아이고, 좀 줄이시면 좋겠네요."

그게 용건이었다.

최불암은 청와대에서도 가족이 텔레비전을 보던 그 화목한 저녁 시간에 친근한 말씨로 흡연의 영향을 걱정하던 대통령 부인을 잊을 수 없노라고 했다.(최불암 에세이 〈인생은 연극이고 인간은 배우라는 오래된 대사에 관하여〉)

그런 부인이 먼저 세상을 뜬 후 홀아비 박정희에게 담배는 더 필요한 위안이었을지 모른다. 그런데 홀아비 대통령의 쓸쓸한 공간을 메우고 있던 담배를 끊어야 한다고 권고한 사람이 있었다. 주치의다. 주치의가 금연을 권고한 것은 축농증 때문이었다.

박정희의 연설을 듣노라면 감기 걸린 목소리 같은 느낌이 들 때가 많았는데 실제로 그는 감기를 자주 앓았다. 축농증 때문에 코를 자주 풀었고, 공기 흡입의 부담으로 목감기를 자주 앓았다. 그래서 일찍이 1967년에 비문(鼻門) 수술을 받았으나 완치되지 않아 1978년에 재수술을 받았다.

재수술을 받을 무렵 주치의의 권고로 금연을 결심했던 것이다.

박정희는 스스로 이 사실을 주위에 공공연히 알렸다. 자신을 단속하기 위함이었다. 청와대 방문자에게 담배를 권하는 모습은 더 이상 볼 수 없었고, 대통령 집무실의 재떨이도 치워졌다. 적지 않은 사람들이 담배를 끊은 것으로 알게 있었다.

그러나 집무실 서랍 속에는 담배 한갑이 숨겨 있었다. 숨겨 놓고 못 참겠으면 한 개비씩 꺼내 피웠다. 식사를 하고 나면 측근 참모와 함께 남의 눈에 안 띄는 곳에서 몰래 피웠다. 또 누군가를 만나서 매우 기분이 좋거나 고민스런 문제에 부닥치면 주저없이 상대방에게 담배를 달라고 손을 내밀었다.

결국, 그의 금연은 성공하지 못했다. 세상의 모든 것과 마지막 작별을 할 때 담배와의 인연도 끊어졌을 뿐이었다.

금연을 단칼처럼 실현한 사람들은 얼마든지 많다. 담배와 인연이 먼 특정 부류가 세상의 돈 많은 부자들이라고 한다. 대개의 큰 부자들은 담배를 안 피운다. 이유는 간단하다. 먹어서 배 부른 것도 아니고 건강에도 나쁜데 왜 피우느냐는 것이다. 전에 담배를 피우던 사람들도 한번 금연을 결심해서 바로 그 순간 딱 소리가 나게 끊었다고들 한다. 안 피우면 그만일 뿐, 무슨 비결 따위가 있을 수 없다. 부자들은 그만큼 자신에게 엄격한 결심과 실천으로 큰 재산을 모았을 것이다.

부자들은 자기 이익 추구에 지독하지만 역사적인 국부(國富) 창출을 이룩한 박정희는 자신을 챙기는 데 아주 소홀했다. 자신의 재물에 거의 무관심했다.

험한 세월을 결단, 또 결단으로 질풍노도처럼 달려가면서 정작 자신의 금연 결심을 지키지 못한 연약함도 있었다.

그래도 10.26 그날 그의 피 묻은 양복 주머니에는 금연을 위한 껌이 들어 있었고, 경호원은 대통령의 금연을 돕기 위한 은단을 갖고 다녔다는 것이다. 도대체 흡연을 간섭할 부인도 없는 홀아비 대통령은 누구의 눈치를 보느라고 남몰래 담배를 피웠단 말인가.

'동백아가씨'의 진실

역대 대통령들은 무슨 노래를 즐겨 불렀을까.

최규하는 노래를 즐기는 편이 아니었으나 '비 내리는 고모령'을 가끔 불렀고, 전두환은 애창곡인 '방랑시인 김삿갓'을 '…전삿갓' 으로 바꿔 불러 자신의 백담사 생활을 자조적으로 풍자했다고 한다. 노태우는 '베사메무쵸'를 즐겨 불렀으며, 김영삼과 김대중은 그 여흥의 자리에서 엄숙하게 '선구자'를 많이 불렀다고 한다.

박정희의 애창곡 '황성옛터', '짝사랑'은 널리 알려져 있다. 느릿한 가락에 애잔한 감정을 풍부히 삭이고 풀어내는 흘러간 노래들이다. 그는 '동백아가씨' 같은 당시의 신곡도 좋아했다.

'동백아가씨'는 금지곡이었다. 그래서 대중에게는 못 듣게, 못 부르게 하고 권력자는 멋대로 부른다며 이중성을 비난하는 소리가 적지 않았다. 1960년대 중반 노래가 나온 지 얼마 안 되어 방송윤리위원회로부터 금지곡 딱지가 붙어 1984년에야 해금이 되었으니 가수에게는 그만큼 한맺힌 노래도 없다. 금지곡이 된 이유에 대해 "경제건설에 박차를 가해야 할 시기에 애조 띤 노래가 국민교육상 좋지 않기 때문이었다"는 신문기사도 있었지만, 대체로 한일국교 정상화의 시기와 겹치던 정치외교적 배경을 이야기하고 있다. 그때는 찍소리 못하니까 대통령이 죽은 후 "박정희가 왜색가요라며 금지곡을 남발했다"면서 그 이유를 한일회담이 저자세 외교로 비춰지는 것을 차단하기 위해서, 또는 그 자신이 만주군 장교 출신이라는 '친일'의 약점을 지우기 위해서라고 말들을 했다. 한마디로 '동백아가씨'는 박정희가 금지시켰거나 적어도 박정희 때문에 그렇게 되었다는 것이다.

금지곡인 '동백아가씨'를 이미자가 청와대 만찬에서 부르는 동영상을 KBS가 1995년에 방송한 적이 있다. 1979년 5월 후쿠다 전 일본총리의 방한을 기념하는 청와대 영빈관 만찬 장면이었다.

"아니, 대통령이 금지곡을 즐기다니……."

이런 소리가 당연히 나올 법했다. 대중에게는 듣지도 못하게 하면서 혼자 즐길 수 있느냐 하는 것이다.

이미자는 대통령이 '동백아가씨'가 금지곡인 줄 몰랐다는 말을 언론에 수차례 밝혔다.

올해로 노래인생 40년째를 맞은 가수 이미자(59)씨가 오랫동안 금지곡이었던 자신의 노래 '동백아가씨'와 고 박정희 대통령에 얽힌 비화를 공개했다. 이씨는 최근 녹화한 케이블TV Q채널의 대담 프로 '김기평의 토크&토크'에 출연, "'동백아가씨'가 금지곡으로 묶였던 시절 청와대 만찬에서 박정희 대통령이 이 노래를 직접 불렀다"고 밝혔다. 이씨는 "박 대통령은 애창곡 '황성옛터'와 함께 '동백아가씨'를 가장 좋아했다"고 회고했다. 그는 "'동백아가씨'가 금

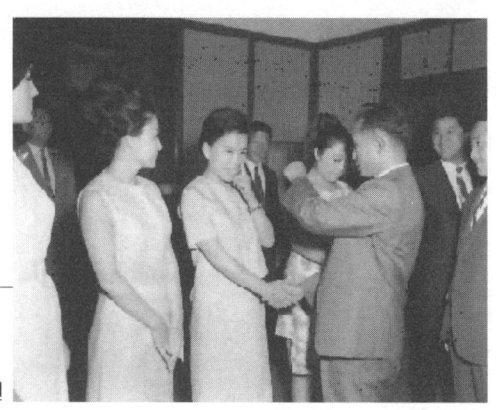
1965년 파월장병을 위문하고 돌아온 연예인들. 가수 이미자가 대통령과 악수하는 모습.
ⓒ국가기록원

지됐지만 대통령은 모르고 있었다"며 "일본총리 등 외국 국빈이 올 때 청와대 만찬이 열리면 내가 많이 갔으며, 거기서 나는 '동백아가씨'를 부르기도 했다"고 말했다. (문화일보 1999년 10월4일)

박정희가 자신의 '친일 논란' 때문에 '동백아가씨'를 금지시켰다거나 금지곡을 알면서도 아랑곳하지 않고 즐겼다는 말들은 맞지 않는다.

박정희 시대는 먹고 살기 위한 몸부림의 세월이었다. 동네 확성기에서는 '새마을노래', '잘살아 보세' 같은 노래가 크게 울려퍼졌고, 라디오에서도 그에 버금가는 힘찬 건전가요들이 꽤 흘러나왔다.

더불어 경제성장에 힘입어 대중문화가 활성화되면서 통기타 가수들이 등장해 생맥주와 장발의 문화코드가 형성되었다. 그러나 양희은의 '아침이슬', 송창식의 '왜 불러', '고래사냥' 등이 사회의 건전 분위기를 해친다는 가사 때문에 금지곡으로 묶였고, 퇴폐 경향과 마약 등에 대한 규제가 강화되었다.

록 음악의 대가(大家)로 불리는 신중현이란 사람이 있다. 대중문화에서 그가 차지하는 비중은 컸다. 신식의 멋진 음악을 만드는 사람, 뭔가 남다른 음악세계를 갖고 있는 사람으로 대중은 기억하고 있다.

그의 주장에 따르면 1972년 청와대 직원으로부터 "박 대통령을 위한 노래를 만들라"는 전화를 받았고, 공화당 인사로부터 같은 내용의 전화를 또 받았지만 모두 거절했다고 한다. 군사독재를 증오했기 때문이라고 했다. 청와대와 공화당의 요구를 거절했기 때문에 그의 노래들이 금지곡으로 묶였고, 해금이 되었을 때는 대중음악의 흐름이 바뀌어 그가 설 곳이 없었다는, 결국 박정희 때문에 자기 음악인생이 큰 상처를 받았다는 요지의 주장을 했다.

이에 대해 전 청와대 비서관(김두영)은 상식적으로 납득할 수 없다며 다음과 같이 그 이유를 말했다.

첫째, 박 대통령 시절의 '대통령 찬가'는 박목월 작사 김성태 작곡으로 만들어져 이미 1972년부터 공개되고 있었다는 것, 둘째, 대통령을 위한 노래라면 정통 순수음악의 장르여야 하는데 "한번 보고 두번 보고 자꾸만 보고 싶네"하는 식의 록 음악풍에 맞지 않는다는 것이며, 셋째, 설사 작곡을 부탁한다 해도 작곡가를 직접 만나 충분한 설명을 하는 것이 청와대의 관례이므로 전화를 걸어 억압적으로 의뢰하는 일은 없었으며, 넷째, 관련 부서인 청와대 공보비서실에 근무했던 직원들에게 수소문해 봐도 그 일을 아는 사람을 찾을 수가 없었다고 했다.

어쨌든 그의 노래가 금지된 것은 사실이었다. 그는 한국의 베트남 참전에 반대하기 위해 한국에 온 미국 히피들에게서 마리화나와 LSD라는 환각제를 소개받아 한동안 복용했고, 미국 히피들이 다량의 마리화나를 남겨놓고 돌아가 한국의 음악인들이 호기심으로 그의 집에 모여들었다고 했다. 그래서 마약 소지죄로 4개월을 복역했다고 말했다.

그의 노래가 왜 금지당했을까. 권위주의 시대의 문화 탄압일까 마약 때문일까. 양쪽에 다 걸쳐지는 사안일 수도 있다.

문화예술의 규제, 탄압과 저항은 사회발전의 필연적인 마찰 과정이다. 먹고 사는 형편이 나아지니까 장발에 청바지, 미니스커트 등 새로운 문화 욕구가 발생하기 마련이며, 저항과 단속으로 표현되는 이런 마찰은 시일이 흐르면서 타협과 조화로 해소되는 과정을 거쳐 사회발전 양상으로 끊임없이 변화에 변화를 거듭해 왔기 때문이다.

그 시절 퇴폐적인 노래에다 마리화나 사건으로 쫓겨나다시피 고국을 떠난 가수 한대수가 있었다. 그는 히피족 같은 장발을 하고 미국에서 돌아와 '물 좀 주소', '행복의 나라로'를 부르며 자유와 평화에 목마른 가객(歌客)으로 다시 나타나 대중의 사랑을 받았다.

그가 라디오 방송에 나와 이런 요지의 말을 했다.

"나는 역사를 좋아한다. 박 전대통령을 존경한다. 전반적으로 크게 봐서 좋아한다. 물론, 개인적으로는 핍박받았다. 하지만 음악을 못하게 한 것은 작은 문제이다. 먹고 입을 것이 없었던 시대에는 우선 잘살게 하는 것이 중요하다. 30년 동안 작고 가난했던 나라가 세계 경제 10위권으로 급성장한 예는 없었다. 엄청난 업적이다. 당시 우리나라는 내 노래 '물 좀 주소'보다 줄 물조차 없었던 가난 극복이 더 절실했다. 우리나라에는 기본적으로 영웅이 없다. 모든 위대한 인물은 나쁜 일도 많이 했지만, 그가 이루어낸 좋은 일의 영향력으로 평가받는다. 우리나라에도 영웅이 필요하다."(2005년 1월 27일 CBS 김어준의 저공비행)

자기 하나쯤의 상처는 아랑곳없다는 듯 개인의 감정을 넘어 박정희 시대가 주는 역사적 의미와 평가에 진지하게 접근하고 있다.

수십년 전에는 물론 대중문화의 규제가 심했다. 그러나 예나 지금이나 대중가요를 금지시키는 정도의 차이는 있을지언정 사회적 규제는 여전하다. 예컨대 '나를 뜯어 먹어'라는 제목의 노래 같은 것은 대중의 정서를 해치기 때문에 금지로 묶고 있다는데 그런 일을 포함하여 방송과 공연 등 대중문화를 심의하고 규제하는 각종 기구는 여전히 존재하고 있다.

위의 청와대 비서관은 대통령과 금지곡 '동백아가씨'의 악의에 찬 소문에 대해 이렇게 덧붙이고 있다.

"대통령이 뭐 할 일이 없어서 노래 한곡 금지하는데 관여한단 말인가. 실상을 너무 모르는 백면서생들의 탁상공론이다."

다른 것은 차치하고 대통령 박정희는 생활 법도에 관한 한 그 자신에게 매우 엄격했다. 청와대는 쌀의 자급자족이 안 되던 시기에 철저히 혼분식을 했고, 유류파동을 겪던 시기에는 여름에 덥고 겨울에 추웠다. 그런 면에서 그는 지사적(志士的)인 자존심의 소유자였다.

우리 것은 소중한 것이여

농요(農謠), 판소리, 남사당놀이 같은 문화유산들은 가난과 천대 속에 오랜 세월을 묻혀 있다가 1960년대의 국가 근대화와 더불어 비로소 햇빛을 보게 된다.

박정희 정부가 문화유산의 계승 발전을 위해 문화재보호법을 만든 것이 1962년이다. 그리고 68년부터는 인간문화재로 불리는 문화유산 보유자에게 생계비는 물론 후계자 양성을 위한 교육비와 장학금을 지급하고, 전수회관 건립도 지원해 왔다.

1971년 전주 공설운동장에서 전국민속예술대회가 열렸을 때의 일이다. 대통령 박정희가 거기서 울려퍼지는 농요를 듣고 탄복을 금치 못했다. 모를 심고 지심을 매면서 부르는 '남도 들노래'였다.

뼈마디에 맺힌 온갖 시름과 한, 그리움을 후련하게 풀어내어, 나라에 충성하고 양친부모에게 효도하며 억척스레 살고자 하는 노래였다.

"생전 처음 목소리 좋은 들노래를 들었군."

농촌 출신인 박정희는 가슴에 절절히 파고드는 구성지고도 힘찬 들노래에 대한 감상을 이렇게 말했다. 그러면서 텔레비전에 비치는 노래패의 주인공을 가리키며 다시 말했다.

"저런 사람을 촌에서 썩이기는 아까워."

기대에 어긋나지 않게 '남도 들노래'는 청중을 사로잡는 또랑또랑하고 힘찬 소리로 국무총리상을 수상했다.

'남도 들노래'는 2년 뒤인 1973년에 중요무형문화재 제51호로 지정되었고, 그 보유자인 소리꾼 조공례(1925~1997)는 인간문화재로 명성을 떨치기 시작하면서 비로소 모진 가난과 어둠의 세월로부터 벗어날 수 있었다.

판소리 명창 박동진(1916~2003)의 '적벽가'가 중요무형문화재 제5호로 지정된 것도 그해 1973년의 일이다.

그해 4월28일 대통령 박정희는 충무공 탄신일을 맞아 아산 현충사를 참배하고 돌아오는 차중에서 박동진의 판소리 중계방송을 들었다. 박동진은 '이순신전'을 공연하고 있었다.

"지금 이 판소리 공연 어디서 하고 있나?"

"국립극장입니다."

"거기 좀 들렀다 가세."

박정희는 국립극장으로 차를 돌려 2층 객석에서 공연을 관람했다. 1시간 가량 관람한 뒤 박동진을 만나 격려와 경의를 표했다.

예상치 못한 대통령의 등장은 박동진은 물론 극장 안의 모든 사람들에게 적지 않은 놀라움이며 반가움이었다. 판소리가 힘을 받아 일어서는 모습을 상상하기에 부족함이 없었던 것이다.

박동진의 '이순신전'은 무려 9시간40분 동안 고수가 5명이나 바뀌는데도 화장실 한번 가지 않고 물만 마시며 완창을 했다고 해서

1970년 4월22일 김동진
판소리 발표회
ⓒ정부기록사진집

유명하다. 그는 무명 시절에 20분 정도의 토막소리를 하는 소리꾼들과 달리 '흥보가'를 5시간 동안 처음으로 완창을 해서 국악계를 놀라게 했다. 그 전에는 판소리 완창 발표회라는 것이 없었기 때문이다.

그가 장시간 흐드러지게 펼치는 판소리 마당은 거침없이 내지르는 구수하고 걸쭉한 욕설과 음담패설로 생기가 팔팔해서 지루한 줄 모르는 재미를 주는 것이 특징이다. 그는 "육시럴 놈", "후레자식" 등 거침없는 육두문자를 내지르는 욕쟁이 명창으로 유명했다.

그가 텔레비전에서 구수하게 내지르던 소리가 또 있다.

"우리 것은 소중한 것이여."

귀에 익은 이 소리는 판소리 '흥보가'의 한 대목인 "쿵딱, 제비 몰러 나간다"로 시작되는 상품 광고카피였다. 상품광고임에도 그의 걸쭉한 해학, 멋과 맛이 농익은 풍월로 녹여내는 이 소리는 1990년대의 대표적인 유행어가 되었다. 이 광고카피가 대중의 공감을 불러

일으킨 것은 우리 것, 즉 전통문화의 소중한 가치를 일깨우는 소리에 호응하는 자긍심의 반영이라 하겠다. 이는 곧 지난날 오페라 같은 서양 예술만을 고급스레 대접해온 풍토에 대한 질타이며, 우리 문화유산의 소중함을 일깨운 박정희 시대로부터 화려하게 대중 앞에 등장한 인간문화재들의 명예와 자존심을 상징한다는 점에서 깊은 인상을 남겨주었다.

전통문화 무대의 직업적 예능인들, 즉 한눈 팔지 않고 오랜 세월 외길을 걸으며 탁마(琢磨)로 이루어낸 문화유산 보유자들이 인간문화재라는 이름으로 각광을 받기 시작한 것이 박정희 시대였다. 그 시기에 교과서에 우리 문화예술의 가치를 강조하는 내용이 수록되고, 대학에 국악과나 전통무용학과가 생기는 등 포괄적인 변화가 힘차게 일어났다.

아아 으악새 슬피 우니

술시(戌時)는 하루 일을 끝낸 고단함이 있는가 하면 해방의 자유가 있다. 뱃속은 출출해 술꾼들은 술맛이 그리워지는 시간이다. 이때 회식을 하고 여흥으로 노래 한자리씩 부르는 것은 우리네의 풍속이다. 대통령 박정희도 넥타이 풀고 퍼더버리고 앉아 마시고 노래하는 술시의 여흥을 꽤 좋아했다.

어느 하루 그가 인천 해안에서 해군의 대간첩작전 시범훈련을 참관하고 저녁나절에 주변 일행과 함께 회식 장소로 자리를 옮겼다. 해군 지휘관들과 내무부장관, 그리고 청와대 참모진들이 모시고 갔다. 저녁을 먹고 술잔이 돌기 시작하자, 아니나 다를까 대통령이 흥취를 부추긴다.

"자, 노래 한곡씩 들어 봅시다."

청와대 공보비서관이 사회자로 나서고, 돌아가면서 노래를 부르는데 해군 참모총장이 대통령의 애창곡인 '황성옛터'를 먼저 부르는 게 아닌가. 졸지에 애창곡을 잃어버린 대통령을 염려해 사회자가 귓속말을 했다.

"아무 거나 선창하시면 우리가 따라 부르겠습니다."

"왜 이래? 또 있어. 내가 그렇게 시시한 줄 알아?"

그러면서 자리에서 일어나 다른 노래 한곡을 가사 하나 틀리지 않고 무난하게 불렀다.

고복수의 '짝사랑' 이다.

"아아 으악새 슬피 우니 가을인가요…….'

1971년 가을, 인천의 해안가 호텔에서 있었던 일이다.

이 박정희의 '짝사랑' 은 30년을 구비구비 흘러 2004년, 그가 가고 없는 딴세상의 젊은 누리꾼들에게 인기를 끌었다. 노래하는 옛 대통령의 모습을 담은 동영상이 인터넷에 급속히 퍼지자 신문과 TV가 이를 보도하고, 급기야는 노무현 정부의 행자부장관이 정치적 저의가 의심스럽다면서 동영상의 유포 경위를 조사해 조처해줄 것을 관계부처에 요구하는 촌극이 벌어졌다. 그러나 이는 그해 국정홍보처 국가기록영상관 홈페이지에 공개된 '가족과 함께' 라는 제목의 34분짜리 영상물로, 그 원본이 행정자치부 소속기관인 국가기록원에 35밀리 컬러 필름으로 소장되어 있는 것이었다.

그래서 망신살 뻗친 행자부장관이 덩달아 화제가 되었던 바로 그 노래 '짝사랑'. 이 노래의 원본은 국가기록원 홈페이지에 '청와대의 하루(가족과 함께)-박정희 대통령 영부인 고 육영수여사의 모친 이경령 여사의 80회 생신하례 및 친지들의 축하노래' 라는 파일로 올라 있다.

화제의 동영상은 대통령 박정희가 부인을 잃고 5개월이 지난 1975년 1월 하순에 있었던 이경령 장모의 팔순 잔치 장면을 찍은 것이다. 장소는 별세한 대통령 부인의 초상화가 걸려 있는 청와대 본관 1층 식당으로, 홀아비 대통령이 쓸쓸한 저녁 시간에 퇴근 못한 비서관들과 막걸리잔을 놓고 국정 현안에 관해 이야기를 나누던 곳이다. 그곳에 일가친척이 모여 팔순 잔치를 열었던 것인데, 이경령 장모가 딸을 잃고 실어증에 걸려 있어 그리 즐거운 자리는 못 되었다. 식사를 하고 그 자리에서 돌아가며 무반주로 노래도 부르는 가운데 박정희는 짐짓 유쾌한 표정으로 농담도 하면서 장모를 위로하려고 애를 썼다. 당시 17세의 아들 박지만이 '새마을노래'를 부르다가 잘 안 되어 머리를 긁적이자, 23세였던 장녀 박근혜가 같은 노래를 가곡 부르듯 두 손을 모은 자세로 박자와 음정 모두 잘 맞게 불렀지만 교과서적이라 흥이 나지는 않았다.

이 자리에서 대통령이 부른 노래가 역시 '짝사랑'이었다. 그는 고음으로 올라가는 부분에서 목소리가 제대로 나오지 않아 쑥스럽게 웃으면서 1절을 겨우 마쳤다.

그랬는데 이 장면이 30년 동안 묻혀 있다가 대통령 관련 국가기록물로 공개되어 누리꾼들의 화제를 불러일으킨 것이었다. 누리꾼들의 눈길을 사로잡은 것은 의외성 때문이었다. 대통령이 노래를 하는 보기 드문 장면도 그렇거니와, 무섭고 독한 줄만 알았던 대통령의 숫기없는, 이웃 아저씨 같은 수더분한 모습이 더욱 그러했다. 누리꾼들은 이 동영상에 '박 대통령도 한 곡조 뽑습니다', '노래하는 박정희 전 대통령님' 등의 제목을 붙여 수십 군데의 인터넷 공간에 퍼나르고 정감있는 댓글을 줄줄이 올려붙이면서 때아닌 '짝사랑' 선풍이 불었던 것이다.

애창곡이 전유물은 아니다. '짝사랑' 노래를 가지고 대통령과 맞선 사람이 있다. 시인 박재삼이다. 그가 동료 시인 박목월과 함께 청와대에 들어가 '짝사랑'으로 대통령과 한판 노래 대결을 벌였다.

한국적 정한(情恨)의 두 시인은 대통령 부인 육영수의 전기를 집필했다. 대통령 부인이 타계한 것이 1974년이고 책은 1976년에 나왔다.(삼중당, 〈陸英修 女史〉)

박목월 저서로 되어 있는 이 책은 그러나 청와대에서 받아온 자료를 가지고 두 사람이 함께 썼다는 것을 문단에서 알 만한 사람들은 꽤 알고 있다.

그 인연으로 청와대에서 밥 먹고 술도 한잔 걸친 김에 박재삼이 대통령 박정희의 애창곡에 도전한 것이다. 중간의 박목월이 심사를 맡았다. 물론 노래를 잘하고 못하고는 문제가 아니었다. 박정희, 박재삼 모두 구성진 가락을 멋들어지게 꺾어 넘기는 노래 솜씨가 못되고, 그보다는 소탈하고 촌티가 나면서도 어수룩한 체하는 능청이 제법 어울릴 만한 두 사람이었다.

"잃어진 그 사랑이 나를 울립니다."

'짝사랑' 노래에는 홀아비 대통령의 목이 메일 것 같은 대목도 있지만 박정희, 박목월, 박재삼의 '3박자'가 흥겨웁게 어울린 자리였다고 한다.

왜 흥겨운 자리에서 애절한 노래를 부르는 것일까. 슬프고 곡절 많은 세월을 살아왔고, 그런 노래를 불렀다. 노래에는 가슴 속에 깔린 아픔과 슬픔을 기쁨과 즐거움으로 걷어올리는 열정과 열망이 있다. 애절한 노래를 부르면서도 힘차고 뜨거운 삶을 살 수가 있는 것이다.

흘러간 물은 물레방아를 돌리지 못하지만, 노래는 흘러가고 흘러오면서 인생의 수레바퀴를 돌린다. 저마다의 애창곡은 사라지지 않고 남은, 사랑이 검증된 노래들이다. 세월의 너울을 타고 넘어오는 그 가락에 우리 인생의 궤적이 있다.

무기는 미술품이 아니다

역사 속의 이순신이 민족의 영웅으로 추앙을 받게 된 것이 박정희 시대였다.

대통령 박정희가 군인 출신이기 때문에 유달리 이순신을 떠받든다고 해서 곱지 않게 보는 사람들이 있었다.

"대통령께서는 무인(武人)출신이시라 이순신 장군을 지성껏 모시고 계시다는 시중의 얘기가 있습니다."

당시 문화공보부장관 김성진이 현충사를 다녀오는 차중에서 대통령에게 보고했다.

"위대한 선인들을 모시는데 문무(文武)를 가릴 수 있겠는가? 나라를 누란(累卵)의 위기에서 구출하신 이 충무공과, 백성과 도읍을 버리고 피난 간 임금과 어느 쪽이 더 위대한가. 그 이치는 자명하지 않겠는가. 임금이라 해서 모두 훌륭한 게 아니라 나라와 백성을 위해 무엇을 했느냐가 중요하지. 임금 중에도 세종대왕 같으신 훌륭한 분이 계신 반면, 아무 일도 하지 않은 임금도 있지 않았는가. 어디 임금이라고 해서 모두 똑같은 임금인가."

박정희의 대답이다.

서울 세종로에 이순신 장군 동상이 세워지고, 세종대왕의 이름을 단 세종문화회관이 함께 이웃하고 있게 된 것은 박정희의 그러한 역사관을 보여주는 사례라 하겠다.

박정희의 문무(文武)에 관한 의식을 보다 명확히 알 수 있는 사례가 있다.

일본에 있는 조선 도공(陶工)의 후예 제14대 심수관(沈壽官)이다. 그가 처음 모국을 방문해서 청와대에서 대통령을 만난 것이 1964년이었다.

역사서를 많이 읽은 대통령은 몇장의 지도를 펼쳐 보여주며 심수관의 1대 선조가 조선 정유재란 때에 왜군에게 납치를 당했던 남원성의 전투 상황을 설명했다.

이어 대통령은 심수관에게 한국을 둘러본 소감을 물었다.

"여러 박물관과 미술관들을 둘러보고 유서깊은 문화유산에 감명을 받았습니다. 그런데 한가지 기이한 생각을 갖게 되었습니다. 박물관에서 칼이나 창 같은 무기를 볼 수가 없었습니다. 일본 박물관에는 무기가 많은데 왜 한국에서는 무기를 전시하지 않습니까?"

그러자 대통령은 오히려 그렇게 묻는 상대방이 기이하다는 듯 눈을 크게 떴다.

"칼이나 창 같은 무기는 제 아무리 아름답게 잘 만들어졌다 하더라도 고귀한 인간의 생명을 빼앗아가는 도구에 지나지 않는데 어찌 그것에 미술적 가치가 있다고 하겠습니까. 꼭 그런 것을 보고 싶다면 육군사관학교에 무기만 따로 모아놓은 전시장이 있으니까 소개해 주겠습니다."

이때의 소감을 심수관은 훗날 전 문화공보부장관 김성진에게 이렇게 전했다.

"박 대통령의 미의식(美意識)은 비범한 것이더군요. 이 분은 단순한 무인(武人)이 아니라 남자 중의 남자요, 뜻이 아득히 높은 지사(志士)이셨습니다."

그리고 심수관은 일본의 유명작가이자 논객인 시바 료타로(司馬遼太郎)가 "무기는 아무리 아름답다 해도 미가 아니다"라는 한국 대통령의 말을 전해 듣고는 숙연해져서 옷매무새를 바로 잡더라고 했다.

이와같은 심수관의 추억담은 예술과 전쟁을 보는 박정희의 시각을 명확히 구분해 주고 있다.

스트라이크 피칭

'꿈의 제전'으로 일컬어지던 고교야구의 한 장면을 돌이켜본다.

1967년 4월 제1회 대통령배 고교야구대회가 동대문구장에서 열렸다.

대회 명칭에 걸맞게 대통령 박정희가 개막전에 직접 시구(始球)하기 위해 나왔다. 양복 윗도리를 벗고 조끼에 모자를 쓴 차림으로 투수 마운드에 나온 대통령에게 스탠드를 꽉 메운 관중의 요란한 박수가 쏟아졌다.

그는 약간의 미소를 지으며 투수 폼으로 공을 던졌고, 관중의 눈길이 공의 뻗어가는 방향으로 집중되었다. 공은 스트라이크 존을 훨씬 벗어났지만 타자는 관례대로 헛스윙을 했고 구심은 스트라이크를 선언했다.

그러자 대통령은 마운드를 내려가지 않고 구심에게 공을 한번 더 달라고 했다. 다시 던지겠다는 것이다. 시구에서는 그런 일이 없다. 그는 제 고집대로 한번 더 시구를 했다. 두번째 공은 스트라이크 존 한복판을 정확히 가르고 포수 미트로 빨려들어갔다.

"스트~라이크!"

구심의 힘찬 외침과 함께 관중의 박수가 터졌다.

그는 구심에게 가서 물었다.

"이번에는 진짜 스트라이크 맞죠?"

확인을 하고는 엄지손가락을 세워 만족한 제스처를 취했다.

화제의 대통령배 고교야구대회는 중앙일보가 동양방송과 공동 주최해서 활발한 중계방송으로 더욱 팬들을 열광케 했지만, 농촌에서는 라디오나 흑백 텔레비전을 듣고 보는 일이 쉽지 않았다. 1967년 당시 전국의 농가에 15퍼센트만이 전기가 가설되어 있을 뿐 나머지는 등잔불을 켜는 실정이었다.

그러나 제1차경제개발계획이 성공적으로 끝나고 제2차계획(1967~1971)이 시작되던 그해 박정희 정부는 전문가들이 불가능하다고 했던 수출 3억달러 돌파를 향해 자신감있게 달려가고 있었다. 한국과학기술연구소(KIST)와 포항제철을 기공하고, 전자산업 육성계획과 국가예산의 4분의1에 달하는 자금으로 경부고속도로 건설을 과감하게 추진하는 한편, 현충사를 보수 확장하는 등 문화재 정비사

목표를 향한 정조준.
1965년 4월28일 현충사의 충무공 탄신 행사에 참석하고 활터에서 활시위를 당기고 있다.
ⓒ박정희대통령기념사업회

업도 하면서 경제발전의 도약기를 맞아 패기만만한 자세로 국가경영에 몰두하고 있었다.

한 신문기자는 중학생 시절이던 그 무렵 "대통령이 야구장에 나와 시구하는 모습을 3만명 가까운 인파의 틈에서 까치발을 세워 그라운드를 내려다보아야 했다"며 "마운드에 올라 공을 던지는 박 대통령의 모습은 어린 야구팬에게 평소의 엄격한 이미지를 벗고 상당히 친근감을 심어주어 오래 잊혀지지 않는다"고 썼다. (한국일보 1995년 4월20일)

한국 야구사상 두번 시구를 한 사람은 대통령 박정희뿐이라고 한다.

공이 빗나간 첫번째 시구를 왜 참을 수 없었을까.

그는 골프를 처음 배우면서 공을 제대로 못 맞추는 것을 어처구니 없어 했다고 한다.

"가만히 있는 공을 맞추기가 힘들다니."

그러면서 동작을 익히더라고 했다.

일단 행동을 하면 집착이 강해서 흐지부지하는 일이 없었다.

야구대회의 두번째 시구도 이를테면 일거수일투족이 어떤 목표를 향해 빗나가는 것을 그냥두지 않겠다는 고집이었던 것이다. 꼭 스트라이크를 넣겠다는 것은 그 자신이 시대적 과제와 국가경영의 목표를 향해 정확히 투신하고 있음을 확인하고 싶은 의지와 무관하지 않을 듯싶다. 그래서 관중에게는 한층 신뢰감을 주는 스트라이크 피칭이었을 것이다.

신성일의 무스탕

　서울-수원간 고속도로가 처음 개통되었을 때(1968년 12월) 대통령 박정희는 양재동 톨게이트에서 테이프를 끊고 수원 방향으로 호쾌한 시주를 했다. 이때만 해도 도로에서 승용차 구경하기가 힘들어 대통령 승용차 뒤를 따라간 내빈들의 차는 거의가 지프였다. 이 지프들은 대통령 차를 따라가려고 무리하는 바람에 대부분 정비공장으로 직행해야 했다고 한다.
　2년 뒤에는 경부고속도로 전구간이 완공되어 부산공설운동장에서 성대한 준공식이 열렸다. 준공식을 마친 박정희는 부산에서 서울을 향해 시주했다.
　대통령이 부산을 출발하는 시각에 맞춰 빨간 무스탕 한대가 서울 톨게이트에서 부산 방향으로 출발했다.
　이 무스탕은 대우실업에서 쿼터로 들여온 69년식 신형으로 8기통 7천cc 3백75마력의 막강한 힘에 최고시속 1백90킬로를 자랑했다.
　고속도로가 생겼으니 무스탕이 제 세상을 만난 것이다. 무스탕 주인은 대한민국에서 '최고'라는 자부심의 사나이였다. 그래서 부산을 출발하는 대통령의 차와 한판 붙어 보겠다는 심산으로 서울을 출발한 것이었다. 마치 '땅!' 하는 출발 신호와 함께 양방향에서 마주 달리기 경주가 벌어진 셈이다.

무스탕은 최고 속력으로 질주해서 서울-부산 구간의 중간인 영동에 먼저 도착했다. 대통령의 차는 오지 않았다. 무스탕이 이긴 것이다. 추풍령을 지나 20분 가량이나 더 달렸을 때야 비로소 헤드라이트를 켠 대통령 일행의 승용차들을 만났다.

"야호! 내가 이겼다!"

무스탕의 사나이는 승리의 고성을 지르며 액셀러레이터에 더욱 힘을 주었다.

외국영화 장면처럼 환희에 찬 표정으로 소리지르며 휙 스쳐가는 무스탕을 박정희가 보았다.

"어떤 놈인가 알아봐."

경호실장에게 지시가 떨어졌다.

알아보니 무스탕 사나이는 당대의 톱스타 신성일이었다.

"당장 잡아오라"고 호령이 떨어졌다는 말을 경호실장으로부터 전해 들은 신성일은 등골이 오싹했다고 한다.

고속도로는 야당과 언론은 물론 전국민의 열화같은 반대 여론을 물리치고 오직 홀로 미래를 내다본 대통령 박정희의 고독한 결과물이었다. 오죽하면 고속도로를 찬성한 사람이 대통령 자신과 현대 정주영뿐이라고 했을까. 어렵사리 길을 닦아놓으니 엉뚱한 놈이 지나간다고, 외제 승용차로 드라이브나 즐기라고 길을 닦아놓은 게 아닌데 대통령이 보기에 괘씸했을 것이었다.

경호실장의 보고를 받은 박정희는 고개만 끄덕였을 뿐 말이 없었다.

　한국영화는 1960년대 중반을 넘어서면서 경제성장의 동력에 힘입어 활기를 띠었고, 청춘영화의 붐과 더불어 떠오른 대표적인 스타가 신성일이었다.

　당대의 명배우가 하마터면 '괘씸죄'에 걸릴 뻔한 이른바 권위주의 시대였다.

　어쨌든 최고의 영예를 지닌 배우가 국내 최고 차의 성능을 시험하고 싶었던 욕구, 그 열망, 패기는 아무런 상처도 입지 않았다.

　당시 신성일이 사는 집의 가격이 2백40만원이었고, 무스탕은 6백40만원이었다 하니 실로 엄청난 차였던 것이다.

　몇년 후 석유파동이 닥쳤을 때 신성일은 무스탕을 처분하고 국산차로 바꿨다고 한다.

아빠가 누구냐고 물으신다면

회의장에서 탁자 위의 메모지, 재떨이, 필기도구들을 일렬로 정돈을 한다. 술상에서까지도 술잔과 안주 그릇, 재떨이들을 군대 정렬하듯이 열을 맞추어 놓는다. 박정희의 정리 정돈 습관이 그러했다.

그런데 팔을 뻗으면 손에 닿는 재떨이가 갑자기 애꿎은 '수난'을 당할 때가 있다. 박정희는 과묵하고 감정의 변화를 잘 나타내지 않는 편이지만, 분노가 머리끝까지 치밀어 폭발할 때는 재떨이를 바닥이나 벽에 던져 박살을 내곤 했다.

국민이 세끼 밥을 먹기 어려웠던 1960년대, 한일협정 비준을 앞두고 빚어진 격렬한 반대 시위와 정치적 소용돌이는 청와대 내의 불화로까지 이어져 고함과 울음 소리가 나고 재떨이가 날아갈 만큼 심각했다. 한일협정은 경제개발을 위해 풀어야 할 최대 현안이었지만 대통령 박정희는 들끓는 반대 여론에 포위되어 고독했고 홀로 고통스러웠다. 그때 전처 소생의 딸과 결혼한 사위(한병기)까지 끼어들어 장인의 정치를 비판하자 그에게 재떨이를 집어던졌다.

1970년대로 넘어오면서 경공업의 한계를 느낀 박정희 정부가 경제의 중심을 중화학공업으로 바꾸면서 가장 역점을 둔 것이 조선소 건설이었다. 처음에 관계 장관들은 세계에서 7개국밖에 소유하지 못하고 있던 50만톤급 조선소 건설이 불가능하다며 한사코 반대 의견을 내세웠다. 박정희가 재떨이를 집어던지며 버럭 소리를 질렀다.

"그렇게 많이 조사를 하고 사람을 만나봐도 안 된다면, 그래 이순신 장군도 만나봤소? 나하고 같이 죽을 각오가 돼 있지 않은 장관들은 내일부터 출근하지 마시오!"

벼락같은 질책에 끽소리 못하고 움츠러들었는데, 나중에 보니 대통령의 와이셔츠 단추가 두개나 풀어져 있었다고 한다.

재떨이는 도저히 참을 수 없을 때의 최대 폭력 수단이었다.

1970년 3월 정인숙 여인 사건 때도 박정희, 육영수 내외간에 심각한 트러블이 있어 재떨이가 날아갔다고 전해지고 있다.

한강변 도로에서 20대의 정인숙 여인이 코로나 승용차에 탄 채 총에 맞아 숨졌는데, 그녀의 수첩에 입이 딱 벌어질 인사들의 명단과 전화번호가 적혀 있어 충격을 주었다. 그녀는 고급 요정 선운각에서 VIP들만 고객으로 상대하는 미모의 야화(夜花)였다. 선운각은 소위 밀실정치의 무대로 대통령과 3부 요인, 정치적 거물들이 출입을 했고, 외국원수들을 위한 연회도 베풀어지던 곳이었다.

언론은 한 젊은 여인의 비극적인 인생 마감을 대대적으로 보도하면서 그녀가 낳은 어린아이에 초점을 맞추어 누구의 씨앗인가에 의문부호를 찍어댔다.

항간에 풍문이 무성한 가운데 '사랑은 눈물의 씨앗'이라는 대중가요에 가사를 바꾼 노래가 퍼지더니 그것이 청와대 안방까지 들어갔다.

아빠가 누구냐고 물으신다면 청와대 아무개라고 말하겠어요.
만약에 그대가 나를 죽이지 않았다면……

이 노래로 해서 어린아이가 대통령의 소생이라는 소문이 파다했다.
육영수가 이 가사를 적은 종이를 남편에게 내밀면서 독하게 따진 모양이었다.

그 당시 라디오 방송을 진행하던 한 코미디언이 "중앙청 뒤에서 '육박전'이 심하다는 얘기가 들린다"는 말을 할 만큼 청와대의 부부 싸움 소문은 은근히 시중에 떠돌고 있었다. 기발하고 능청스런 말재주로 인기가 높았던 그 코미디언은 재미삼아 그런 말을 했다가 지프차에 태워져 어디론가 끌려가 이틀 동안 조사를 받고 반성문을 쓴 뒤 풀려나는 곤욕을 치렀다고 한다.

'아빠가 누구냐고 물으신다면'이나 '육박전' 소문은 한량(閑良) 기질 때문에 어지간히 부인 속을 썩였다는 박정희이고 보면 그럴 만도 했다.

자고로 권력과 성은 끊임없는 유착 스캔들을 양산해 왔다. 미 국무장관을 지낸 헨리 키신저는 국무성의 중년 외교관 시절에 여배우들과의 부적절한 관계를 묻는 말에 "권력은 최고의 최음제"라고 대답했다고 한다.

박정희는 여자와 술 마시는 것을 남정네의 풍류로 알고 남녀의 부적절한 관계까지도 사적인 일로 치부하는 편이었으나, 선운각 정 여인과의 소문에 대해서는 크게 화를 냈다. 세상 사람들의 입에 오르내리고 청와대까지 올라온 그 소문을 정작 그 자신은 몰랐다는 데에 더욱 그러했다.

비서실장을 불렀다.

"정 여인 사건과 관련해서 이러저러한 말이 많다는데 들은 것이 있소?"

노래 가사가 적힌 쪽지를 내밀면서 물었다.

비서실장 김정렴은 뉴스를 꼼꼼히 챙기는 대통령이 그 사건에 별다른 관심을 보이지 않고 또 사실 여부를 알 수 없는 풍문을 보고하기가 적절하지 못하다는 생각에 입을 다물고 있었다. 그가 비로소 소상한 보고를 하자, 박정희는 책상을 치며 벌떡 일어섰다.

"아니, 비서실장이란 자가 대통령이 만난 적도 없고 알지도 못하는 여자와 터무니없는 소문이 나도는데도 보고조차 없었다니!"

김정렴은 격노한 대통령으로부터 그런 무서운 호통을 처음 들었다고 한다.

정 여인이 낳은 어린아이의 핏줄은 밝혀지지 않고 물덤벙술덤벙 넘어가 잠잠해지는 듯했으나, 청와대를 향한 세간의 의혹은 가라앉지 않았다.

"내 팔자가 센 것 같아."

이듬해 1971년 여름 박정희는 진해에서 휴양하던 어느 하루 공보비서관 선우연과 술을 마시다가 세간의 소문을 꺼내며 한숨을 쉬었다.

"각하, 그 진상은 제가 알고 있습니다."

뜻밖의 말에 박정희는 눈을 크게 떴다.

"아이가 누구 소생인지 안단 말이지?"

"예, 작년에 제 형님이 정일권 총리를 만난 일이 있습니다."

선우연의 형은 조선일보 주필 선우휘다. 국무총리 정일권이 선우휘를 은밀히 만나 그 아이가 자기 소생임을 털어놓았다는 것이다. 정일권은 외무장관 이동원과 술을 마시다가 정 여인을 알게 되었다고 했다. 정 여인은 선운각뿐 아니라 비밀요정으로 옮겨다니며 타고난 미모로 내로라 하는 남정네들을 사로잡은 화류계의 1급 호스테스였다. 어쨌든 자기 아이를 낳았다길래 돈봉투를 보낸 일이 있는데, 일이 커지고 엉뚱한 소문이 나서 괴로워하더라고 했다.

알 만한 사람은 다 알게 되자, 정일권의 해임을 건의하는 소리가 나왔다.

박정희는 고개를 저었다.

"보호해 주는 게 인간의 도리야."

그런 일로 그의 인격과 명예를 망칠 수 없다는 것이었다. 자신이 오해를 받아도 그냥 모른 척 덮어두기로 했다.

호재를 만난 김일성 집단이 가만 있을 리 없다. 북쪽에서 정 여인의 아이가 박정희 소생이라는 온갖 악담을 담은 삐라를 날려보냈다.

여론 악화를 염려하지 않을 수 없었다. 그러나 박정희는 끄떡하지 않았다.

주위에서 그 이야기를 꺼내면 이렇게 잘라 말했다.

"남자가 여자 만나는 것은 보통이지, 뭐."

그는 자신에 대한 오해를 떨쳐내지 않았다. 그대로 무덤까지 가지고 갔다.

아호 '中樹'

박정희 시대의 청와대 정원은 각종 유실수와 활엽수 등이 울창해 임업시험장과도 같았다고 한다.

어느 해 밀감나무의 가냘픈 나뭇가지에 밀감이 너무 많이 달린 것을 보고 박정희는 "가지가 힘겹겠다"면서 그걸 골고루 따주었다. 그러고는 "이만 하면 가지가 힘이 덜 들겠지"라고 말하며 웃었다.

그는 '나무 대통령'이라 할 만큼 나무사랑이 남달랐다.

그래선지 서예가 김충현이 대통령에게 '中樹'라는 아호를 지어 올렸다.

"대통령께서는 휘호도 많이 쓰시고 하시니 필요할 것 같습니다."

김충현의 말에 대통령은 아호를 사양하지 않겠으나 쓰지는 않겠다고 양해를 구했다.

"나는 글을 쓰는 사람이 아니니까요."

그는 경제건설 현장이나 문화유적 등을 다니면서 1천 점이 넘는 휘호를 썼지만 그 아호를 한번도 사용하지 않았다. 서예가 행세로 비쳐지는 것을 피하여 분수에 맞는 처신을 한 것이다.

그래서 '中樹'라는 아호는 그리 알려지지 않았지만, 해마다 식목

일이면 텔레비전은 대통령이 나무 심는 장면을 어김없이 보여주었다.

1976년 식목일에는 비서실, 경호실 직원들과 함께 수원 못 미쳐 지지대고개 근처에서 나무를 심었다. 도시락으로 점심을 들면서 독립가들과 담소를 나누었다.

조림가협회장이 산림녹화 문제에 관해 애로사항을 얘기하다가 "산림청 직원과 도청 산림과 직원들이 자주 바뀌는 바람에 전문적인 행정지식을 갖지 못한 사람이 그 자리에 새로 앉아 지장이 많습니다. 산림 업무를 잘 아는 사람을 오래 뒀으면 좋겠습니다"라고 건의했다.

대통령은 "산림청장에게 말하시오"하고 빙그레 웃었다.

산림청장은 "저는 벌써 이 자리에 4년 반이나 있었습니다. 더 오래 하란 말씀입니까?"라며 울상을 지었다.

그러자 옆에 있던 내무부장관도 "나도 오래 하라는 쪽에 낍니까?"하고 덩달아 물었다.

조림가협회장이 난처해하자, 대통령은 "그럴 것이 아니라 이제부터 오래 하고 안하고는 나무에게 물어봅시다"라고 말해 모두 파안대소했다.

나무는 수명이 길다. 대통령 박정희의 집권 기간도 길었다. 장관과 고위 공직자들의 직무 기간도 길었다. 정책의 일관성과 국정의 안정을 위해 유능하고 헌신적인 공직자들을 아껴 특별한 사유가 발생하지 않는 한 그 자리에 오래 머물도록 했다.

10.26이 없었다면 퇴임 후 어떻게 살고 싶었을까.

그는 1981년에 핵무기 개발을 완성하고 물러날 구상을 갖고 있었다고 한다. 물러나면 농촌에 묻혀 살고 싶다고 했다.

"아담한 산을 마련해서 나무를 가꾸면서 조용히 살았으면 하는 마음이었다."

박근혜가 전하는 말이다.

그는 어머니의 소망이 강했다고 말한다. 어머니는 조그만 산을 사서 나무를 가꾸며 살면 좋겠다고 했으나, 아버지와 여러 차례 이야기를 나누면서 땅을 사는 것에 대한 세간의 오해를 무척 염려했다고 한다.

어쨌든 뜻은 이루어지지 않았다.

호젓한 산길을 가다 보면 벼랑에 홀로 선 굽은 소나무를 본다. 우리나라 산수화의 단골 소재인 벼랑의 한그루 소나무.

오랜 세월 모진 풍상에도 척박한 곳을 굳세게 홀로 지키는 모습이 아호 '中樹'를 연상케 한다.

알리와 프레이저의 게임

박정희 시대의 1970년대를 보낸 청와대 출입기자들은 대통령을 수행해서 외국에 단 한번도 나가본 적이 없었다는 점에서 불운했다. 자립경제의 목표를 확실히 달성하기 전까지는 외국 방문을 하지 않겠다는 박정희의 오기에 찬 결심 때문이었다. 실속없는 정치적 겉치레보다는 눈에 보이는 경제적 성과를 중시했고, 그래서 정치 상황은 10월유신, 긴급조치 등으로 늘 뒤숭숭하고 어두웠다. 한마디로 정치는 묶고 경제는 풀어 야생마처럼 달려가게 했던 시대였다.

그때 그 시절에 청와대 출입기자들에게 대통령 박정희는 어떤 모습으로 비쳤을까. 카리스마가 번뜩이는 무서운 박정희가 아닌, 가까이서 일거수일투족을 지켜본 다른 모습은 어땠을까.

어느날 박정희가 불쑥 기자실에 나타났다.

담배를 꼬나물고 있거나 책상 위에 발을 올려놓고 전화를 하던 제멋대로의 기자들이 얼른 자세를 바로 고쳐 앉거나 꼿꼿하게 일어섰다.

청와대가 대통령이 거처하고 집무하는 곳이긴 해도 기자실까지 답답하고 경직된 분위기는 아니었다. 오히려 자유가 흐느적거리는

'해방구'라고 할 만했다.

대통령이 뒷짐을 지고 기자실의 흐트러진 것들은 보노라니 기도 안 찼다. 먼지가 쌓이고 휴지와 담배꽁초가 뒹구는 바닥을 바라보는 대통령의 얼굴빛이 검어졌다. 심기가 좋지 않을 때는 거무스레한 얼굴빛이 검게 변한다는 것을 잘 아는 기자들이다.

기자들은 긴장해서 대통령의 눈치를 살폈다.

"좀 치우지."

청소를 지시했다.

대통령은 기자들이 정리 정돈을 하고 물걸레로 바닥을 깨끗이 닦을 때까지 뒷짐을 지고 지켜보았다. 마치 학생들의 청소를 감독하는 선생님처럼. 아닌게 아니라 그는 교사 출신이다.

또 어느날 박정희는 기자실에 불쑥 나타나 기자들에게 점심을 한턱 냈다.

점심을 얻어먹고 흐뭇해진 기자들은 대통령에 아랑곳하지 않고 일제히 텔레비전에 눈길을 주었다. 무하마드 알리와 조 프레이저의 세계 헤비급 타이틀매치가 벌어질 참이었던 것이다. 나비처럼 날아가 벌처럼 쏘는 현란한 알리의 아웃복싱과, 두더지처럼 파고들어 부수는 프레이저의 인파이팅 대결은 국내에서도 대단한 인기라서 대낮부터 수많은 사람들을 텔레비전 앞으로 몰려들게 했다.

"알리가 이겨."

"맞아. 프레이저는 안돼."

"아냐, 프레이저도 한방이 있어."

청와대 기자실에서도 게임이 시작되기를 기다리며 저마다 승부를 예상했다.

"우리 내기할까?"

대통령이 빙그레 웃으며 제안했다.

그러자 기자들이 쌍수를 들어 쾌재를 불렀다. 대통령을 이때 벗겨 먹지 않으면 언제 벗겨먹느냐. 눈짓으로 짜고 일제히 알리에게 걸었다. 박정희 혼자 프레이저였다.

몇 회에 KO냐, 판정이면 누가 이기냐 하는 세부 조건을 걸고 돈을 탁자 위에 모아 놓았다.

그러고는 정답게 텔레비전을 시청했다.

결과는 프레이저의 판정승. 박정희의 독식(獨食)이었다.

박정희가 뒷주머니에서 지갑을 꺼냈다. 군대 시절부터 썼음직한 낡은 지갑이었다.

기자들은 전혀 실망하지 않았다. 저 지갑에서 빳빳한 지폐가 나올 것이며, 탁자 위의 돈에다 얹을 것이다. 보태서 저녁에 회식이라도 하라고.

'아, 인자하신 각하!'

감동을 먹여야 기사도 알아서 잘 써줄 것 아닌가.

박정희가 책상 위의 돈을 집어들었다. 그러더니 잽싸게 그것을 지갑에 넣고는 기자실 문을 열고 나가버리는 것이었다.

"아니, 저럴 수가!"

"각하…… 먹물들의 알량한 돈을 털어가시다니……각하 맞아?"

집무실로 들어가 버린 박정희는 돌아오지 않았다.

그렇게 털린 것을 기자들은 잊지 않고 있다.

출입처에서 은근히 찔러주는 촌지 봉투와 소위 '접대 고스톱'에 얼마만큼씩은 길들여져 있던 기자들에게는 의외의 사건이었던 것이다.

그 시절의 기자들은 즐거운 기억 속에 남아 있는 대통령 박정희의 소탈하고 원칙에 철저한 깔끔한 모습을 전하고 있다.

덧니가 드러나는 파안대소

　분노를 참거나 결의에 차 있을 때는 입을 한일자로 꾹 다문다. 어떤 공직자가 아주 만족스런 보고를 올리면 "그러면 그렇지"하며 그의 성명과 직함을 함께 풀네임으로 부른다.
　"김학렬 부총리!"
　이런 식으로 신임을 표시해 준다.
　대통령 박정희 가까이에서 일했던 공직자들의 말이다.
　그가 1.21사태에 대한 보복을 위해 김일성 숙소와 김신조 부대의 위치를 파악하라고 지시한 적이 있었다. 우리 군이 정확한 위치를 파악하여 보고를 하자 "그러면 그렇지"하며 입을 한일자로 다물었다. 미국의 반대로 보복은 결행되지 못했으나, 그래서 더욱 분노는 그의 내면에서 강하게 끓어올랐다.
　그의 검은 얼굴이 굳어져 더 검게 보일 때가 있다. 부정 부패에 관한 정보를 접했을 때, 그리고 정부가 지불보증을 해서 외국차관을 제공해준 기업이 근로자의 복지는 돌보지 않고 사장실을 호화롭게 치장한 것을 볼 때가 그러했다.
　텔레비전에 비치는 대통령 박정희에게서는 거의 웃음을 볼 수가 없었다.

　1977년 9월 그는 일본 동경방송(TBS)과의 인터뷰에서 웃음과 거리가 먼 대통령으로 비치는 것이 약간은 억울하다고 했다.

　"나를 여러 사람 앞에서 평소에 웃지 않는 대통령이라고 소개하고 있으나 이는 보도진의 카메라가 멋쩍은 장면만 잡기를 좋아하니까……."

　사진은 카메라를 든 사람의 연출이니 어쩌겠느냐는 말이다.

　그러나 가족과 함께 어울릴 때는 파안대소가 잦았다고 한다.

　"그이는 이가 고르지 못하고 들쑥날쑥하거든요. 그래서 웃으면 아주 어린애 같지요."

　부인 육영수의 말이다.

　둘째딸 근영은 그런 아버지를 "참 귀엽다"고 했다.

　산림녹화를 독하게 추진했던 박정희가 일찍이 군 시절에 나무의 생명력에 탄복한 일이 있었다. 사단장으로 각 부대를 순시하는 길에 플라타너스 가지를 지팡이 삼아 짚고 다니다가 아무데다 꽂아 두었는데, 나중에 우연히 그 자리를 지나다 보니 거꾸로 꽂힌 지팡이에서 새싹이 돋은 것이었다.

　전 국무총리 고건이 1970년대 내무부 새마을 담당관으로 산림녹화 업무를 맡아보던 시절에 대통령에게 그 이야기를 들었다면서 "플라타너스의 생명력에 감탄한 대통령이 파안대소를 하실 때 입안의 덧니를 보았던 기억이 아직도 생생하다"고 회고했다.

　1974년 제1차 에너지 파동으로 국내 경제에 위기가 닥치자 청와대 경제수석비서관 오원철은 중동 진출을 대통령에게 건의했다.

소탈한 웃음. 1977년 8월11일 하계 휴양지인 진해 앞바다 저도에서 담소 중에 입을 가리고 웃고 있다.
ⓒ국가기록원

"위기는 곧 기회다"라는 신념의 공격적인 대응이다.

그는 대통령에게 첫째, 고온에다 사막지대인 중동은 작업환경이 열악해서 선진국 기술자들이 기피하는 곳이라 근로의욕이 왕성한 우리 기술자들에게 유리하며, 둘째, 우리는 후진국보다 월등한 기술을 가지고 있으면서도 선진국에 비해 인건비가 싸기 때문에 또 유리하고, 셋째, 경부고속도로를 건설한 우리 건설 기술로 어느 나라보다 더 공기를 단축할 수 있기 때문에 충분한 이익을 남길 수 있다고 했다. 그리고 여기에 한가지를 덧붙였다.

"각하! 중동에 진출하자면 뒷거래가 꼭 필요하다고 합니다. 그런데 우리나라 사람들은 이 방면에는 소질이 있지 않습니까?"

그 말에 박정희는 파안대소했다. (신동아 1997년 7월호)

한 비료공장의 관계자가 준공식에 참석했던 대통령에게 공장시설을 안내하고 설명을 하게 되었다. 그런데 대통령이 시설의 용도와 생산과정을 훤히 알고 있는지라 그는 건성으로 대통령을 따라다니는 모양이 되었다.

"각하께서 다 알고 계시니 저는 할 말이 없습니다."

그랬더니 대통령이 껄껄 웃으며 말했다.

"청와대 출발 전에 오원철 수석으로부터 설명을 듣고 미리 예습을 하고 왔네."

그 관계자는 또 하나의 비료공장이 준공되어 식량증산에 박차를 가하게 된 것을 기뻐하던 그때 대통령의 웃음을 잊을 수 없노라고 했다.

대통령 박정희가 전남 해남의 통일벼 재배지를 방문했을 때의 일이다.

키가 작고 낱알을 풍성히 달고 있는 통일벼의 탐스런 모습을 보고 흡족한 표정을 짓더니 벼 한 포기를 따서 손바닥으로 문질러 한알씩 세어 보았다.

낱알 100개가 열리기 어려운 재래 품종보다 두배 이상의 결실을 가져다주는 통일벼의 다수확을 직접 확인하고 싶었던 것이다.

한알 한알 꼼꼼히 세어 100개를 넘고 200개에 이르니 초가을 날씨에 이마에 땀이 솟는데도 220, 230에서 234개까지 모두를 세어 확인하고는 "그러면 그렇지"하고 밀짚모자를 고쳐쓰며 돌아앉았다. 그러고는 막걸리 한사발을 시원하게 들이키며 파안대소했다.

그때 수행 비서관 하나가 다가와 보고를 했다.

"각하, 저기 280알짜리가 있습니다."

그 말에 박정희는 깜짝 놀라 막걸리 사발을 놓고 일어났다.

"임자, 무슨 말을 하고 있는 거야? 280알이면 벼줄기가 부러진단 말이야. 큰일 아닌가?"

가서 또 낱알을 세어 보니 230여개짜리였던 것이다.

이것은 인터넷 논객이기도 한 재미동포(한은지)가 통일벼를 재배한 고향의 부친이 대통령 일행을 맞아 겪었던 일을 회고한 이야기다.

1970년대 중화학공업의 성패를 좌우하는 가장 중요한 핵심 사업이 조선소 건설이었다. 조선소 건설은 돈도 기술도 없이 그야말로 맨땅에 헤딩하는 격이었다. 외국에 나가 손을 벌리니 돈을 빌려주겠다는 곳이 없었다. 못하겠다고 잔뜩 움츠러든 정주영을 박정희가 거의 강제적으로 다시 해외로 내보냈다.

영국에서 돌아온 정주영을 경제부총리 김학렬이 만났다.

"정 회장님, 내 목이 붙어 있게 됩니까, 달아나게 됩니까?"

다급하게 물었다.

"염려 마시오. 목에 깁스를 해도 됩니다."

큰소리를 치고 곧 청와대에 올라가 보고했다.

"각하, 차관 제공에 완전 합의를 봤습니다. 당장 일거리로 배 두 척의 주문도 받아왔습니다."

그러자 박정희는 파안대소하며 어쩔 줄 몰라했다.

그는 탁자 서랍에서 현대가 제출한 사업계획서를 꺼냈다. 그 내용을 조목조목 짚어가며 논의를 하려 하자 정주영은 아연 긴장하고 말았다. 사업계획서는 2년 전에 제출한 것이다. 정주영은 까맣게 잊고 있던 것을 대통령이 서랍 속에 간직했다가 즉석에서 꺼내는 것을 보고 식은땀이 날 지경이었다. 충분한 기술적 검토가 없이 불확실하고 불가능한 것까지 보태서 부풀려 놓은 것이어서 더욱 그러했다.

무엇보다 차관 도입은 정부의 지급보증 없이는 불가능했던 사실이 중요했다.

"보증은 부자지간도 안 서는 거라고 하는데 그걸 정부가 나서서 서줄 때는 얼마나 많은 검토를 했겠어요. 국민소득 250달러 언저리밖에 안 되던 시절에 정부가 보증을 안하면 외국에서 차관을 절대 안 주고, 그렇게 하지 않으면 아무것도 이룰 수 없던 시절인데 어떡할 거요? 앉아서 굶어 죽어?"

그러면서 정주영은 이렇게 말했다.

"그때부터 정신 바짝 차리고 조선소를 지은 거요. 아주 혼났어."
(이코노미스트 2007년 3월16일)

1970년대는 아침에 눈뜨면 무슨 기공식이나 준공식이 벌어지는가 하면 허구한날 긴급조치라는 정치적 강압으로 으시시했다.

그 시절 유명 앵커 봉두완은 "국민 노릇 해먹기 힘들다"는 투로 정부에 대한 공격이 신랄했다. 육영수와 그가 이야기를 나누고 있던 청와대 소접견실에 박정희가 나타나더니 "깡패 왔구만"했다.

"기자들도 술 많이 마시지? 그런데 기자들은 어디서 술을 마시나?"

박정희가 물었다.

"그건 보안상 말씀드릴 수 없습니다."

봉두완의 장난기가 발동해 대통령 내외를 웃겼다.

저녁상이 차려지자 박정희는 찌개에 밥을 비벼먹자고 제안했다.

"저는 면장 손자로 태어났기 때문에 상놈들이 먹던 비빔밥 같은 것은 잘 안 먹습니다."

봉두완은 술도 몇잔 걸쳐 불콰해진 터라 겁없이 익살을 떨었다.

"그래, 나는 없이 자랐다, 왜?"

박정희는 이렇게 대꾸하며 파안대소할 수밖에 없었다.

인간적인 교감의 자리를 가졌던 봉두완은 이렇게 회고했다.

"박정희 대통령은 국가의 대소사를 '주인'의 입장에서 챙겼다. 그런 성격이 그를 독재로 이끈 측면이 있었다고 생각한다. 그러나 박 대통령은 누구보다 확고한 국가관을 갖고 있었다. 나라를 어떻게든 가난에서 벗어나게 해야 한다는 신앙에 가까운 집념을 가진 지도자가 바로 박 대통령이었다. 18년 5개월 동안 대한민국을 통치하고 간 박정희 대통령. 그는 정치적 공과(功過)를 떠나 내게는 너무도 인간적인 면이 많았던 인물로 기억되고 있다." (월간조선 2000년 5월호)

대통령 직무를 수행하는 그의 표정은 대체로 무뚝뚝한 편이었다. 그래선지 텔레비전 드라마에서 박정희 역을 맡았던 배우들도 시종 굳은 표정에 매서운 눈초리, 카랑카랑한 목소리로 겁을 주는 연기를 보여주었다.

그는 대인관계의 윤활유 같은 친화적 제스처와는 거리가 멀었다. 개방적인 사교술보다는 숫기가 없어 스스름을 타는 성격이라 폐쇄적으로 자기 감정을 다스리는 편이었다.

그런 박정희의 파안대소는 흔치 않은 일이다. 그는 덧니가 있어 치열이 고르지 못한 편이었는데, 기분이 한껏 상승되었을 때는 평소에 보이지 않던 덧니가 드러나도록 파안대소를 해서 강한 인상을 남기고 있다.

펜촉이 너무 날카로워

1967년 10월 청와대에서 언론인들을 초청해서 조촐한 다과회를 베푼 일이 있다. 신문협회 제5회 총회에 참석했던 전국 일간신문 발행인들과 신문협회 간부들이 청와대 잔디밭에서 대통령과 어울렸다.

언론인들은 청와대 예방 기념으로 대통령에게 신문협회 배지를 증정했다.

배지를 들여다보며 대통령이 물었다.

"여기 새겨진 그림이 뭐요?"

알 만한데도 짐짓 묻는 말이다.

"펜입니다."

"끝이 너무 날카로운데 좀 무디게 할 수 없소?"

대통령의 뼈있는 농담에 언론인들이 폭소를 터뜨렸다.

한일협정 이후 경부고속도로, 포항제철 건설 등 언론은 박정희 정부 기간 동안 주요 국가사업에 긍정과 찬성보다는 반대와 비판이 주조를 이루었다. 3선개헌과 유신체제는 말할 것도 없다. 권력과 언론은 항상 긴장 관계로 마주서 있었다.

대통령 박정희는 매일 신문을 정독하고 라디오에는 각 방송 표시를 해놓고 뉴스를 챙겨 들었다. 지방 시찰을 하고 쉬는 저녁 시간에도 텔레비전의 정시 뉴스를 꼭 시청했다. 그는 특히 민생에 관한 보도를 중시했으며, 비판적인 언론인이라도 국가와 민족을 위해 진정으로 고뇌하고 충고하는 쓴소리를 할 때는 "면종복배(面從腹背)하는 자보다 낫다"며 그를 존중했다.

한일회담 반대 데모와 비상계엄령 선포로 시국이 몹시 뒤숭숭하던 때에 한 언론인은 대통령에게 직접 이런 말을 했다.

"일제 식민지로 그렇게 짓밟히고 한일 수교를 한다는데 이 정도 소란도 없다면 우리 국민은 죽은 국민 아니겠습니까. 데모를 적대시 하지 말고 언론이 선동한다는 편견도 버려야 합니다."

박정희는 그를 따로 만나 밤 늦도록 이야기를 나누며 술을 마셨다고 한다.

국익을 위한 악의 없는 비판 앞에선 진솔한 편이었고, 그래서 언론을 멀리 하지 않고 중시했다.

연로한 언론인이나 문인들이 병상에 누워 있다는 소식이 알려지면 어김없이 청와대 비서관이 찾아가 문병을 했고, 병고와 생활고가 겹친 경우엔 반드시 도움을 주어 곤경을 벗어나도록 했다.

별세한 언론인의 유가족이 길거리에 나앉게 되었다는 기사가 난 적이 있었다. 그것을 본 대통령이 도와줄 수 있는 방법을 알아보라고 보좌관에게 지시했다. 보좌관은 서울시장과 상의를 해서 유가족을 공영아파트에 들어가 살도록 하자는 데 뜻을 모았다. 그랬는데 서울시장은 얼마 후 청와대 보좌관에게 난감한 말을 전하는 것이었다. 또 한명의 미망인이 나타나 자기도 아파트 한칸을 달라고 하니 이를 어쩌면 좋으냐는 것이었다.

보고를 받은 대통령은 안타깝게 웃으며 없던 일로 매듭을 지었다.

그는 청와대 잔디밭 같은 곳에서 기자들과 술 한잔씩 하며 격의없이 어울리기를 좋아했다. 손으로 김치를 찢어 먹으며, 기자들에게 막걸리를 따라주고 담뱃불도 붙여주고 술이 취해 흥이 나면 격정에 겨워 옆 사람과 뺨을 비비기도 하는 파격의 풍류를 즐겼다.

우호적인 분위기가 꽤 형성돼 있었다.

그 시절에는 청와대 출입기자들이 그리 많지 않았다. 출입기자가 보직 변경으로 소속 신문사로 돌아가면 대통령이 손수 편지를 써서 그동안의 노고를 치하하고 석별의 정을 표하곤 했다. 그래서 그들이 더욱 생생하게 기억하고 전하는 일화가 있다.

1979년 봄의 일이다.

어머니를 대신한 퍼스트레이디 박근혜가 출입기자들과 회식 자리를 마련했다. 대통령이 참석하고, 식탁에는 맥주와 막걸리를 섞은 '폭탄주'가 올라 분위기가 좋았다. 박근혜는 별세한 어머니를 대신해 기자들과 자주 테니스를 치며 어울리고, 그럴 때면 뒤풀이로 대통령 아버지와 기자들이 어울리는 자리를 자연스럽게 만들어내곤 했다.

취기가 올라 얼굴이 불콰해진 상태에서 한참 이야기가 오가다 대통령이 갑자기 화를 벌컥 냈다. 국회의장 지명자를 반대하는 야당을 동아일보가 일방적으로 두둔한다는 것 때문이었다. 기사를 쓴 기자(강성재)는 그해 연두 기자회견에서도 가시 돋친 질문을 해서 대통령의 표정이 굳어진 일이 있었다.

"동아일보가 그러면 안돼!"

"동아일보가 정권을 비판하고 야당 얘기를 많이 쓴 것은 사실이지만, 모두가 나라가 잘 되라는 뜻에서 하는 것인만큼 오해가 없으셨으면 합니다."

깐깐한 기자의 대꾸로 어색해진 분위기가 기자들이 재빨리 화제를 바꾸는 바람에 그냥 덮어져 넘어갔다.

회식이 끝나고 대통령은 돌아가는 기자들을 일일이 악수로 배웅했다. 취해 있다가도 술자리가 끝나면 금방 평소의 바른 자세로 돌아가는 대통령이 그날은 꽤 비틀거렸다. 동아일보 기자가 앞에 와서 서자 대통령은 악수 대신 그의 머리를 잡고 이마를 들이대 박치기를 했다.

"왜 나를 비판해!"

한마디를 쏘아붙인 대통령은 곧 부축을 받고 돌아섰다.

느닷없는 박치기에 어둥절했던 동아일보 기자는 흐트러진 대통령의 뒷모습을 보면서 스산한 감정을 감출 수 없었다고 한다.

10여일 후 기자들은 청와대 잔디밭에서 다시 대통령을 만났다.

여기저기 흩어져 앉은 기자들 앞에서 대통령이 정색을 하고 입을 열었다.

"내가 지난번에 동아일보 강 기자에게 실수를 했습니다. 이 자리를 빌어 강 기자에게 정식으로 사과합니다."

평소에 대통령은 아랫사람들에게 철저히 예의를 지키는 편이었지만 공개사과까지는 예상치 못한 일이었다.

그 기자는 가슴에 엉킨 감정이 한꺼번에 녹아버리면서 오히려 미안해져 얼굴을 붉혔다.

그는 나중에 국회에 진출했는데 대통령 박정희를 이렇게 회고했다고 한다.

"그 시대의 정치는 미워했지만 박 대통령에겐 인간적인 정을 갖고 있다."

앞에서, 한일회담 반대 데모를 적대시하지 말라고 쓴소리를 했던 언론인(최석채)은 1984년 10월26일 5주기 기일을 맞아 한 일간지에 발표한 추모 글에서 대통령 박정희를 "건국 이래 국장(國葬)으로 예송(禮送)했던 단 한분"이라며 "역사의 제단에 굵직한 자리를 차지하고 있을 것"이라고 했다.

라면의 열정, 라면의 힘

독일의 한 고급호텔에 한국인이 만두 두 접시를 갖고 남의 눈에 띄지 않게 뒷문으로 들어갔다. 그곳에 대통령 박정희가 머물고 있었다. 독일을 방문중인 대통령이 서양 음식이 입에 맞지 않아 식사를 잘 못하고 있다는 말을 전해 듣고 그곳의 교포가 간단히 먹을 수 있는 만두를 준비했던 것이다. 대통령 내외는 호텔 뒷문을 통해 들여온 만두로 한끼 식사를 대신했다. 1964년 12월의 일이다.

채식 위주의 식생활이 몸에 밴 박정희 내외는 외국에 나갈 때마다 음식 때문에 은근한 고생을 했다. 된장찌개가 없으면 밥 먹는 것 같지 않은 식성의 박정희는 그후 동남아 순방길에 말레이시아의 한국대사관에서 모처럼 밥과 김치가 놓인 점심을 먹고 흐뭇한 표정으로 말했다.

"오래간만에 제대로 먹었어."

순방 중 태국에서는 부인 육영수가 공식석상의 음식을 입에 대는 시늉만 하고 돌아와 물이나 마시고 다음 일정 준비에 쫓기는 것을 보다 못해 수행 비서관이 미리 준비해 온 라면을 끓였다. 육영수는 냄비에 끓인 라면을 단무지와 함께 맛있게 먹고는 이마에 맺힌 땀방울을 닦으며 말했다.

"아유, 이제 살 것 같네!"

비서관이 다음에 또 라면을 끓였더니 손도 안 대고 밖에 나갔다가 대통령과 함께 돌아와서는 한 냄비의 라면을 내외가 맛있게 나눠 먹는 것이었다. 공식석상에선 식성에 안 맞는 성찬을 입에 대는 시늉만 하면서 기품있는 말을 나눠야 하고 또는 상냥하게 미소를 짓다가 라면 냄비 앞으로 돌아온 대통령 내외의 모습이 수행원들의 눈시울을 뜨겁게 했다고 한다.

청와대에서 점심을 간단히 국수로 때우던 박정희는 가끔 밤참으로 라면을 먹었다.

쌀이 부족하던 시절에 새로운 먹을거리로 개발된 것이 라면이다. 초기의 라면 제품은 싱겁고 느끼해서 그리 인기를 끌지 못했다.

국산 라면을 처음 만들어낸 삼양식품의 사장(전중윤)은 어느날 밤 갑자기 걸려온 대통령의 전화에 깜짝 놀랐다.

박정희는 밤참으로 라면을 막 먹었다면서 이렇게 말했다.

"라면에 고춧가루를 좀 넣는 게 좋을 것 같습니다. 한국 사람은 아무래도 국물이 얼큰해야 하니까요."

최초의 라면이 등장한 것은 1963년 9월이었다. 삼양식품 사장은 우연히 남대문시장을 지나가다가 꿀꿀이죽을 사먹기 위해 줄을 선 사람들을 보고 일본의 길거리에서 먹어본 '꼬불꼬불한 튀김국수'를 떠올렸다고 한다. 그것이 바로 서민대중의 허기를 달래주는 대체식품이라는 확신이 들어 상공부 관계자를 찾아가 설명을 하고 꾸준히 납득을 시킨 끝에 5만달러를 대출받을 수가 있었다. 그리하여 일본 제조회사로부터 기계와 기술을 도입해 만들어낸 것이 삼양라면이다.

보릿고개의 설움을 겪던 국민들의 식량문제 해결을 국가적 과제로 삼고 고심하던 박정희에게 라면은 반갑고 고마운 먹을거리였다.

삼양라면은 맛을 개선하면서 대중의 호응을 받기 시작했고, 때마침 정부의 분식장려운동에 더욱 힘을 입어 전국으로 소비를 크게 확산시킬 수가 있었다.

"후루룩 후루룩 냠냠냠"으로 시작되는 삼양라면 CM송은 대중의 귀에 친숙한 노래가 되었다.

'막둥이' 구봉서와 '후라이보이' 곽규석의 "형님 먼저 아우 먼저"라는 광고도 인기를 모았다. 농심라면의 광고카피였다.

농심라면의 초기 제품명은 롯데라면이었다. '농심'은 롯데공업 사장 신춘호가 새마을교육에 감명을 받아 직접 지은 브랜드라 한다.

그는 1975년 수원의 새마을연수원에서 김준 새마을원장으로부터 '農心은 天心'이라는 주제의 강의를 들었다.

"농심은 농부가 자연의 이치에 따라 흙과 더불어 생명을 가꾸어 가면서 터득한 농업의 정신을 말합니다."

그가 막연히 그려오던 회사의 이미지가 바로 '농심'이라는 생각이 들었다. 그래서 강의중에 질문을 했다.

"저희 롯데는 라면을 만드는 회사인데, 롯데라면에 농심을 첨가하여 공급하면 농심이 보다 널리 알려질 것 같은데, 라면 이름을 '농심라면'으로 해도 되겠습니까?"

그러자 김준 원장은 연수생들에게 동의를 구하듯 말했다.

"여러분들의 생각은 어떻습니까?"

"좋아요!"

"좋구 말구요!"

김준 원장과 연수생 일동이 박수로 축하해 주었다.

이름이 바뀐 농심라면 봉지에는 상품 선전문구가 아닌 '농심의 덕목(德目)'이 차례로 찍혀 나왔고, 1978년에는 아예 회사 이름을 롯데공업에서 '농심'으로 바꿔버렸다.

라면의 느끼한 맛이 불만이었던 박정희에게 또 다른 불만이 있었다. 수출 문제였다.

1969년 8월 미국을 방문해 공식 일정을 마치고 샌프란시스코 동쪽 로키산맥 가운데 있는 요세미티 국립공원에서 휴식을 취하면서 간단히 먹을 수 있는 동양 음식을 찾아보았다. 그곳에 일본 상표가 붙은 라면이 수북했다. 할 수 없이 그걸 먹기는 했지만 씁쓰레했다.

그는 귀국후 중앙청에서 열린 수출진흥확대회의에서 미국의 일본 라면 이야기를 꺼냈다.

"요세미티 국립공원에서 한국 라면을 먹을 수 있었다면 내가 닉슨 대통령과 정상회담한 것보다 더 큰 성과였을 겁니다. 우리나라에도 품질 좋은 라면이 많이 있는데 어째서 미국 사람들이 라면 좋아하는 것을 우리가 모르고 있었는지 답답합니다."

그러면서 미국 시장을 살펴보니 명란, 생선묵 같은 것도 얼마든지 수출할 수 있으니 잘 연구해 보라고 지시했다.

수출진흥확대회의는 대통령 주재 하에 정부 당국과 경제계가 만나 현안을 해결하고 정책을 결정하는 역동적인 기구로, 여기서 나오는 수출 목표에 따라 해외의 공관장들은 수출액을 달성하는 데 앞장을 서야 했다. 목표액을 달성하지 못하는 공관장은 외무부장관의 경고장을 받았고, 청와대를 향해 고개를 들지 못했다.

본격적인 라면 수출이 시작되었다.

1969년에 최초로 베트남으로 라면을 수출했던 삼양식품은 동남아, 중동, 미국, 중남미, 러시아, 유럽으로 시장을 확대하였고, 농심 역시 그에 못지 않게 해외시장을 개척함으로써 한국 라면은 박정희 시대로부터의 가속도에 의해 70~80개국에 수출되는 세계적 식품으로 자리를 잡았다.

대통령 박정희 내외가 만찬 음식보다 좋아한 것처럼 라면은 대한민국의 제2 식품이 되었다.

라면은 박정희 시대에 수출입국을 위해 산업현장에서 땀 흘린 수출 역군들의 먹을거리였다는 점에서도 경제성장의 잊지 못할 에너지원이었다. 얼큰한 라면의 열정, 라면의 힘이 경제를 키웠다는 말이 결코 지나치지 않다.

마주 앉아서 '마주앙'

　마주앙은 대표적인 국산 브랜드의 와인이다. 대중에게 친숙한 이 마주앙이 탄생하게 된 시대적 배경의 사연이 있다.
　식량의 자급자족이 안 되던 1970년대 초, 정부가 술을 빚는 데 사용되는 곡물의 소비를 줄여 보자고 포도주 개발을 위주로 하는 새로운 주류정책을 내놓고 포도 재배를 권장했다.
　이같은 정책에 따라 몇군데의 주류회사가 포도원을 조성하고 와인 제조에 착수했다. 우리나라는 독일이나 프랑스 등지의 기후 조건과 달라 와인 생산에 적합한 포도 재배가 쉽지 않았고, 오랜 세월에 축적된 유럽의 와인 제조 노하우를 단기간에 익히기도 어려운 실정이었다.
　당시 동양맥주(지금의 두산)는 1973년 유럽의 포도 산지와 비교적 기후 조건이 근사한 경북 영일군 청하면에 포도원을 조성한 뒤 국산 와인 개발에 들어갔다. 독일에 기술 연수팀을 보내고, 현지의 기술자를 초빙해서 연구를 거듭한 끝에 1977년 5월 국산 와인 1호인 마주앙 스페셜 화이트와 레드를 각각 내놓았다.
　이를 전후하여 다른 회사에서도 와인 제품을 내놓았으나 마주앙

이 가장 좋은 평점을 받았다. 특히 마주앙은 천주교 미사주로 봉헌되어 주목을 받았는데, 그것이 품질을 인정받게 된 결정적 계기였다. 미사주는 로마 교황청의 승인과 현지 천주교 교구의 감독 아래 제조되므로 품질 평가가 여간 까다롭지 않은 것으로 알려져 있던 터였다.

마주앙에 대한 청와대의 반응도 신속했다. 국빈 만찬에 외국산 와인을 올려놓는 것이 늘 못마땅했던 대통령이 누구보다 기뻐했다.

"가져와 봐. 만찬에 내놓으려면 외국 사람 구미에 맞아야 하니까 시음회를 해 보자구."

그래서 국내의 외국인 신부와 수녀 10여명을 청와대로 불러 외국산 일류 와인과 함께 상표를 모르게 마주앙 화이트와 레드를 시음하게 한 뒤 소감을 솔직하게 말해 달라고 부탁했다. 포도주에 익숙한 신부, 수녀들이라면 정확한 말을 들을 수 있으리라는 생각에서였다. 그 결과 마주앙 화이트는 세계 일류와 맞먹는 수준이고, 레드는 좀 떨어진다는 평가가 나왔다.

"됐어. 이제부터 만찬에 국산 와인을 내놓자구."

대통령 박정희는 국빈 만찬을 양식으로 차릴 때는 마주앙 화이트를 쓰게 하고 한식으로 할 때는 청주인 경주법주를 쓰도록 했다.

경주법주는 박정희가 비서관들과의 저녁식사 자리에서 시제품을 시음했다.

박정희가 일일이 한잔씩 따라주면서 말했다.

"이게 오늘 처음 나온 법준데 이 법주가 경주지방에서 내려오는 특주라는 거요."

그러면서 술에 일가견이 있는 공보비서관 선우연에게 먼저 시음을 하도록 했다.

선우연이 한잔 쭉 들이키더니 고개를 끄덕였다.

"합격입니다. 이만하면 괜찮은데요."

"선우 비서관이 합격이라니 제조허가를 내줘야겠구먼."

경주법주는 식량난으로 외국쌀을 수입하는 형편에서 순쌀로 제조하는 것을 인정해준 유일한 사례였는데, 단 청와대 접대용 납품을 제외하고 전량 수출하는 조건을 달았다.

반면 마주앙은 외국산에 손색없는 품질과 저렴한 가격으로 널리 사랑을 받으며 거의 국내 유일의 국산 브랜드로 자리를 굳혔다.

마주앙 이름에는 '마주 앉아서 정답게 마시자'는 한국적인 정서와 함께 지난 시절 식량부족의 고난이 빚은 애잔한 그리움이 깃들어 있다.

누구보다도 대통령 박정희가 매우 기뻐해서 "외국 원수들과 막걸리로 건배할 수는 없잖아"라며 껄껄 웃었다고 한다.

제주도에는 기차가 있다

예로부터 제주도의 어린이들은 기차 구경을 못하고 자랐다. 제주도에는 철도가 없다. 그런데 뭍으로부터 우람한 기차 한대가 배에 실려왔다.

대통령 박정희가 기차 구경을 못해본 제주도 어린이들을 위해 1978년 어린이날의 기념 선물로 증기기관차를 보내준 것이었다.

기차는 1944년 철도청 부산공작청사에서 제작되어 부산에서 신의주까지 기적을 올리며 남북을 달렸던 미카 3형으로, 분단 이후에는 경부선과 호남선을 달리며 경제발전의 상징으로 많은 사랑을 받다가 1976년에 등장한 디젤기관차에게 그 자리를 물려주고 은퇴한 것이었다.

박정희는 그 기차를 제주도 어린이들의 학습자료로 보내주라고 지시했던 것이다. 기차는 영등포 공장을 떠나 부산을 거쳐 카페리호에 실려 제주항에 도착했고, 제주시 삼무공원으로 옮겨져 자리를 잡았다.

그로부터 제주도에는 삼무공원의 기차를 안 보고 자라는 어린이가 없게 되었고, 지금도 기차는 어린이들의 사랑을 받는 명물로 남아 있다.

　박정희는 초등학교 교사 출신이다. 아이들의 세계를 아는 대통령이다. 그 시절에는 청와대에 낙도와 산간벽지의 어린이들이 자주 방문을 했다.

　그러나 그 다음 대통령부터는 청와대에 어린이들의 발길이 끊겼다. 고작 어린이날에나 청와대에서 의례적인 행사를 할 뿐이다.

　대통령 박정희는 아이들에게 무엇을 주고 싶었을까. 제주도에 기차를 보내주면서 더불어 꿈을 주고 싶었을 것이다.

포플러 장학금

 책상에서 펜대나 굴리고 편안히 봉급을 타먹는 안정된 신분이라 해서 공무원을 '철밥통'이라 하지만, 박봉에다 허구한날 산으로 올라다니며 몸고생이 막심한 공무원들이 있었다. 걸핏하면 상부로부터 날벼락이 떨어지고, 도벌이나 산불이 발생할까봐 전전긍긍해야 했던 박정희 시대의 산림 공무원들이 그러했다.
 1967년 3월 대통령의 녹화사업 현장 시찰로 경상북도 산림 당국에 비상이 걸렸다. 대통령은 현장에서 관계자들의 손을 일일이 잡아주며 격려하더니 금일봉을 내놓았다. 위로금 16만원이었다. 당시 쌀 1가마(80킬로그램)가 3천7백50원, 금 1돈(3.75그램)이 2천3백30원이었으니 꽤 큰 돈이었다.
 산림 당국은 이 돈을 어떻게 쓸 것인가를 논의했다. 나누어 써버릴 게 아니라 뜻있는 일을 하자는 데 의견을 모으고 투자 가치가 있는 이탈리아 포플러를 심기로 했다. 그래서 칠곡군 북삼면 보손리 하천변 일대와 약목-김천간 국도변에 이탈리아 포플러 1천그루를 심었다.
 이탈리아 포플러는 빨리 자랄 뿐만 아니라 성냥, 나무 젓가락, 이쑤시개 등의 재료로 상업성이 높으므로 수익금으로 기금을 조성해 그 이자 범위 내에서 도내의 학생들에게 장학금을 주기로 계획을 세웠다. 일컬어 포플러 장학회였다.

대통령 박정희는 그해 1967년에 충북 청원군에 이탈리아 포플러 묘목 1만4천그루를 보내주었다. 청원군은 그것을 강외면 미호천 둔치에 심고 역시 포플러 장학회를 발족시켰다.

그 시기에 정부와 민간이 힘을 합하여 포플러 심기 운동이 대대적으로 벌어졌고, 곳곳에서 그 수익을 기금으로 향토 장학회가 줄을 이었다.

자라나는 학생들이 곧게 자라는 포플러와 같이 열심히 공부하여 올곧게 성장하기를 기원하는 뜻으로 포플러 장학금이라 하였다.

1967년에 포플러 묘목을 심었던 경상북도의 경우, 1976년부터 1982년까지의 벌채 수익금에다 1993년 순환수렵장 운영 사용료 잔액을 보태 총계 2억242만원 장학기금을 조성해 도내 중고교생 가운데 학업 또는 예체능 우수자와 산림녹화 유공자의 자녀들 40, 50여 명에게 매년 장학금을 지급해 왔다.

그리고 충북 청원군에서는 3억8천만원의 기금을 조성해 1978년부터 가정 형편이 어려운 학업 우수 학생들에 장학금을 지급해 왔다.

흘러간 박정희 시대는 과거완료형이지만, 그 시대로부터의 포플러 장학금은 현재진행형이다. 2007년 경상북도와 청원군의 포플러 장학회는 관내 학생들에게 장학금을 지급했다. 10년이면 강산이 변한다는 세월이 몇번을 구비쳐 흐르고 정권이 몇번 바뀌어도 포플러 장학기금은 착실히 관리되어 오늘까지 꿈나무들의 향학열을 북돋아 주고 있다.

기러기 아빠

한국인이 지난 20세기에 무엇을 했는가를 물을 때 한눈에 보여줄 수 있는 것이 푸른 숲이다. 박정희 시대에 산림녹화를 독하게 추진해 헐벗은 산야의 97퍼센트를 푸른 숲으로 덮었다. 나무가 많은 나라는 잘살고 국토가 헐벗은 나라는 못사는 것이 보편적인 현상이다.

대통령 박정희는 국토를 푸른 숲으로 덮어가면서 국가의 가난을 벗겨냈지만, 그러나 오랜 가난의 흔적을 지우는 일은 쉽지 않았다.

가장 어렵고 버거웠던 것이 전쟁과 그리고 가난으로 인한 고아와 기아(棄兒)들을 구제하는 일이었다. 그것만은 산림녹화처럼 확실하게 가시적인 성과를 거둘 수가 없어 그 어린 생명들을 국내에서조차 거두지 못해 해외입양이라는 이름의 '고아 수출'을 했다.

서울을 떠난 비행기가 먼바다를 건너는 구만리 상공에서 끝없이 울어대는 어린 생명들, 파란 눈의 외국인들이 품에 안고 진땀을 흘리며 안타깝게 달래고 달래어도 누구도 그 울음을 그치게 할 수 없었던 그 어린 생명들의 해외입양은 바로 한국의 어두운 현실이고 아픔이었다.

전쟁에서 팔다리를 잃은 상이군인들이 동냥을 다니고 거리에 실업자가 넘쳐나던 그 시절에 고아와 기아들은 오죽하겠는가. 깡통을 든 거지 아이들이 이집 저집 대문 앞을 기웃거리고 골목에 넋을 잃고 주저앉은 모습은 허구한날 눈으로 보는 일상의 풍경이었다.

"남의 집 대문 앞에서 잠이 든 거지들이 채 잠이 깨기도 전인 지난 주 어느날 새벽 3시30분 탱크들이 잠든 서울에 진입하였다."

뉴스위크지(1961년 5월29일)가 보도한 5.16 새벽의 광경이다.

5.16은 대책없는 빈곤과 허무주의에 반기(叛旗)를 들었다.

그해 1961년 11월 박정희가 미국 방문길에 올랐을 때 마침 해외 순회공연 중이던 선명회합창단(현 월드비전어린이합창단)이 시애틀 공항에서 애국가 합창으로 그를 처음 맞이했었다. 그 선명회합창단이 바로 전쟁 고아 출신들로 구성되어 있었다. 당시 미국 등 외국의 TV에 비치는 한국은 길거리에서 구걸하는 고아들과 구호양곡을 배급하는 장면들 일색이었다.

박정희가 제5대 대통령으로 취임한 직후인 1963년 겨울에도, 한 신문은 그해에도 고아와 기아가 부쩍 늘었다는 요지의 기사를 싣고, 서울의 시립영아원에 맡겨진 갓난아기들 중에 가난 때문에 버림받는 아기가 7할쯤 된다며 "통금시간을 알리는 사이렌이 울리는 밤이면 버린 어버이와 버림받은 아기가 함께 운다"고 당시 한국 사회의 정황을 전하고 있다.(조선일보 1963년 12월20일)

그 모진 세월을 맨몸으로 뒹굴며 살아온 한 젊은이가 있었다.

김영환. 11세 때에 서울에서 6.25를 만나 혼란의 와중에 부모와 생이별을 하고 길거리에서 밥을 얻어먹어야 했다. 구두닦이, 신문팔이 등 닥치는 대로 일을 하면서 험한 세파(世波)를 홀로 헤쳐온 그는

1957년 17세 때에 해병대 제69기로 입대해 1960년에 제대했고, 그리고 고독한 방황 끝에 홀로서기의 인연을 맺은 곳이 서울 뚝섬이었다. 뚝섬에서 자동차 정비기술을 배우고 1종면허증도 취득해 뚝섬을 오가는 버스 운전사가 된 것이 1963년이었다.

버스를 운전하노라니 길거리를 헤매는 아이들이 늘 눈에 밟혔다. 그는 길거리의 아이들을 보면 얼마나 배가 고픈지, 무엇을 원하는지를 한눈에 알 수 있는 사람이었다. 그 아이들이 지난날의 바로 자기 모습이기 때문이다.

마지막 운행을 마치고 뚝섬 종점에 돌아오면 통행금지 시간이 됐는데도 갈 곳이 없어 어슬렁거리는 아이들이 적지 않았다. 거지 아이들이고, 버려진 아이들이었다.

어느날은 여섯살짜리 아이가 몹시 울길래 왜 그런가를 물어보니 외할아버지가 자기만 버스에 태워 놓고 사라졌다는 것이었다. 집을 찾아갈 수도 없는 곳으로 멀리 아이를 혼자 보낸 것이다. 아이를 버린 것이다.

그 아이를 집에 데려왔다. 혼자 살던 움막 같은 곳에 아이를 데려와 키우기 시작한 것이 1969년, 그때부터 오갈 데 없는 아이들을 데려와 함께 살다 보니 몇년만에 11명으로 늘었다.

이웃 사람들은 그 집을 '기러기집'이라 했다.

울밑에 귀뚜라미 우는 달밤에
기럭기럭 기러기 날아갑니다.
가도 가도 끝없는 넓은 하늘을

엄마 엄마 부르며 날아갑니다.

엄마가 그리운 아이들의 기러기 가족이 사는 집이다.

기러기 아빠 김영환의 고민은 이리저리 옮겨다니며 움막이나 천막을 짓고 살아야 하는 것이었다. 그 많은 아이들과 함께 기거할 '붙박이 집'이 없었다. 운전사 수입으로는 생계 유지에 급급해 집 장만은 꿈 속의 그림일 뿐이었다. 이리저리 밀리고 떠돌아 다니다가 1973년 4월에 그나마 자리를 잡은 곳이 강남구 도곡동의 허허벌판이었다. 거기는 쫓겨나지 않을 것 같은 곳이라 비닐하우스 움막을 짓고 두 다리 뻗고 잘 수가 있었다.

이듬해에는 한 젊은 여성이 찾아와 자원봉사를 해주기 시작했다. 자원봉사 여성은 일주일에 한번씩 와서 아이들의 밥과 빨래를 해주고 목욕시키는 일뿐 아니라 공부까지 가르쳐 주어서 기러기 아빠의 일손을 크게 덜어주었다.

김영환은 1976년 11명의 아이들을 자신의 호적에 입적시켰다. 아이들을 학교에 보내면서부터는 35세의 노총각 김영환도 어엿한 가정의 가장이라는 생각에 어깨가 무거웠다.

천사 같은 자원봉사 여성의 발길은 계속 이어지고, 김영환은 아이들을 위해 생업에 더욱 열중할 수 있을 것 같았다. 그랬는데 또다시 시련이 닥쳤다. 그들의 무허가 집이 도시계획에 의해 헐리게 된 것이다. 강남 일대에 개발 바람이 불어 기러기집이 옮겨갈 곳이 도무지 눈에 띄지 않았다.

눈치 빠른 아이들은 어깨가 축 늘어졌고, 구청 사람들이 나오면

1971년 3월31일 뚝섬의 지체부자유자 고아원을 찾아가 원생들을 격려하는 박정희 대통령. 까까머리, 단발머리들 앞에 눈을 내리깔고 있는 대통령의 표정이 여느때와 다르다.
ⓒ정부기록사진집

불안에 떨며 아빠의 표정만 바라보았다. 철거반이 언제 갑자기 들이닥쳐 그들의 보금자리를 헐어버릴지 몰랐다.

김영환은 피가 마를 지경이었다. 생각 끝에 용기를 내기로 했다. 지푸라기라도 잡는 심정으로 청와대에 편지를 보냈다. 박정희 대통령에게 한번 호소나 해보자는 심정으로 편지를 보낸 것이다.

얼마 후 낯선 사람이 찾아왔다. 그는 집안을 둘러보고 기러기 가족의 사정을 확인하더니 김영환에게 말했다.

"정부가 해야 할 어려운 일을 하시는 분께 감사 드립니다. 도와드릴 테니 용기를 잃지 말고 사십시오."

이렇게 말하는 그 사람은 청와대 비서관이었다.

김영환은 기쁨의 눈물을 주체할 수 없었다. 아이들이 아빠의 생일상을 차려주었을 때 울고 두번째 흘리는 기쁨의 눈물이었다.

아마도 국가 지도자에게는 경제성장의 빛이 밝으면 밝을수록 더 어두워 보이게 마련인 그림자를 지우는 일이 거창한 국가건설 프로젝트 못지않게 어려울 것이었다.

1975년 연초의 대통령 동정을 전하는 다음과 같은 기사가 있다.

"박정희 대통령은 17일 오전 보사부를 연두순시, 고재필 장관으로부터 올해 업무계획을 보고받았다. 박 대통령은 또 고아들의 해외입양 문제에 대해 이들을 무작정 해외에 입양시키는 것보다 이들을 고아원에서 키우되 독지가들과 관련을 맺어 자립할 수 있는 연령까지의 양육비 및 교육비를 염출하는 방안 등을 검토, 원칙적으로 이들의 문제를 국내에서 해결토록 하라고 지시했다."(조선일보 1975년 2월18일)

대통령 박정희는 자존심이 강했다. 잘살아야겠다고 경제정책에 심혈을 기울인 것도 가난했던 시절 외국에게 얻어먹는 것을 치욕으로 여겼기 때문이며, 국가의 체면을 중시해 외국을 방문할 때면 수행원과 수행 기자들에게도 항상 분수에 맞지 않는 쇼핑이나 눈밖에 나는 처신을 하지 말도록 당부했다.

그런 박정희에게 고아의 해외입양은 여간 부끄럽지 않을 수 없는 일이었다.

그가 해마다 연말이면 비서관을 시켜 신체장애인, 무의탁 노인, 고아들에게 떡, 과일, 고기 등을 보내는 것은 그들을 위로하고 외로움을 달래주는 의미 외에도 복지(福祉)의 손길이 미치지 못하는 부분에 대한 미안함과 애틋한 정의 표시라고 할 수 있었다.

그러니 김영환의 기러기 가족을 모른 체할 리가 없었다.

기러기집에 청와대 비서관이 다녀간 뒤 구청에서 통고서가 날아왔다.

"귀하에게 시유지 사용을 허가함. 집을 지어 이사하시오."

으르렁거리던 구청 사람들의 태도가 언제 그랬는가 싶게 달라졌다. 그렇게 공손할 수가 없었다. 그들은 김영환을 차에 태우고 집을 지을 후보지 세곳을 보여주었다. 그중에 마음에 드는 곳을 선택하라는 것이었다.

역삼1동 643번지의 체비지 38평이 기러기 가족의 집터로 결정되었다. 구청 사람들은 빨리 집을 지어 이사하라고 했다. 상부에 보고를 해야 하기 때문에 오히려 그쪽에서 서둘러댔다.

그랬는데 날벼락 같은 일이 벌어졌다. 1979년 10월.

"애들아, 대통령 할아버지가 돌아가셨구나!"

대통령의 서거 소식에 기러기 가족은 목놓아 울었다. 국장(國葬) 때에 광화문에 나가 또 울었다.

어둡고 무정한 나날이 흐른 뒤 이듬해 1980년 11월 기러기 가족은 역삼동 야산 중턱에 18평짜리 블록 벽돌집을 짓고 이사를 했다. 택시 운전을 하기로 하고 버스회사에서 받은 퇴직금과 자원봉사 여성의 도움으로 마련된 보금자리였다.

블록 벽돌집이 완성되니 그것도 준공식이라고 TV방송국에서 나오고 유명 코미디언과 집을 짓는 데 아무런 상관도 없는 사람들이 우르르 몰려와 준공 테이프를 끊어주었다. 그들이 TV에 얼굴을 비치고 사라진 뒤끝은 허전했다. 기러기 가족이 그 집을 보여주고 싶고, 또 그 집을 보고 진정 기뻐할 사람은 대통령이라는 생각뿐이었다.

그후 기러기집의 이야기는 1987년 '기러기 가족' 이라는 제목의 영화로 나왔고, 김영환은 66세가 되던 2006년에 자서전 〈기러기 아빠〉를 썼다.

그의 삶에서 아이들 외에 또 다른 큰 부분을 차지하는 사람은 자원봉사 여성이었다. 기러기 둥지로 날아든 그 천사는 목사의 따님이며 대전보육대학을 졸업한 김천순. 기러기집을 지었을 때 김영환과 결혼해 기러기 엄마가 된 그녀는 1남1녀를 낳아 13남매의 가족에게 모닥불 같은 사랑을 남기고 위암으로 세상을 떠났다. 올망졸망했던 아이들이 기러기 엄마의 보살핌으로 의젓한 처녀 총각으로 컸고, 그들이 모두 시집 장가를 간 뒤 무심한 세월의 풍상이 스쳐간 역삼동 기러기집에 홀로 남은 김영환의 곁에는 자서전 〈기러기 아빠〉만이 놓여 있었다.

기러기 아빠 김영환의 삶은 영화 '아름다운 비행(Fly Away Home)'의 한국판 같은 것이었다. 개발업자에게 밀려 떠나야 하고 추위가 오기 전에 따뜻한 남쪽으로 날아가야 하는, 엄마가 없이 태어난 기러기들에게 날갯짓을 가르쳐 떠나보내는, 기러기 편대의 맨 앞에 선 '아름다운 비행'의 주인공이 또 있었던 것이다.

노후의 김영환은 기쁘거나 마음이 울적할 때면 찾아가는 두곳이 있다고 했다. 부인이 잠든 경기도 파주의 금촌공원묘지와 그리고 국립현충원의 박정희 대통령 묘소라고 한다.

김영환은 전쟁 고아였다. 그가 길러서 보낸 아이들도 기러기였고, 그 자신도 기러기였다. 그리고 보면 기러기집을 마련해준 대통령 박정희도 기러기 아빠인 셈이었다.

박정희 연설과 LA갈비

미국에 '워너 미트(Warner Meat)'라는 육류업 브랜드가 있다. 한국 교민이면 모르는 사람이 없다는 그 유명 브랜드의 주인공은 김원호라는 사람이다. 국내에도 잘 알려진 LA갈비를 개발한 주인공이다. 2008년 미국 여성 대통령을 꿈꾸었던 힐러리 클린턴 상원의원(뉴욕주)의 한인 후원회장을 맡은 바 있는 그는 미국에서 성공한 대표적인 사례로 꼽히고 있다.

그는 20여년 전 불법체류자로 미국 생활을 시작했다. 밑바닥 생활부터 출발한 그가 어떻게 성공할 수 있었을까. 그쪽 육류업계는 분위기가 험악하고 기득권의 벽은 철옹성이어서 그야말로 백정(白丁)들의 텃밭 같은 곳이었다 한다. 그런 곳에서 그가 열악한 입지조건을 뚫고 불가능을 가능으로 바꾼 비결은 무엇이었을까. 그는 밤낮을 가리지 않고 일했고, 주위로부터 신용을 얻어 기업을 일으킬 수 있었다. 하지만 그의 성공이 그런 노력의 결과물이라고 하기엔 뭔가 뚜렷한 게 없어 실감이 나지 않는다.

그를 그토록 움직이게 한 어떤 힘이 있었을 것이다.

골프조차 배울 시간이 없었다는 그가 하루도 거르지 않는 일이 테이프레코더 듣기라 한다. 거기서 흘러나오는 소리는 늘 한가지, 대통령 박정희의 연설이었다. 매일 박정희 연설 테이프를 들으며 힘을 얻는다고 했다. 지구촌 인종이 다 모여 숨막히는 생존경쟁의 악다구니로 들끓는 그곳에서 그가 좌절했을 때 용기와 희망을 주고, 미지의 세계와 마주선 그에게 개척의 지혜를 준 것이 대통령 박정희의 카랑카랑한 육성이었다는 것이었다.

대체 그 연설에서 그는 무엇을 느끼길래 힘을 얻는 것일까.

대통령 박정희가 하는 말은 상당히 권위적이다. 특히 "나는…"이라는 주어를 강조하는 어두(語頭)의 액센트가 아주 강하다. 자기 존재의식이 두드러지게 표출되고 있다.

"나는 통일과 중흥이 반드시 우리 시대에 이루어질 수 있다고 자신하며, 이를 성취하는 열쇠는 오로지 우리 자신의 힘, 즉 국력을 기르는데 있다는 것을 강조합니다."

"나는 앞으로 중화학공업 시대의 막을 올리고, 한강변의 기적을 4대강에 재현시킬 것이며, 수출입국의 물결을 5대양에 일으키고, 농어촌을 근대화하여 우리나라를 곧 중진국 상위권에 올려놓고야 말 것입니다."

무소불위의 권력이 강하게 진동하는 그 주어에는 국가적 난제에 도전하는 최고지도자로서의 책임과 사명이 엄숙하게 도사려 있다. 최고의 권력과 더불어 최고의 책임을 짊어지고 역사의 격랑(激浪)을 헤쳐나가는 우렁찬 소리, 호쾌무쌍한 모습이 어우러져 있다.

대통령 박정희는 국민에게 고개 숙인 일이 없다. 사과한 일도 거의 기억에 없을 정도로 그는 언제나 당당했다. 고개 뻣뻣한 태도가 정치적 반대자들에게는 거부감을 주었지만, 시대적 과제를 직시하고 거기에 국가적 역량을 쏟아붓는 매서운 카리스마는 국민을 안심시키고 자신감을 심어주기에 부족함이 없는 것이었다.

그의 연설에서는 "…해야 하겠습니다"라는 당찬 의지와 당위성이 강조되고 있다.

"우리는 식량 증산에도 노력을 해야 되겠지만, 식량의 절약도 하나의 국민적 운동으로 전개해 나가야 하겠습니다."

"우리는 이 정도로 만족해서는 절대로 안 되겠으며 일본이나 독일의 수준을 따라가야 하겠습니다."

그의 그러한 의지를 언론에서는 '결단' '용단'이라는 말로 자주 표현했다. 부정적인 판단을 내리면 "안 되겠습니다"라고 단정적인 화법을 썼고, "…합시다"라고 강력하게 권유했다. 호소와 설득보다는 견인의 성격이 두드러졌다. 앞장 서서 끌고 갈 테니 따라오라는 식이다.

"만일, 이 시점에서 우리가 또다시 우리의 국력을 기르는 데 실패하고 만다면, 우리 세대와 우리 후손들은 영영 낙오자가 되고 만다는 것을 나는 단언합니다."

"세계적인 유류파동과 인도지나반도가 적화된 직후의 위기를 슬기롭게 극복했던 굳센 단결의 교훈을 결코 잊어서는 안 됩니다."

"나라살림을 앞에서 구경하는 방관자가 되지 말고, 여기에 발벗고 뛰어들어 함께 걱정하고 서로 힘써 나가는 참여자의 긍지를 가지고, 주인의 책임과 사명을 다하는 데서 보람을 찾는 국민이 될 것을 당부합니다."

"지금 우리 국력은 많이 성장했고, 우리 경제가 많이 발전했다 하더라도 우리는 결코 현상태에서 만족해서는 안 되겠습니다."

"3차5개년계획은 내년부터 시작됩니다. 이 계획이 끝나면 우리나라 경제는 완전히 자립경제가 됩니다. 우리들은 기필코 영령들이 못다 이룬 민족중흥의 대업을 이룩하고 말 것입니다."

그의 연설은 항상 긴장감을 주는 가운데 제시하는 어젠다가 간명하고, 예와 아니오가 뚜렷해 알기 쉽다. 입발림소리가 없고 변명이 없고 자화자찬도 없다. 육성은 우렁차지 않지만, 말끝마다 "해야 됩니다" "해야겠습니다" "할 수 있습니다"로 넘어가는 마디마디에 뜨거운 기백과 냉정한 열기가 굽이쳐 흐른다.

그 연설을 한마디로 압축하면 '하면 된다'라고 할 수 있을 것 같다.

그의 재임시에는 중요한 국가적 사업들이 엄청난 반대에 부딪쳤었다. 그는 어떤 난관이 있더라도 깨치고 나갈 것을 언명했고, 고독한 정열로써 한치의 흔들림 없이 밀어붙여 성공시켰다. 그렇게 되기까지 그는 욕을 많이 보았다. 욕도 많이 먹었다. 그러나 인기를 구걸하지 않았으며 자신의 평가를 당대에 묻지 않고 역사에 맡겼다.

그에 관한 모든 영욕(榮辱)은 "나는…"이라는 주어로 귀착되고 있다. 냉정하고 강력한 카리스마가 그 한마디에 옹골차게 뭉쳐져 있다.

LA갈비의 주인공 김원호는 연설 테이프를 반복해서 들으며 그 나름의 치열한 정진(精進)을 했을 것이며, 그로써 얻은 희망과 그것에 대한 신념이 그를 움직이는 동력으로 작용했을 것이다.

박정희 시대는 지나갔다. 그때 그 시절을 그리워하는 것은 퇴행적 사고라는 비판도 있다.

그러나 부처와 예수를 얘기한다고 해서, 또 링컨이나 처칠을 얘기한다고 해서 그 시절로 돌아가고 싶어하는 것이 아니다. 성현의 진리나 역사적 진실에는 유효기간이 없다.

대통령 박정희를 신봉하는 미국의 한국인 사업가 김원호는 여성 대통령 후보 힐러리 상원의원을 자기 저택으로 초청하여 후원 파티를 벌일 만큼 성공했다. 그런 그가 박정희 연설 테이프를 듣는다고 해서 그 시절을 그리워하고 그때로 돌아가고자 함이 아니다.

그야말로 한국을 환골탈태시킬 수 있었던 성공 패러다임에 경의를 표하고 그것을 이어받고자 하는 열망이 있다. 그 시대의 성공을 보여주는 모든 진실과 그것에 대한 신념은 시공(時空)을 초월하게 마련이다. 그것을 증명해 보인 미국의 한국인 사업가가 있지 않은가.

택시기사는 요금을 받지 않았다

선거철이면 정치인들이 으레 택시기사들을 만나고 사진도 찍는다. 국민에게 친근하게 다가가기 위한 몸짓이다. 택시는 '달리는 민심'이다.

택시기사들의 이야기는 언론 칼럼에 종종 등장하고 있다.

청와대 출입기자가 점심 먹으러 나왔다가 택시를 타고 "청와대 춘추관 갑시다"하니까 기사의 반응이 아주 냉랭했다. 청와대 근무자인 줄 아는 모양인지 목적지에서 내릴 때 "잘 좀 하라고 그러쇼" 한마디를 툭 던지더라며 "택시 타고 청와대 가자고 말하기가 겁난다"고 했다. 기자가 애꿎게 한방 먹은 것이다.

청와대 근무자들이 어쩌다 택시를 타면 일단 목적지를 삼청동이라 하고 기사의 눈치를 봐서 "청와대 입구까지만 가달라"고 부탁을 하는 지경이다. "대통령 좀 수입할 수 없을까"라는 탄식에 대꾸를 못하는 것이 2000년대에 들어선 세태와 민심을 대변하기 때문일 터이다.

2005년 11월 부산에서 열린 APEC(아시아태평양경제협력체) 정상회의를 취재했던 한 외국 기자는 택시기사가 "당신이 지금 달리고 있는 이 고속도로를 40여년 전에 건설한 사람이 바로 박정희 대통령"이라며 다른 전직 대통령들을 싸잡아 비판하더라고 했다.

택시기사의 말은 여론을 그대로 반영하고 있다. 박정희는 각종 여론조사에서 단골 1위를 독주하고 있다. 단골 1위도 일종의 '장기집권'이다. 역사 평가를 통한 '영구집권'을 향해 가고 있다고 보아야 할 것 같다.

배우 이창환, 이진수는 TV 드라마에서 박정희 역을 연기했다. 얼굴이 박정희를 닮아 깜짝 놀라는 사람들도 있었고, 동료 배우들은 이들을 '각하'라고 부르기도 했다.

이창환은 말한다.

"박 대통령은 악수할 때 꼭 손을 아래로 내밀었다고 하죠. 자기보다 키 큰 상대방이 허리를 굽힐 수 밖에 없도록 말이에요. 연기를 해보면 해볼수록 대단한 위인이라는 생각이 들어요."

그러면서 그는 자신이 연기한 최고의 명장면으로 베트남 파병을 TV로 지켜보며 눈물 흘리는 모습을 꼽았다.

그는 구미 생가에 갔다가 마을 사람들에게 선물로 받은 대통령 내외의 사진을 집에 걸어 두고 있다고 했다.

이진수는 택시기사들이 얼굴을 알아보고 요금을 받지 않더라고 해서 화제가 되었다. 요는 그 말을 전해 들어 알고 있는 사람들 대부분이 수긍을 한다는 점이다. 전혀 의심이 없다. 그럴 개연성이 충분하다는 것이다.

그런가 하면 매우 흥미로운 관찰도 있다. 여배우 전도연은 대통령 박정희의 남성적 매력을 이야기했다.

"저는 철든 이후에 제가 좋아하는 남자형이 딱 정해져 있어요. '카리스마가 있는 머슴' 이에요. 돌아가신 박정희 대통령 생각이 나네요. 그분이 누구보다 강력한 카리스마도 있고, 다른 한편으로는 촌사람 같은 분위기도 물씬해서……." (월간중앙 2002년 10월호)

2007년 칸영화제의 여우주연상을 탄 전도연이 예쁘기는 하지만 빼어난 미모를 앞세운 연기자는 아니다. 2004년에 연세대 연구팀이 한국 여성의 평균 얼굴로 전도연을 선정한 바 있다. 초등학교 때의 짝꿍 같고 고향 마을의 이웃집 처녀 같은 느낌을 주는, 곱고 수수해서 스스럼없는 얼굴, 보통 한국 여성의 전형이라는 것이다.

대통령 박정희는 보통 사람들의 심상에 강하게 돋을새김되어 있다.

택시기사들이 청와대 앞에서 퉁명스럽게 "잘 좀 하라고 그러쇼"라고 내뱉는 것과 배우 이진수에게 요금을 받지 않고 "그냥 내리시죠"라고 손님 차별하는 것이 무리는 아니다.

삼청동 재즈카페에 가면

　서울 삼청동은 온고지신의 문화가 숨쉬는 곳. 전통에 대한 지존(至尊)의 고집이 있고, 과거로부터 현대에 이르는 역사와 인생의 흐름을 형상화하고 있다. 삼청동은 그 자체가 도심 한복판의 거대한 기념관이며, 젊은 세대의 발길을 끌어들이는 묘한 매력의 공연장이기도 하다.
　삼청동의 '재즈스토리'라는 카페에 가면 풍물과 풍악이 있다. 젊은이들이 60~70년대의 풍물 속에서 라이브 공연을 즐긴다.
　거기서 눈에 띄는 것이 대통령 박정희의 사진과 '貯蓄은 國力'이라는 휘호이다. 그곳을 다녀온 사람들이 이구동성으로 소개하는 것이 바로 그 사진과 휘호이다.
　'貯蓄은 國力' 휘호는 1976년 2월 박정희가 국민의 저축심을 높이기 위한 기록의 하나로 남긴 것이다. 휘호를 써서 재무장관에게 보냈고, 재무부는 이 휘호를 4만장 찍어 전국의 은행, 보험, 증권, 단자회사와 학교 등에 보냈다.
　삼청동 카페에 있는 휘호는 그중의 하나이다.
　이 휘호의 진본은 1997년 4월 경매시장에 나와 9백50만원에 팔렸다.

 박정희는 재임기간에 무려 1천점이 넘는 휘호를 썼다. 유명인의 휘호로는 가장 많으면서도 또 붓글씨 값을 의심할 만큼 높은 가격으로 거래가 되는 인기 품목이다.

 그런데 대통령이 재무부장관에게 보냈던 '貯蓄은 國力' 휘호가 재무부에 걸려 있었을 터인데 어찌하여 밖으로 흘러나왔을까. 10.26 이후 대통령 사진이 내려지면서 휘호도 함께 슬그머니 내려져 무관심 속에 어딘가에 방치되어 있었거나, 또는 누군가에 의해 온전히 보관되어 있었을 터이다. 어쩌면 험난한 정치문화의 격랑을 표류해온 것이라서 더욱 귀한 대접을 받는 것인지도 모를 일이다.

 '貯蓄은 國力' 휘호의 낙찰자는 대단한 행운이었다. 그 이후 세월이 지나는 동안 대통령 박정희의 휘호 값은 수천만원에서 1억 가까이 가고 있으니 말해 무엇하랴.

 휘호가 누구의 손에 간들 어떠랴, 대한민국 안에 있으면 그만이지.

 또 삼청동 카페의 휘호가 진본 아닌 사본인들 어떠랴. 라이브 공연과 함께 고전적인 즐거움에 취하면 그만이지.

은행나무가 울고 살구나무는 순절하더이다

　인간은 자연의 신기하거나 이해할 수 없는 현상을 보면 그 원인을 인간세상의 일과 연관시키려는 성향이 있다. 인생만사를 반드시 검증된 논리나 합리성만으로 해석할 수는 없기에 인간의 일을 자연의 사물현상과 결부시켜 해석하고 의미를 부여하곤 한다.
　충북 양산면 천태산의 영국사에는 천연기념물로 지정된 수령 6백 년의 거대한 은행나무가 있다. 이 은행나무가 국가적 수난이 닥칠 때면 큰 울음소리를 낸다는 전설이 있다. 6.25전쟁 때 울고, 10.26 대통령 서거사건 때에도 인근의 마을 사람들은 울음소리를 들었다고 한다. 그 소리가 소의 울음 같다고 한다.
　충남 금산군 진락산 보석사에도 울음소리를 내는 은행나무가 있다. 수령이 1천년이 넘는다고 할 만큼 밑둥이 굵고 우람하게 뻗어오른 가지의 고색창연한 위풍이 경이로움을 자아내는 나무이다. 이 은행나무도 6.25전쟁과 10.26 대통령서거사건, 그리고 5.18 광주항쟁 때에 미리 큰 울음소리를 내어 국가의 변고를 알렸다고 한다.
　연못의 맑은 물이 흙탕물로 변하는 현상도 있다. 경북 울진군 남수산 기슭의 영귀정이라는 연못이다. 이 연못은 세군데의 샘을 품고 있어 몽천샘이라는 이름으로도 불리는데, 가뭄이나 홍수에도 물이 줄거나 불어나지 않고 항상 일정한 양의 맑은 물이 흐르다가 국가적 사건이 있을 때마다 흙탕물이 솟아오른다는 것이다. 8.15해방과 6.25전쟁 때에 황토색 물이 솟았다고 하며, 10.26 서거사건 때는 잿빛에 가까운 황토색 물이 흘렀다고 마을 주민들은 전하고 있다.

역사적 사건 때마다 땀을 흘리는 경남 밀양의 사명대사 표충비는 1894년 갑오 동학혁명으로 거슬러 올라가는 가장 오래된 기록을 갖고 있다. 흐르는 땀을 무명천으로 적셔 짜낸 땀의 양이 1910년 경술국치 17일 전에 4말 5되, 8.15해방 14일 전에 5말 7되, 6.25전쟁 25일 전에 3말 8되였고, 10.26사건으로 대통령이 서거하기 5일 전에는 오전 6시부터 오후 4시까지 땀을 흘린 것으로 되어 있다. 습기가 차서 생기는 물방울 현상과 달리 표충비는 머리 이마 부분에서부터 땀방울이 송글송글 맺혀 아래로 주르르 흘러내리는 것이 꼭 사람의 땀 흘리는 모습과 같아 신기함을 더하고 있다. 이 현상을 사명대사의 신통력이라고 믿는 사람들은 후손들에게 큰 사건을 미리 알려주어 대비케 하려는 것이라고 해석하고 있다.

밀양 만어산 중턱의 만어사 어산불영(미륵바위)도 표충비처럼 국가 중대사에 땀을 흘리는 것으로 알려져 있다. 만어사 측의 기록에 의하면 3.1운동 이전에 8차례에 걸쳐 1~3일간 땀을 흘렸고, 6.25전쟁과 4.19, 5.16혁명 때는 하루 정도 땀을 흘렸다고 한다. 대통령 박정희 내외의 서거 때도 땀을 흘렸는데, 부인 육영수가 서거한 8.15 저격사건 때는 하루 전부터 4일 동안 흘린 땀이 미륵전 바닥을 흥건히 적셨다고 한다.

충북 충주시 상모면의 중원미륵사지에 있는 미륵석불 입상(보물 제96호)도 6.25전쟁과 10.26 서거사건 때 땀을 흘렸다고 한다. 이 미륵석불은 박정희의 젊은 시절 자취를 전하고 있다. 그가 문경보통학교 교사 생활을 접고 만주로 떠나기 전에 이 미륵석불 아래의 샘물을 마셨는데, 그 영험이 있어 큰 인물이 될 수 있었다는 것이다.

부산 금정산 정상에 있는 둥근 바위 하나는 10.26사건 때에 벼락치는 소리와 함께 두쪽으로 갈라져 '박정희 바위'로 불리고 있다. 5.16혁명 전에 부산 군수기지사령관이었던 박정희는 금정산 토산주인 산성막걸리를 즐겨 마셨다. 대통령 재임시에도 부산에 오면 금정산의 정기에 취하고 싶은 듯 으레 산성막걸리를 찾았다고 한다. 그곳 사람들은 금정산의 바위가 갈라진 것을 10.26사건과 함께 한 순절(殉節)의 의미로 보아 '박정희 바위'라고 부르고 있다.

경북 문경의 한 초가집 살구나무도 순절을 했다. 문경시 문경읍 상리 468-1번지의 그 초가집은 문경보통학교 교사 박정희의 옛 하숙집으로 청운각이라는 이름이 붙어 있는데, 10.26사건 이틀 뒤 이 집의 60년생 살구나무가 때아닌 꽃 두송이를 피워내더니 곧 고사하고 말았다고 한다. 지난날 박정희의 발소리를 들으며 묵묵히 지켜보고 철마다 꽃을 피워내던 살구나무가 10.26 서거 소식에 조화(弔花) 두송이를 피워내고 비통한 나머지 순절했다고 하여 그곳 사람들은 그루터기만 남은 그 살구나무를 '충절의 나무'라고 부르고 있다.

이 청운각에 다음과 같은 살구나무 안내판이 세워져 있다.

충절의 나무

이 살구나무는 '79. 10.26 당시 수령 60여년 된 고목으로 박정희 대통령께서 서거하신 이틀 뒤 때아닌 살구꽃 2송이를 띠운 후 고사하였다.

이를 지켜본 시민들이 이 나무를 젊은 시절 함께 생활했던 인연으로 고인의 서거를 슬퍼하다 고사하였다 하여 '충절의 나무'로 불렀으며 지금은 그루터기만 남아 있다.

청운각은 문경시 당국에서 관리하고 있고, 매년 10월26일 박정희의 교사 시절 제자들의 모임인 청운회에서 추모제를 올리고 있다. 여느 때에도 이곳을 찾는 발길이 끊이지 않아 이 '충절의 나무'가 참배객들을 맞이하고 있다.

'충절의 나무'도 자연의 사물현상을 우연으로 보지 않는 믿음의 소산이다. 인간사의 고난과 아픔에 동참하는 '자연의 표정'이다. 자연과 인간의 운명적인 교감에 대한 믿음이 울음소리를 내는 나무, 땀 흘리는 비석 등의 전설을 낳고 있다.

사찰에서 박정희 영정을 봉안하는 이유

육영수는 불자였다. 대통령 가족이 특정 종교에 편중한다는 인식을 우려해서 생전에는 조신하게 처신하면서도 정성스런 불공만은 잊지 않았다.

가족과 인연이 가까운 사찰로는 서울 우이동의 도선사와 김천의 직지사가 있다.

육영수는 1960년대 초부터 도선사를 찾아가 불공을 드리고 청담 대종사에게 대덕화(大德華)란 불명을 받았다. 5.16혁명 이전에는 절에 다녔다는 기록이 눈에 띄지 않는 것으로 보아 육영수가 불명을 받고 불자가 된 사실은 남편이 목숨 걸고 구국(救國)의 결단으로 역사의 전면에 등장한 것과 당시의 나라 사정에 관련이 깊어 보인다.

국고는 고갈되고 기아(饑餓) 인구는 늘어나 노심초사하느라고 잠 못 이루는 남편을 내조하면서 늘 인자하고 우아한 모습을 잃지 않았지만, 이면에는 남모르는 심적 고통도 있었을 것이다. 그늘진 민생을 위로하고 그 호소에 늘 귀를 기울이지만 그 자신도 위로받고 싶고 호소하고 싶을 때가 있었을 것이다.

그래서 산사(山寺)의 적요(寂寥)와 평안을 찾지 않았을까.

청담은 어떤 삶을 살 것인가를 묻는 육영수에게 "남을 위해 살면 보살이요, 자기를 위해 살면 중생"이라며 남을 즐겁게 하고, 남을 이롭게 하며, 남을 살리는 삶을 설법했다고 한다.

육영수는 수유리 버스종점에서부터 삼각산 가파른 오솔길을 따라 3킬로미터를 걸어 도선사를 왕래했는데, 그 길은 육영수 서거 이듬해인 1975년에 산악 관광도로로 확장되어 그때부터 불자들의 승용차 이용이 가능해졌다.

이 도선사는 박정희, 육영수 내외의 영정을 봉안한 사찰로 가장 먼저 알려져 가장 유명하다.

대한불교 조계종 제8교구 본사인 김천 직지사는 박정희의 부모가 불공을 드리던 곳으로 구미 고향 시절부터의 인연이 깊다. 그래서 박정희는 재임 시절 구미를 오갈 때 반드시 이곳에 들러 부모의 영가(靈駕)를 모신 명부전에 참배를 했다.

강화도 선원사에서는 대웅전 불상 옆에 박정희의 영정을 봉안해 놓고 있다. 고려시대 선원사는 팔만대장경을 새긴 곳으로 유명하다. 박정희는 몽고의 침략을 막아내려는 호국 불교의 염원이 서린 선원사터의 발굴 조사를 지시했고, 당시의 모습을 형상화한 벽화가 지금 대웅전에 장식되어 있다.

논산 관촉사에도 법당 안에 박정희의 영정이 봉안되어 있다. "70년대까지만 해도 관촉사까지 오는 길이 외지고 험했는데 절에 들른 박 대통령이 도로 포장을 지시해 지금처럼 도로가 깔렸다"고 그곳의 불자들은 말하고 있다.

또 대통령 내외의 영정을 봉안한 곳으로는 충북 영동의 천국사가

대통령과 고승 청담. 1970년 청담에게 국민훈장 무궁화장을 수여하면서 "훈장을 큰스님 가사에다 달아도 괜찮겠습니까?" 하니, "이게 다 꿈속의 일. 달거나, 아니 달거나 무슨 상관 있겠소이까?"라고 했다.
ⓒ도선사 홈피

있고, 경주 보광사에서는 2006년 3월 대통령 서거 27주년을 맞아 납골당에 대통령 내외의 추모제단을 만들고 업적을 기리는 숭모제를 봉행하였다.

불가에서는 박정희, 육영수 내외의 영정을 봉안한 사찰이 외부에 일부러 알리지 않아서 그렇지 전국에 상당히 많을 것이라고 말하고 있다.

예전에 박정희가 해인사에 들렀을 때의 이야기가 있다. 1977년 구마고속도로 개통식에 참석했던 길에 해인사를 들른 것이다. 해인사 주지가 방장인 성철에게 대통령의 방문 사실을 전하면서 영접하기를 권했다.

"나는 산에 사는 중인데, 대통령 만날 일이 없다."

성철은 돌아앉아 미동도 하지 않았다.

할 수 없이 주지가 대통령을 영접했다.

해인사 경내를 시찰한 박정희는 사명대사가 열반한 암자인 홍제암이 허물어져 가는 것을 보고 보수토록 관계자에게 지시했다.

불가에서는 대통령이 해인사에 여러 가지 도움을 주었다고 말하고 있다.

　여러 사찰에서 대통령 내외의 영정을 봉안하고 있는 것에 관해서는 그만큼 인연이 각별하기 때문이라고도 말을 하고 있다.

　그 시대에는 사찰 터의 발굴 조사와 복원사업이 활발했다. 역사 유적과 문화재 복원사업의 일환이었다. 천년의 세월을 품은 사찰은 그 자체가 문화재이다. 국보급 문화재를 갖고 있고, 역사가 살아 숨 쉬는 사찰을 새로 꾸미고 길을 내주고 하는 것은 현충사, 충장사를 단장하는 것과 똑같은 국가적 사업인 것이다.

　성철이 대통령과의 만남을 거절했다 해서 화제가 되었는데, 고승은 고승이고 대통령은 대통령이다.

　민심은 천심이고, 불심(佛心) 또한 천년 이래의 민심이다. 민심과 불심을 움직이는 건 지도자 하기 나름일 것이다.

제 2 부

'공양미 3백석'은 효도가 아니다

퍼스트레이디의 유머

한복 입은 여성과 유머는 걸맞지 않은 느낌을 준다. 우아한 한복 차림의 정숙한 표정에 유머가 전혀 어울릴 것 같지 않지만, 그러나 고정관념을 깨는 의외성이 바로 유머의 맛이다. 한복의 이미지가 강한 퍼스트레이디 육영수에게는 특유의 맛깔스런 유머가 있다.

1966년 2월, 태국 푸미폰 국왕이 한국 대통령 내외를 맞이해 베푼 만찬회에서 육영수가 국왕과 자녀교육에 관한 대화를 나누었다.

"마담께서는 평소 자녀에 관해 어떤 교육관을 갖고 계십니까?"

"쓸모있고 지혜로운 인간으로 키우려 합니다. 대통령 가족이라고 해서 우월감이나 의타심을 갖지 않도록 유의하면서 정서적인 면과 도의적인 면을 강조하는 편입니다."

"박 대통령께서는 자녀교육에 다른 의견을 안 가지셨는지요?"

"저는 엄하게 가르치려 하는데 대통령께서는 아이들의 요구를 다 들어주시어 순하게 가르칩니다. 그래서 아이들에게는 대통령이 저보다 더 인기가 있답니다."

여기까지 근엄한 표정을 짓던 국왕이 잠시후 갑자기 웃음을 터뜨렸다. 국왕이 웃음을 참지 못해 몸을 가누지 못할 지경이어서 주위 사람들이 어리둥절했다. 좀체로 국왕에게서 볼 수 없는 모습인지라 까닭이 궁금하지 않을 수 없었다.

육영수는 대통령 남편이 자기보다 아이들에게는 인기가 있다고 했다. 그런 다음 이렇게 덧붙였다.

"하지만 투표권도 없는 아이들에게 인기를 얻어봐야 무슨 소용이 겠어요."

이 한마디가 근엄한 국왕을 흔들어 놓았던 것이다.

만찬회장은 한층 화기애애한 분위기로 바뀌었다.

1969년 9월에는 홍릉에서 대통령 내외가 참석한 가운데 한국 과학기술의 요람인 KIST의 준공식이 거행되고, 이어서 최신형 컴퓨터 'CDC 3300'의 성능 시험이 있었다. 국내에는 경제기획원 조사통계국에서 1967년에 최초의 컴퓨터 'IBM 1401'을 들여온 이래 몇 가지 기종이 더 있었으나, KIST의 'CDC 3300'은 타의 추종을 불허하는 탁월한 성능의 최고 컴퓨터였다.

대통령 내외와 관계자들이 지켜보는 가운데 컴퓨터에서 애국가가 흘러나오고 모나리자 그림도 찍혀 나왔으며, 그리고 시뮬레이션 프로그램에 의해 한반도 지도가 작성되기도 했다. 당시로서는 대단한 성능이었다.

이를 보고 육영수가 말했다.

"이 기계로 돈도 찍을 수 있으면 좋겠네요."

그러자 컴퓨터 성능에 놀라움을 금치 못하던 분위기가 웃음으로 바뀌었다.

그때 KIST 전산실장 성기수는 대통령 부인의 말에 참석자들이

크게 웃었다고 전하고 있다. (성기수 자서전 〈조국에 날개를〉)

제7대 대통령 선거 유세전이 뜨거웠던 1971년 4월에는 대구에 가서 그 지방의 각계 여성 대표들을 만났다. 대구는 육영수가 남편과 결혼해서 3년간 살았던 곳이고 그곳에서 장녀 박근혜가 태어났다.

제2의 고향 같은 곳이라 친밀감 있는 대화가 오고갔다.

"각하께서 요즘 너무 수척해 보이시더군요."

대구에 온 박정희 후보의 모습이 야위었더라며 한 여성이 건강을 염려하는 말을 했다.

"반찬 한가지라도 더 드리는데 왜 수척해 보이는지······."

잠시 난감한 표정을 짓던 육영수는 이렇게 말을 이었다.

"그래서 제가 국민에게 욕먹지 않으려고 따라서 좀 야위었습니다."

장내는 웃음바다가 되었다.

그해 10월은 대학가의 교련 반대 시위로 위수령이 발동되고 정국이 크게 술렁거리는 가운데 청와대에서 소아과학회 의사들을 만났다. 칵테일이 나온 간담회였지만 의사들의 표정은 다소 굳어 있었다.

"평소에 느끼는 점과 어려운 문제를 이야기해 주시면 제가 힘은 없지만 대통령께 건의해서 반영이 되도록 해보겠어요."

육영수는 대화 분위기를 부드럽게 이끌어가면서 자기 앞으로 오는 민원 편지의 사연 몇가지를 공개했다.

"취직시켜 달라는 편지가 하루에도 여러 통씩 와요. 청와대가 취직시키는 데가 아니라고 정중히 거절을 해도 계속 편지를 보내오는 사람도 있고…… 정말 돕지 않으면 안 될 절박한 경우엔 어떻게든 손을 써봅니다. 어려운 사정이 해결이 되면 그래도 뒷소식이 궁금한데 감감 무소식이라 야속하기도 해요."

시간이 흐르면서 간담회는 웃음이 오가는 화기애애한 분위기로 바뀌었다.

짓궂고 배짱 좋은 젊은이가 불쑥 앙똥한 말을 꺼냈다.

"육 여사님! 가까이 뵈니 상당히 미인이십니다."

젊은 의사의 능청스런 아첨에 폭소가 터졌다.

"결혼은 하셨어요?"

육영수의 물음에 대답이 또한 걸작이다.

"생물학적으로 완전무결한 총각입니다. 저의 조건만 좋다면 따님께 청혼해볼까 하는데요."

또 한번 폭소가 터지고, 육영수는 그의 배짱을 격려해 주었다.

"뭐, 조건이 나쁜 것도 아니잖아요."

그가 넙죽 절을 하며 이렇게 말했다.

"감사합니다, 장모님!"

또다시 폭소로 장내가 뒤집어졌다.

아무리 정치가 시끄럽고 우울해도 육영수가 사람들을 만나는 곳에는 화기가 넘쳤다. 한복 차림에 온화한 미소와 우아한 모습이 대통령 남편의 딱딱한 이미지를 부드럽게 풀어내고, 또한 야단스럽지 않고 정감있는 유머는 은근한 웃음과 즐거움을 자아냈다.

육영수의 한복은 행사 때나 입은 옷이 아니라 젊은 시절부터의 일상복이었다. 현대 여성으로는 드물게 한복으로 일생을 보냈다. 대중 앞에 나설 때는 대통령 부인이지만, 가족들과 어울릴 때는 '당신을 알고부터', '보슬비 오는 거리' 같은 대중가요를 좋아하는 평범한 대한민국 주부였다.

남편이 제5대 대통령이 되어 처음 퍼스트레이디로 대중 앞에 모습을 드러내게 되었을 때, 남편 박정희가 취임사를 미리 보여주며 미흡한 부분이 있으면 의견을 말해 달라고 했다. 그것을 본 육영수가 한가지만 추가하면 되겠다고 하자 남편은 그렇게 하겠다면서 그게 무엇인지를 물었다.

"이제부터 아내 말 잘 듣겠다고 하세요."

탄산음료처럼 톡 쏘는 한마디에 남편은 고개를 쳐들고 웃음을 멈출 줄 몰랐다.

육영수 유머에는 한국 여성 특유의 신토불이 묘미가 있다. 그리고 안개처럼 흐르는 애틋한 갈망이 있다.

남자는 여자를 꺾으려고 고집을 피운다

대통령 박정희 내외가 함께 걷는 사진이나 동영상을 보면 옆에서 나란히 걷지 않고 육영수가 한걸음 뒤처진 위치에 있음을 알게 된다. 공식행사에서 그렇게 남편을 뒤따르는 육영수를 보고 너무 소극적이라거나 대통령 부인의 모습답지 못하다고 말하는 사람은 없다.

부인은 아랑곳없다는 듯 박정희는 군대 행진하듯 다리를 쭉쭉 뻗으며 다부지게 빠른 속도로 걷고, 육영수는 보행이 불편한 한복 차림으로 뒤따르는데도 안쓰러워 보이지 않고 그 우아한 자태에 시선이 모아지는 것은 웬일일까.

남편의 뒤에 선 육영수의 자리는 전통 교육을 받은 한국 여성의 위치를 상징한다. 대통령 내외의 걷는 모습은 분명 한국 부부의 고전적 스타일이다. 육영수는 남편에게 조금 부족한 듯 보이는 것이 가장 현명한 아내라고 했다. 그러면서도 전혀 구식 여성의 모습이 아니다. 그 개성의 일면이 거기 있지 않을까 싶다.

5.16혁명 전 서울 신당동에 단층집을 마련했을 때 육영수는 쪽문만 달려 있던 대문을 터서 출입하는 남편이 허리를 굽히지 않도록 했다고 한다.

육영수는 또 남편과 함께 참석하는 공식행사에 밝은 색의 한복을 입지 않았다. 남편의 검은 얼굴이 더 검게 보이지 않도록 초록색 계통의 옷을 입었으며 청와대 커튼 색깔도 그런 배색을 고려했다고 한다.

그렇다고 매사에 고분고분한 순종형의 내조만은 아니었다.

남편에 대한 불만 한가지는 복장에 너무 무관심한 것이었다. 넥타이 유행이 바뀌어 뭇남자들이 넓은 넥타이를 매고 다니는데도 남편은 폭이 좁은 구식 넥타이만을 고집했다. 육영수는 남편에게 어울리는 색깔의 신식 넥타이를 내놓고 구식 넥타이를 감춰 버렸다.

"부부 사이에 견해차가 생기면 누가 양보하시나요?"

중앙대학교 여학생들과의 만남에서 이런 질문이 나왔다.

"대체로 여성이 양보하는 미덕을 보여야 하지만, 부러지지 않는 정도의 지구력을 가지고 자신이 옳다고 생각한 뜻은 관철하는 것도 아내의 지혜예요. 남성은 보통 자신이 옳지 않다는 것을 느끼면서도 여성이 맞서는 것을 꺾기 위해 고집을 피우기도 하니까요."

여성들이 전통 보수관념의 틀에 얽매어 있던 그때 그 시절에 여학

제24기 해군사관학교 졸업식에 참석한 박 대통령 내외가 1970년 4월11일 진해 해군기지사령부의 벚꽃길을 산책하고 있다. 진해는 매년 여름 휴가나 또는 휴식을 취할 때 해군기지의 공관을 이용한 박 대통령이 자주 찾았던 곳이다.
ⓒ정부기록사진집

생들이 얼마나 좋아했을 것인가.

어느 해는 여기자들이 부부싸움에 관해 물은 일이 있었다.

"큰 일을 하시는 분이니까 꾹 참고 있어요. 불만을 한데 모아 두었다가 물러나시면, 한번 호되게 공격하려고 벼르고 있어요."

여기자들이 폭소를 터뜨리지 않을 수 없었다.

육영수의 어록(語錄)을 보면 품위가 있되 형식적인 수사(修辭)로 일관하지 않고 상당히 진솔하면서 정감어린 태깔을 품고 있다.

그러면서도 애정 표현이 쑥스러웠던 지난날의 한국 부부들처럼 내외간에 '여보' '당신'이라는 호칭을 못 썼다고 한다. 육영수는 "저 좀 보세요" "어디 계세요"라는 말로 남편을 불렀다고 한다.

육영수는 고전미와 현대적인 감각을 아우른 온고지신(溫故知新) 형의 퍼스트레이디였다.

신당동집의 대문을 터서 남편이 고개를 숙이지 않도록 했다는 것이 예사롭게 볼 일은 아니다. 반세기 전의 일이건만 여성의 지혜와 힘, 그리고 조용한 놀라움을 동반하는 선견(先見)이 엿보인다. 가족이 그 집으로 이사한 것이 1958년 5월16일이었고, 정확히 3년 후인 1961년 5.16혁명으로 근대사의 원년이 기록된 것은 묘한 우연의 일치라 해도, 신당동 그 기와집이 인간 박정희가 역사에 등장하는 새 시대의 원점에 위치하게 된 것은 안주인의 내조, 내공, 은덕(隱德)과 결코 무관하지 않아 보인다.

아카시아꽃 계절이 돌아오면

절도죄로 대전교도소에서 복역하고 나온 40대의 전과자가 있었다. 교도소에서 모범수라는 말을 들었으나, 사회에 나와 열심히 일하고 싶어도 직장을 구할 수가 없었다. 밑천이 없으니 장사할 형편도 못돼 생계가 막막했다.

5.16혁명이 나던 1961년 여름에서 가을로 접어들 무렵의 일이다.

그는 절박한 나머지 박정희 최고회의 의장의 부인 육영수 앞으로 편지를 띄웠다. 편지는 최고회의 의장 비서실을 통해 장충동 의장 공관의 육영수에게 전달되었다.

"손수레 한대만 사주면 열심히 살아가겠습니다."

편지 내용은 간단했다.

육영수는 대전교도소 등에 그의 신원과 사실 여부를 확인한 다음 그를 의장 공관으로 불러 손수레 대금을 주며 격려했다.

이것이 육영수가 민생의 그늘을 향해 최초로 뻗친 손길이다.

당시 국내 1천4백35개 기업체중 종업원 2백명 이상을 고용한 대기업이 54개에 불과해 변변한 일자리를 구한다는 것은 하늘의 별따기만큼이나 어려웠다.

남가좌동 난민촌에 가보니 청년들이 판판이 놀고 있었다. 동네 청년들에게 만들어줄 일거리를 궁리하다가 그곳에 잡초 우거진 빈터가 많으므로 토끼를 사육해 보기로 했다. 그런데 토끼를 사서 보내고 나중에 방문하니 다 잡아먹고 없었다. 명절 때 고기 살 돈이 없어 잡아먹었다는 것이었다.

구로동 난민촌의 생활상도 눈 뜨고 바라보기 어려울 만큼 비참했다.

"밥은 먹었니?"

어린이에게 물으니 고개를 끄덕였다.

손을 잡아보고 돌아서는데, 할머니가 그 아이를 윽박지르는 소리가 들렸다.

"이 녀석아, 굶었다고 해야지."

한숨이 절로 나왔으나 오죽하면 그럴까 싶어 밑바닥 민생을 찾아가는 발길을 멈출 수 없었다.

보릿고개 시절의 아픔이 무수히 다가와 쌓이는 곳이 육영수의 비서실인 청와대 제2부속실이었다.

생활고를 호소하는 편지가 하루에도 수십통씩 왔다.

1970년대 초 어느 해의 늦은 봄, 경기도 성남에 사는 가정주부가 편지를 보내왔다.

80세가 넘은 시어머니를 모시고 세 자녀와 함께 살고 있는데, 서울역 앞에서 행상을 하던 남편이 교통사고로 몇달째 누워 있기 때문에 가족이 굶고 있다는 하소연이었다. 무엇보다 아무 것도 모른 채 마냥 굶고 있는 시어머니가 불쌍해서 며느리로서 견딜 수가 없다는

1971년 1월25일 경기도
성남의 한 움막집에서.
ⓒ박정희대통령기념사업회

것이었다.

 육영수의 부속실 비서관이 주로 많이 하는 일이 이런 민원(民願) 업무였다. 민원을 접하면 대통령 부인 선에서 처리할 수 있으면 좋지만, 그렇지 않을 경우에는 대통령에게 부탁을 하는 것이 보통이었다. 국정의 온갖 난제에 둘러싸인 대통령인지라 거부할 경우도 있는데, 그러나 부인으로서 반드시 해결해야 한다는 확신이 들면 집요하게 잡고 늘어져 기어이 성사시키곤 했다고 한다.

 육영수는 비서관을 시켜 성남에 쌀 한가마와 약간의 돈을 가져가게 했다.

 당시 성남은 서울에서 살다가 밀려난 철거민들, 시골에서 올라와 빈곤을 면해 보고자 모여든 이농인(離農人)들의 소외된 삶터였다.

 비서관은 번짓수도 정리가 안 된 동네를 헤매어 다 쓰러질 듯한 집을 찾았다.

 방문을 열고 들어가니 온 가족이 늦은 저녁밥을 먹고 있었는데, 한구석에 등잔불이 밝혀져 있었지만 어둠침침해서 사물의 분간이 어려웠다.

머리가 하얗게 센 할머니가 눈에 들어왔다. 편지에 있는 80세가 넘은 시어머니였다. 밥을 먹다 말고 갑작스런 손님치레로 술렁거리는데, 할머니는 누가 찾아온 것도 모르고 양푼에 수북히 담은 밥을 한숟갈씩 입에 떠넣고 있었다. 상에는 국그릇과 간장 종지가 함께 놓여 있었다.

비서관은 자기 눈을 의심했다. 밥상의 수북한 밥이 쌀밥 같았기 때문이다. 굶는다더니 쌀밥이라니! 청와대도 잡곡밥을 먹는데……. 웬지 속았다 싶어 불쾌했다.

잠시 후 시야가 밝아져 방안이 잘 보이게 되었다. 할머니가 먹는 하얀 밥이 눈에 들어오는 순간, 비서관은 그만 눈시울이 뜨겁고 가슴이 저려 할 말을 잃었다. 양푼에 수북히 담긴 하얀 것은 밥이 아니라 아카시아꽃이었던 것이다.

비서관은 며칠 후 대통령 내외와 저녁식사를 하면서 대통령에게 성남 할머니 이야기를 보고했다. 이야기를 들은 대통령은 수저를 놓고 말없이 천정을 바라보더라고 했다.

비서관은 매년 아카시아꽃이 흐드러지게 피는 5월이 되면 어린 시절 동무들과 함께 뛰어 놀다 배가 고프면 아카시아꽃을 따먹던 쓸쓸한 추억과 함께 성남의 할머니를 떠올리게 된다면서 "그때의 충격과 아픔을 세월이 흐르고 흘러도 잊을 수가 없다"고 했다.

자연의 친구들

2005년 여름, 강원도 인제군 소양강댐 상류에서 길이 1백10센티미터에 무게가 10킬로그램이나 되는 초대형 백연어 한마리가 어민의 그늘에 걸려 올라왔다. 장마철에 떠내려온 통나무 틈에서 상처를 입어 버둥거리는 것을 어민이 구조한 것이었다.

이 어민은 백연어의 사연을 알고 있었다. 대통령 부인 육영수가 1970년대에 소양강댐에서 물고기를 풀어놓았는데 그중에 백연어가 있었다고 했다. 그때 백연어의 자손이라는 것이다.

멀고먼 바닷길을 헤엄쳐 고향을 찾아온 연어를 보고 어민은 대통령 부인을 회상하며 깊은 감회에 젖었다. 이 백연어는 수족관에서 보호를 받다가 상처가 다 나은 뒤에 강으로 돌아갔다.

육영수가 소양강에 물고기를 풀어놓은 것은 1974년 5월.

그때 육영수와 자연보전협회 간부 등은 비닐주머니에 담겨 3대의 트럭으로 운반되어 온 치어 10만 마리를 풀어놓았다.

"이렇게 좁은 비닐주머니 안에서 답답하게 고생하던 고기들이 넓은 물속을 마음대로 헤엄치고 다닐 걸 생각하니 참 기쁘군요. 이 물고기들이 우리나라의 자연을 기름지게 해줄 날이 멀지 않겠죠."

하얀 양장 차림의 육영수는 치어들을 호수 속에 놓아주며 밝은 웃음을 지었다.

오늘 우리들은 박 대통령 영부인 육영수 여사님을 모시고 이곳 소양강에 비단잉어, 초어 등 10여만 마리를 놓아 기르니 우리의 자연은 더욱 아름답고 풍요해지리라.
1974년 5월 28일
자연을 사랑하는 사람들이

그곳에 이런 내용의 어족 방류 기념비가 있다.

박근혜가 자연의 생명을 사람처럼 귀하게 여긴 어머니 육영수 모습을 전하는 이야기가 있다.
1972년 육영수는 딸 근혜가 대학에 입학한 뒤로 함께 산책하는 것이 일과처럼 되어 있었다. 그해 봄, 해토 무렵의 어느날 모녀는 안개 자욱한 청와대 뒷산을 산책했다.
안개로 촉촉해진 나무들을 헤치고 산비탈 쪽으로 가던 육영수가 발길을 멈추고 길에 떨어진 미나리 한 줄기를 주워들더니 이리저리 살펴보았다. 미나리는 사람의 발길에 짓밟혀 있었다. 육영수는 말없이 미나리를 딸에게 내밀어 보이고는 개울 옆에 조심스레 심어놓았다.
그러고는 다음날도 또 다음날도 산책을 할 때마다 축 늘어진 미나리가 살아나는지를 살폈다. 얼마 후 미나리 줄기에 기운이 오르더니

1974년 5월28일 자연보전협회 간부들과 비닐봉지에 담아온 치어를 소양호에 방류하는 육영수 여사.
ⓒ국가기록원

파란 싹을 틔우기 시작했다.

그것을 본 육영수는 탄성을 질렀다.

"근혜야, 미나리가 살았지?"

어머니가 어린아이처럼 기뻐하더라고 박근혜는 전하고 있다.

"대통령 부인의 역할이 끝나면 양지바른 시골에서 조용하고 소박하게 살고 싶다 하던 어머니는 겉으로 드러내기보다는 마음 속에 많은 것을 담고 산 분이었습니다."

박근혜의 말이다.

대통령 부인이 세상을 하직했을 때 누구보다 몸과 마음이 아픈 사람들이 있었다. 서울 대방동 재활촌의 척추장애 상이용사들이었다. 그의 마지막 청와대 행사도 1974년 8월9일 국제척추장애자경기대회에서 입상하고 돌아온 휠체어 용사들을 만나는 일이었다.

동족상잔의 비극을 한몸에 안고 가난과 멸시로 버려진 삶을 살던 상이용사들을 한데 모아 새 보금자리를 마련해 준 것이 5.16혁명 후의 일이다. 육영수는 이들을 자주 찾아가 스스로 재활할 수 있도록 길을 열어주었다.

　대통령 부인의 서거로 깊은 슬픔에 잠겼던 상이용사들은 고인을 위해 한가지 작업을 하기로 했다. 하반신을 못 쓰는 휠체어에 의지한 몸으로 그들이 만든 것은 새집이었다.

　새집을 만들어 대통령 부인의 묘소 주변 나무에 달아놓았다. 그래서 그곳엔 '자연의 친구들'이 함께 살고 있다.

턱 밑에 점 하나

대통령 탑승기가 남태평양 상공을 날고 있었다. 호주와 뉴질랜드를 국빈 방문하러 가는 길이었다.(1968년 9월)

대통령 내외는 초청 측의 가족 동반 요청에 따라 공식 수행원 외에 성심여고에 재학 중이던 박근혜를 데리고 함께 가고 있었다. 박근혜로서는 처음의 해외 여행이었다.

그때 기내에 마주앉아 있던 부모의 모습을 박근혜가 전하고 있다.

"비행 시간이 좀 길잖아요. 어머니께서 바느질도 하고 그러셨어요."

무료함을 달래고 있는데, 아버지가 노트 용지를 꺼내더니 어머니 모습을 스케치하기 시작했다.

"원래 그림을 잘 그리시거든요. 유화도 그리시고."

아버지는 그림 외에 피아노, 승마 등 사생활의 취미가 다양했다.

아버지가 스케치한 것을 어머니에게 보여주니 마뜩치 않은 표정이었다.

"내가 이렇게 못났어요?"

"그럼 다시 그리지."

아버지는 다시 구도를 잡고 선을 과감하게 생략하면서 거침없는 손놀림으로 쓱쓱 그려 나갔다.

그렇게 한장의 스케치를 완성하고는 위에 '영수에게' 라고 쓰고 아래쪽에는 '박정희' 라는 서명을 넣었다.

또, 박근혜는 부모를 따라 울산에 갔었다.

승용차를 타고 가는데 부모가 노래를 함께 불렀다.

"두만강 푸른 물에 노 젓는 뱃사공~"

가운에 끼어 앉은 박근혜는 두 분의 박자와 화음이 잘 맞아 스테레오를 듣는 기분이었다고 한다.

그날(1974년 6월28일) 울산 미포만에서 현대조선소 준공식과 유조선 진수식을 하게 되어 있었다. 허허벌판이었던 미포만 백사장에 조선소를 건립한 거창한 국가적 사업이 결실을 맺는 날이라 대통령 내외는 무척 기분이 상승되어 있었다.

내외가 승용차로 먼 길을 갈 때는 항상 염려되는 일이 하나 있었다. 부인 육영수가 자주 차멀미를 하는 것이다.

청와대 가족이 소양강으로 함께 놀러 간 적이 있었다. 청와대로 돌아온 대통령이 비서관들 있는 쪽으로 오더니 뒷주머니에서 비닐봉지를 꺼냈다.

"일부러 갖고 갔더니 쓸 일이 없었구만."

부인의 멀미를 대비해서 가져갔더니 소용이 없었더라고 했다.

부인 육영수는 그런 줄을 모르고 있다가 비서관에게 그 이야기를 전해 듣고는 자기 앞에 생색내지 않고 준비를 해주는 남편의 은근한 마음 씀씀이가 고마워 주변 사람들에게 여러 차례나 그 말을 했다.

은근한 남편 자랑이었다.

군 시절의 어떤 부하는 그가 늘 엄한 표정에 무뚝뚝하기만 해서 저렇게 재미없는 남자와 어떤 여자가 함께 살까 싶더라고 했다. 박정희는 과묵하고 숫기가 없는 편이어서 그렇게 보이지만 상당히 다정다감했다고 많은 사람들이 말하고 있다.

미국 오클라호마주 육군포병학교에서 유학하던 때에는(1954년) 닷새가 멀다 하고 부인에게 편지를 띄웠다. 부인은 사흘에 한번씩 집안 일을 일기 쓰는 식으로 기록한 답장을 보냈다.

> 번잡한 서울 한 모퉁이에서 내가 돌아올 날만을 기다리고 있을 영수! 인천부두에서 기다릴 영수의 모습이 떠오른다. 근혜를 안고 "근혜, 아빠 오셨네"하고 웃으면서 나를 맞아줄 영수의 모습! 나의 어진 아내 영수, 그대는 내 마음의 어머니다. 셋방살이, 없는 살림, 좁은 울 안에 우물 하나 없이 구차한 집안이나 그곳은 나의 유일한 낙원이요 태평양보다도 더 넓은 마음의 안식처이다.

그가 귀국을 앞두고 쓴 일기의 한 부분이다.

귀국하면서 그가 가지고 온 짐 속에는 부인을 기쁘게 할 두가지 물건이 있었다. 하나는 부인의 편지를 차곡차곡 모은 스크랩이었고, 또 하나는 당시 한국에서 보기 드문 비닐 커튼이었다.

자기가 보낸 편지 스크랩을 받은 그 부인의 마음이 어땠을까. 육영수는 남편이 갖고 온 비닐 커튼을 친척들에게 자랑했다.

청와대 생활을 하면서 그는 부인이 해주는 음식을 맛볼 수 없는 것을 아쉬워했다.

"아버지는 기회만 있으면 어머니 음식 솜씨를 자랑하셨어요. '옛날에 친구들을 초대했을 때 네 어머니 음식 솜씨가 대단했다'고 하시며 '청와대에 들어오니 네 어머니 음식 맛을 못 봐 섭섭하다'고 말씀하시곤 했어요."

박근혜가 전하는 말이다.

그는 마음에 없는 겉치레의 말을 하지 않는 편이었다.

예컨대 자동차산업의 미래를 예고하면서 "집집마다 자가용을 타고 고향에 명절을 쇠러 가는 날이 올 것이다"라는 식으로 알아듣기 쉽게 수사(修辭)가 없는 화법(話法)을 구사했다.

호주와 뉴질랜드를 방문하러 가는 비행기 안에서 그린 부인의 스케치도 아름답게 치장한 것이 아니었다. 부인의 오른쪽 어깨를 덮은 햇살과 그리고 부인의 목에 있는 점까지 놓치지 않고 그려넣어 자기 눈에 보이는 모습을 그대로 표현했다.

"어머니 목에 점이 있습니다. 저도 목에 점이 있는데, 그 점까지 그리신 게 뚜렷이 제 기억에 남아요."

박근혜의 말이다.

모녀는 똑같이 목점을 가지고 있었다.

코와 입 그리고 눈과 귀
턱 밑에 점 하나
입가에 미소까지 그렸지마는
아~아

마지막 한가지 못 그린 것은

지금도 알 수 없는 당신의 마음

이런 대중가요가 있다.

부인의 턱 밑에 점 하나까지 그린 스케치에 그 마음을 그려넣을 수는 없지만, 망중한(忙中閑)의 단란한 분위기와 내외간의 정을 헤아리기에 충분한 모습이었다.

어느 병사의 히치하이크

대전 거리의 육교 옆에서 한 병사가 지나가는 자동차들의 번호판을 지켜보고 있었다.

서울 번호판을 단 자동차가 다가오자 병사는 손을 번쩍 들었다. 얻어 타기를 바란다는 수신호를 보고 자동차는 병사 앞에 멈추었다.

"어디 가십니까?"

운전석의 남자가 물었다.

"서울까지 좀……."

운전석의 남자는 뒤에 탄 부인에게 의사를 묻는 듯 백미러로 뒤를 돌아보았다.

"그래요. 서울 가는 차예요."

뒷자리의 부인이 병사에게 말했다.

병사는 부인을 보고는 깜짝 놀라 거수경례를 올려붙이고 잠시 움직일 줄을 몰랐다.

"어서 타세요."

이렇게 말하는 사람은 대통령 부인 육영수였다.

가까운 거리도 아니고 대전에서 서울까지 자동차를 얻어타기도 쉽지 않은데 어쩌다 대통령 부인의 차를 세우게 될 줄이야! 병사는 일이 잘못되지 않았나 싶어 당혹스러웠지만, 통행이 분주한 길거리에서 머뭇거릴 수가 없어 운전석 옆자리에 올라 탔다.

"말동무가 생겨서 잘 됐네요."

육영수에게 병사들과의 만남은 스스럼없는 일이다. 논산훈련소 내무반에서부터 전방 고지의 벙커까지 병사들이 있는 곳이면 때와 장소를 가리지 않고 찾아가 만났으며, 버스가 하루에 몇번 다니지 않는 한적한 시골길을 지나다가 병사들을 태워준 일도 한두번이 아니었다.

대전에서 서울까지 동행하게 된 병사는 후방 모 예비사단에 복무하는 한영환 병장이었다.

특별휴가를 받아 집에 가는 길이라 했다.

그런데 한 병장은 전혀 밝은 기색이 아니었다.

"아버님이 편찮으시다는 기별을 받았습니다."

"연세는?"

"예순일곱이십니다."

"병원 치료를 받고 계신가요?"

"……."

육영수는 이래저래 마음이 무거웠다. 그렇지 않아도 육영수는 경북 선산군 구미면 상모리(지금의 구미시 상모동)에서 몇해째 노환을 앓고 있는 시아주버니(박동희)를 문병하고 상경하는 길이었던 것이다.

한 병장의 경우는 아주 막막했다. 부친이 위독한데 병원비를 마련

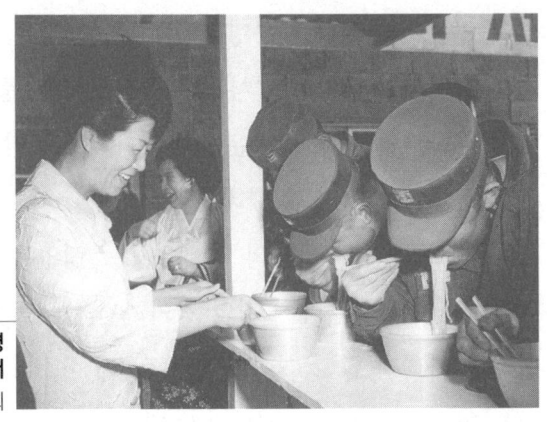

1967년 4월4일 휴가 장병
급식소에서
ⓒ박정희대통령기념사업회

할 길이 없어 포기 상태이며, 돌아가시기 전에 자식으로서 얼굴이나 뵈러 간다는 것이었다. 하긴 서울 갈 차비가 없어 길거리에서 난감하게 서성거리던 처지임에랴.

육영수의 자동차는 서울에 도착해 한 병장의 집 방향인 이문동행 버스정류장 부근에서 잠시 멈추었다. 한 병장은 거수경례로 답례를 하고, 자동차는 곧 출발했다. 한 병장은 자동차가 멀어질 때까지 거수경례 자세 그대로 서 있었고, 차에서도 그 자리의 한 병장을 볼 수 있었다.

청와대로 돌아온 육영수는 비서관에게 한 병장의 주소를 적은 쪽지와 함께 치료비가 담긴 봉투를 건네주며 말했다.

"빨리 찾아가 보도록 해요."

1972년, 추위가 가시지 않은 2월 하순의 일이다.

삶이 고달프면 추위마저 서럽다. "춥고 배고프다"고 해서 "등 따숩고 배부른 게 제일"이라고 말을 한다.

육영수의 따스한 손길은 고난과의 악수를 의미한다. 좌절한 사람에게 용기를 주고 싶어했고, 절망한 사람에게 희망을 주려 했다. 힘겨운 삶의 언덕을 오르는 사람들과 동행하고자 했다.

30여년 전의 한영환 병장도 지금은 어느덧 육순 나이일 것이다. 세월이 흐르고 강산이 바뀌어도 잊혀지지 않는 일은 따로 있다.

근혜 숙제 좀 봐주고 가세요

삶이냐 죽음이냐. 죽으면 혁명이 죽고 살면 나라가 산다.

1961년 5월15일 밤, 혁명 거사의 출발을 앞둔 서울 신당동 골목 언덕배기 한모퉁이의 단층집에 핵심 멤버들이 모여 있었다. 혁명의 리더 박정희 소장의 집이다.

이들은 집에서 나올 때 얼마의 돈을 가족에게 주는 것으로 작별을 했다. 이제 나갔다가 돌아오면 산 것이고, 못 돌아오면 죽은 목숨으로 알아야 하는 운명의 갈림길이었다.

계획은 다방면으로 구체적으로 진행되어 왔고, 드디어 역사의 빅뱅을 앞둔 숨막히는 카운트다운과 함께 도처의 혁명군은 신당동 지휘부의 지시에 따라 어둠 속에서 행동을 개시하고 있었다.

서재에 있던 박정희는 건넌방으로 와서 군 작업복으로 갈아입었다. 야전점퍼를 입고 작업모를 쓴 다음, 아내 육영수가 건네주는 권총을 찼다.

"다녀올게."

담담히 말하고 방문을 나섰다.

"저 보세요."

육영수가 뒤에서 다가섰다.

"근혜 숙제 좀 봐주고 가세요."

피를 말리듯 초조한 시간에 육영수는 남편이 안방의 가족 얼굴을 보고 가도록 짧은 순간을 준비하고 있었다.

"여태 안 자고 숙제하고 있어? 그러지······."

안방에는, 밤 사이 무슨 일이 벌어질지 아무것도 모르는 식구들이 있었다.

장충초등학교 5학년 근혜가 책상 앞에서 고개를 숙인 채 무언가에 열중하고 있었고, 웃목에는 근영과 지만이가 외할머니 곁에서 잠들어 있었다.

박정희는 어린 딸의 어깨 너머로 눈길을 주었다.

"무슨 숙젭니까?"

1961년 12월3일 장충동 의장공관 시절의 근혜, 근영 자매. 수수한 겨울 옷차림에서 자녀를 남다르지 않게 키우려는 어머니의 마음 씀씀이를 읽을 수 있다.
ⓒ정부기록사진집

2부_ '공양미 3백석'은 효도가 아니다 | 173

함께 나가려던 일행 중 하나가 들어와 물었다.
"어, 그림을 그리고 있다네."
박정희는 책상머리에서 잠시 딸을 굽어보다가 평소처럼 머리를 한번 쓰다듬어주고 나왔다.
육영수는 이제 남편이 식구들 얼굴을 다 보았으므로 편안했다.
"내일 아침 5시 정각 라디오 들어요."
이 말을 남기고 남편은 밖으로 나가 어둠 속으로 사라졌다.
육영수는 온 집안에 전등불을 환하게 밝혔다.
건넌방 장롱 밑에서 지난날 남편과 주고받은 편지들을 꺼내 부엌에 가지고 나가 한장 한장 읽어가며 태웠다. 그런 다음, 안방 웃목에 앉아 바느질을 했다.
육영수의 잠들지 못하는 밤은 평온하게 흘러갔다.
혁명군의 밤은 숨가쁘게 새벽을 향해 달음박질했다.
새벽 5시 정각에 맞추어, 라디오를 켰다.
씨익씨익 잡음이 날 뿐, 방송이 나오지 않았다. 피를 말리는 1분1초가 지나 2분, 3분을 넘어 7분에 잡음이 꺼지고 애국가가 울려퍼졌다. 이어서, 아나운서의 예사롭지 않은 목소리가 튀어나왔다.
"친애하는 애국동포 여러분! 은인자중(隱忍自重)하던 군부(軍部)는 드디어 금조(今朝) 미명(未明)을 기해서 일제히 행동을 개시하여 국가의 행정, 입법, 사법의 3권을 완전히 장악하고 이어 군사혁명위원회를 조직하였습니다."
5월 16일 그 날의 신당동은 여느 때와 다름없었다.
"아기들 학교 보내야 할까요?"

혁명 멤버의 가족이 전화로 물어왔다.

"그럼요. 보내야 하고말고요."

육영수는 벌써 아이들을 밥 먹여 학교에 보낸 뒤였다.

운명과 맞선 모성은 강했다.

어린 것들을 보듬어 안은 모성은 더 강하다. 어린 것들을 어미가 아니면 돌볼 수 없는, 세상 천지에 단 하나뿐인 존재로서의 생존 본능이니까.

청와대의 멧돼지

1963년 겨울, 박정희가 제5대 대통령에 당선되고 청와대로 이사하기 열흘 전이다. 대통령 가족의 이사 준비로 들떠 있던 청와대의 한구석 정원에 멧돼지가 나타났다. 북악산 어디쯤에서 살다가 먹이를 찾아 내려온 것이다. 하나도 아니고 새끼까지 줄줄이 한 가족이었다. 대통령 가족을 맞이하려던 청와대가 이 불청객들을 먼저 맞이한 셈이었다.

모두들 길조(吉兆)라 하여 멧돼지 가족의 출현을 반겼다. 새끼들이 어미를 졸랑졸랑 따라다니며 재롱을 떠는 것이 여간 귀엽지 않았다.

가장 좋아한 사람은 퍼스트레이디가 된 육영수였다. 청와대 살림을 시작하면서 멧돼지 가족을 식구처럼 반겼다.

멧돼지 가족은 먼동이 트는 새벽과 으스름 달밤에 두차례씩 정원에 나타났다. 청와대에서는 이들에게 아침, 저녁 두끼의 식사를 제공했다. 이들은 그래도 한나절에는 얼씬도 하지 않아 청와대 업무를 방해하지 않고, 오로지 새벽과 밤에만 들어와 끼니를 해결했다.

그것을 박정희가 보았다. 정원 길목에서 태연히 식사를 하는 멧돼지들을 보니 어이가 없었다. 누군가 그들을 위해 밥찌꺼기와 고구마를 그릇에 받혀서 갖다주었는데, 그것도 한마리가 아니요 새끼들까지 우르르 덤벼들어 먹어대는 양이 보통이 아닌 것이다.

"누구야? 시키지도 않은 일을 누가 멋대로 하는 거야?"

야단이 났다.

멧돼지 당번들이 어깨 움츠리고 아이들 도리도리하듯 고개를 흔들다가 이실직고를 했다.

"실은 사모님이……."

육영수가 나섰다.

"제가 그렇게 하라고 시켰어요."

"사람 먹을 것도 없는데 짐승에게 줄 게 어디 있소? 시골에는 밥 때가 되어도 연기 안 나는 집이 얼마나 많은 줄 아시오?"

"부엌에서 나오는 찌꺼기를 주는데……."

"고구마가 있던데? 농촌에선 이 겨울에 고구마가 얼마나 귀한 식량인데 그걸 짐승에게 준단 말이오? 식량 축내는 놈이 하나라면 몰라도, 새끼들까지 줄줄이 달려 가지고……."

"그래서요, 그래서 먹이는 거예요. 새끼들 때문에……."

완강히 버티는 육영수 앞에 박정희는 아무 말 하지 않았다.

멧돼지 가족은 대통령 부인의 '배경' 덕분에 한겨울 동안 청와대를 무상출입할 수 있었다.

그후 2004년에 청와대 뒤편 북악산 기슭에 야생 멧돼지가 나타난 일이 있었다. 경찰과 119대원들이 신고를 받고 출동해 마취를 시켜 포획하려 했지만, 멧돼지는 마취총 4발을 맞고 그물과 올무에 걸려 죽고 말았다.

그러자 인터넷에서는 이 뉴스를 접한 누리꾼들의 쓴소리가 이어졌다.

"국사를 다루는 그곳 인근에서 생명을 가벼이 하다니……."

"박정희 대통령 시대에는 가끔 나타나는 멧돼지에게 먹이를 주기도 했다는 기사를 본 적이 있다. 멧돼지가 1.21사태 때 청와대 앞에 나타난 무장공비라도 된단 말인가?"

멧돼지뿐 아니라 도시에 전에 없던 새들이 나타나고 야산 도처에 야생동물들이 눈에 띄는 일이 잦아진 것은 그만큼 산이 푸르러졌음을 반증하고 있다. 박정희 시대의 산림녹화, 자연보호운동, 그리고 금렵조치 등이 낳은 풍요로움이다.

그 시절에 등장한 표어가 있다.

"사람은 자연보호, 자연은 사람보호"

구태여 설명이 필요치 않은 아름다운 말이다.

🦢 아이들의 일기장, 공책, 성적표, 그림

한창 뛰어 놀아야 할 어린아이들에게 청와대는 답답한 곳이다. 어린 시절을 그곳에서 보낸 박근혜와 그 동생들이 그러했다. 특히 막내 박지만은 초등학교에 입학하기 전부터 친구도 없이 집안에서 외톨이로 지내야 했고, 그러다 보니 자연히 텔레비전 앞에서 보내는 시간이 많았다.

텔레비전의 연예인 중에 대중의 사랑을 받는 코미디 명콤비로 '막둥이' 구봉서와 '후라이보이' 곽규석이 있었다.

꼬마 박지만이 텔레비전을 보다가 누나에게 외쳤다.

"누나, 후라이보이씨 나왔어."

그 소리에 가족들이 모두 웃었다.

"후라이보이씨는 이상해."

"그냥 후라이보이라고 해."

꼬마 박지만은 이 말을 납득할 수 없었다. 어머니가 어른의 이름에는 '씨'라는 존칭을 반드시 붙여야 한다고 가르쳤기 때문이었다.

그래서 어머니는 '후라이보이'는 애칭이니까 '씨'를 안 붙여도 된다고 다시 일러주었다.

초등학교 시절의 박지만은 탤런트 백일섭을 좋아했다고 한다. 당시 백일섭은 20대 초반의 청춘 스타였다.

하루는 텔레비전에 나온 백일섭을 보고 어머니가 무심코 말했다.

"어, 백일섭이 나왔네."

그러자 박지만이 어머니에게 한마디 했다.

"어머니, 우리에겐 맨날 어른에게 높임말을 써야 한다면서 왜 백일섭이라고 하세요."

어머니는 아차 싶어 민망한 웃음을 지으며 '백일섭씨'로 호칭을 정정했다.

장녀 박근혜는 청와대 시절을 회고하면서 아버지보다 어머니가 가정교육에 엄했고, 어머니는 바른 예절을 가르치는 데 비중을 크게 두었다고 말하고 있다.

어머니는 아이들이 친구집에 놀러 가면 어른께 반드시 깍듯이 인사를 차리도록 했고, 일상의 평범한 언어까지도 올바른 습관을 갖도록 예컨대 아이들이 "할머니가 야단치셨다"라는 말을 하면 "할머니께서 걱정하셨다"라고 해야 어른을 대하는 예의라고 했다.

이러한 예절교육은 혹시라도 아이들에게 특권의식이 생겨 남에게 버릇없이 굴거나 눈밖에 나는 언행으로 남의 손가락질을 받는 일이 없어야 하겠다는 경계심으로 인한 것이었다.

어머니는 아이들이 남의 부러움을 사는 모습으로 비치는 것을 원치 않았다. 어른들은 정초에 아이들에게 세뱃돈조차 주지 않았다. 그래도 누군가에게 조르거나 보채는 일이 용납되지 않았다. 아이들은 제 또래보다 좋은 장난감을 가질 수가 없었는데, 어쩌다 누군가 막내 박지만에게 보내온 외제 장난감은 박지만이 제대로 만져보기도 전에 치워졌다. 학교에 다니는 아이들의 교통수단은 주로 버스나 전차였고, 아이들에게 대통령 부인 부속실의 경호원이 따라다니는 것 또한 어쩔 수 없는 부자유스러움이었다.

어머니 육영수는 박근혜를 "잘못됐다고 지적할 만한 허물을 만들어보지 않은 아이"라고 했다.

그 박근혜를 그후의 세월이 중년의 유력한 정치인으로 바꾸어 놓았음에도 그에게는 '바른생활 소녀'라는 묘한 별명이 있다. 보태거나 뺄 것 없이 인간 그대로의 모습을 간명하게 나타낸 별명이겠거니와, 거기에는 어린 시절 어머니의 가정교육으로부터 비롯된 결코 무심치 않은 연유가 있는 것이다.

그 시절의 어머니는 막내 박지만이 좋아하는 텔런트 백일섭을 한 번 만나보고 싶어했다. 비서관이 방송국에 가서 그를 지프에 태우고 왔다.

말로만 듣던 청와대에 난생 처음 들어온 그를 육영수가 웃으며 맞이했고, 바로 식당으로 안내를 받아 들어가니 거기에 텔레비전에서 보던 키 작은 대통령이 있었다.

잔뜩 긴장한 백일섭이 정신을 차릴 경황도 없이 대통령에게 인사를 하고 식탁에 앉으니 대통령 부인이 부드러운 웃음으로 말했다.

"점심으로 국수를 먹을 예정이었는데 오늘은 손님 대접으로 스테이크를 준비했어요."

대통령 부인이 손수 썰어주는 고기를 먹으면서 그는 묻는 말에 겨우 몇마디 대답을 했을 뿐 말도 제대로 나오지 않더라고 했다.

초등학교 4학년생 박지만은 그때 학교에 가고 없었다.

대통령은 백일섭을 '백군'이라고 했다.

"지만이가 백군을 봤으면 좋아할 텐데……."

이렇게 백일섭은 대통령의 말을 전하고 있다.

그 시절의 어머니 육영수는 아이들의 일기장, 공책, 성적표, 그림들을 차곡차곡 모아 두었다. 나중에 그들이 시집 장가를 갈 때 주려고 보관해 두었지만, 한번도 그것을 주지 못하고 세상을 하직했다.

우아한 한복 속에 숨은 눈물

2005년 서울 용산전쟁기념관에서 '아, 어머니'라는 이름의 전시회가 있었다. 광복 60주년을 맞아 한국 여성들의 삶을 회고하는 의미로 열렸던 그 전시회에 대통령 부인 육영수가 입었던 한복이 당시의 사진과 함께 등장해 눈길을 끌었다.

진한 주황색 양단에 무궁화 무늬가 새겨진 한복이었는데, 이 한복을 입고 1967년 3월16일 전북부녀회관 기공식에서 첫삽을 뜨는 사진이 함께 전시되어 아련한 추억을 불러오게 했다. 40년 동안이나 보관되어 있다가 '아, 어머니' 전시회에 나온 그 한복은 치마의 치마말기가 주름이 없이 펼쳐진 상태로 전시되어 좀 이채로웠다. 이에 대해 맏딸 박근혜는 어머니가 항상 치마말기를 뜯어 주름을 풀고 손다듬이를 해서 한복을 보관했다면서 한 계절이 지나면 체중이 늘거나 줄어들 수 있고, 또 천이 상하는 것을 방지하기 위한 방법이라고 전했다.

한복 전문가들은 육영수가 역대 대통령 부인들 가운데 한복 차림이 가장 잘 어울렸으며 한복을 유행시킨 패션 리더이기도 했다고 말하고 있다.

1967년 3월16일 전북부녀회관 기공식에 참석한 육영수 여사(중앙). 이때 입었던 이 한복이 40년 후 2005년 '아, 어머니' 전에 전시되었다.
ⓒ정부기록사진집

청와대 시절, 육영수를 만나는 여성들은 간혹 한복 옷감의 제조회사를 묻거나, 가만히 옆으로 다가와 만져보기도 했다고 전한다. 별로 비싸지 않은 국산 옷감을 사용하고 화려하지 않게 서민적인 옷을 지어 입었는데, 남들에겐 대통령 부인이라는 선입견 때문인지 고급 외국산으로 보였던 모양이다. 한복을 맡길 때도 바느질 솜씨만 꼼꼼하면 굳이 유명한 전문가를 찾지 않았다. 이수진, 황신엽 등이 육영수의 한복을 지은 사람들로 알려지고 있는데, 육영수의 성격이 수더분해 옷짓기가 편했다고 한다.

전 외무부장관 이동원의 회고록에 보면, 대통령 부인이 늘 한복만 입는 바람에 장관 부인들이 양장을 차려 입기를 거북스러워했다는 이야기가 나온다.

청와대 비서실에서 충분히 일리가 있다고 판단해서 대통령 부인에게 양장을 권해 보았다.

"지금 애기 아빠가 대통령이고 내가 대통령 부인이라고 해서 검소하다는 티를 내려고 일부러 한복을 입는 게 아닙니다. 사실 나는 애기 아빠가 일선에 있을 때부터 밤낮 이 한복을 입고 살아 왔어요. 그러다 보니 한복이 오히려 편해요. 한국 사람이 한국 옷 입는데 어색할 게 있습니까?"

육영수의 대답이다.

사실, 신혼 때부터 육영수를 보아 왔던 사람들은 늘 한복 차림의 새댁을 이야기하고 있다. 육영수는 양장 차림이 생소하게 느껴질 정도로 여성으로서 보기 드물게 한복을 일상적으로 입었다.

육영수의 한복은 대체로 소매와 치마길이가 짧아 활동성을 강조한 것이 특징이라 한다. 그리고 같은 색깔의 치마저고리로 우아한 멋을 내게 마련인데, 육영수는 공식행사에서도 아래위 색이 다른 반회장 치마저고리를 자주 입어 실용성이 돋보였다고 한다.

박근혜는 대학을 졸업하던 해에 수석 졸업의 기념으로 어머니의 한복 한벌을 물려받았다. 어머니가 입던 것 중 딸에게 가장 잘 어울릴 것 같은 꽃자주빛 한복을 손수 손질해 물려준 것이다.

점심을 먹으면서 어머니는 말했다.

"근혜의 수석 졸업이 너무도 기쁘고 가슴이 벅차서 밥이 안 넘어가는구나. 새 옷도 안해 주고 이런 옷을 입으라고 해서 미안하다."

그 어머니가 1974년 장충동 국립극장의 8.15기념행사에 마지막으로 입었던 것은 연분홍빛 한복이었다. 그때 대통령 부인의 시신을 수습한 서울대부속병원 간호사들은 속치마가 낡아서 기워진 것을 보고 그만 눈물을 쏟고 말았다.

우아한 한복 속에 그런 것이 가려져 있을 줄 상상도 못했던 것이다.

육 여사와 똑같이 성형수술을

1967년 4월 대전 공설운동장에서 대통령 선거 유세가 벌어지고 있었다. 공화당 후보 박정희가 연설을 시작해 반시간쯤 지났을 때 운동장 뒤편이 술렁거렸다. 뒤편에 있던 사람들이 박정희 후보의 연설에는 아랑곳없이 한 곳으로 우르르 몰려들어 소요를 일으키고 있었다. 연설은 중단되었고, 본부석에서는 무슨 영문인지를 몰라 적지 않게 당황했다.

알고 보니 거기 박정희 후보의 부인 육영수가 있었다. 육영수의 손을 잡아 보려고 앞을 다투어 몰려들고 또 사인을 해달라는 아우성이 난리도 아니었다. 주최측은 육영수가 유세장에 오지 않은 것으로 알고 있었다. 남편에게 알리지도 않고 남몰래 청중 속에 들어가 연설을 듣고 민심을 알아보려다가 눈에 띄고 만 것이었다.

연설은 5분 가량 중단되었다. 연설 중단이 미안한지라 할 수 없이 본부석으로 올라가는 육영수에게 청중은 박수를 보냈고, 박정희는 빙그레 웃음을 지었다.

1971년에는 대통령 선거를 치르고 청와대에서 문교부 관련 인사들의 모임이 있었다. 우연히 대통령 선거로 화제가 옮겨가 참석자

한 사람이 대통령 부인 이야기를 꺼냈다.

"각하께서는 사모님 덕을 많이 보신 것 같습니다."

그러면서 육영수 인기가 매우 높더라고 했다.

"그렇지 않아도 내가 얻은 표의 30퍼센트는 우리 내자가 얻은 것이라고 하더군요."

그런 보고를 받은 일이 있었다면서 박정희는 껄껄 웃었다.

그해 국회의원 선거에서는 야당의 김대중이 교통사고로 부상을 당한 일이 있었다. 김대중의 비서들은 그때 육영수가 김대중 부인 이휘호에게 수차례 전화를 걸어 위로하고 쾌유를 빌어 주었다고 말했다.

육영수는 공식행사에 참석할 때 항상 두어 걸음 떨어져 남편을 앞세웠으며, 남편이 군중을 향해 손을 흔들면 으레 허리를 굽혀 인사했다. 어디서나 자리에 앉을 때는 허리를 곧게 펴고 등받이에 기대지를 않았다.

이와 같은 이야기들은 대통령 부인의 공식 업무를 담당했던 청와대 제2부속실을 통하여 전해지고 있다.

1971년 4월10일 대전 유세에 갔다가 어느 힘겨운 서민의 손을 잡고…….
ⓒ박정희대통령기념사업회

대통령 선거 때면 후보들이 구미 박정희 생가를 찾아가는 것이 아예 관례처럼 되어 있다. 너도 나도 박정희처럼 경제를 살리겠다고 이구동성으로 말하므로 서울대 정치학과 학생들이 모의토론회를 벌인 적이 있다.

학생들이 대통령 후보 대역을 맡아 한마디씩 하는데 얼굴이 박정희를 닮았다는 후보가 "나는 키가 박 대통령과 1센티도 틀리지 않는다"고 하자, 다른 후보가 이에 맞서서 "나는 집사람을 육영수 여사와 똑같이 성형수술시키겠다. 내가 박 대통령의 계승자답지 않은가?"라고 해서 폭소를 자아냈다.

대통령 부인들이 텔레비전에 나타나면 사람들이 꼭 육영수와 비교해 이러쿵 저러쿵 한마디씩 하는 바람에 '방콕'이 상책이라는 말이 나돌기도 하지만, 대통령 부인들의 처신이 어렵다고 해서 물론 그것까지 육영수가 책임질 일은 아니다.

세월이 흐르고 세상이 바뀌어도 퍼스트레이디 육영수의 이미지는 여여(如如)하게 흐르고 있다.

효자동-원효로간 전차에서

박근혜의 학창생활은 청와대와 학교 외에 제3의 장소가 자유롭지 않은 제한된 공간의 세월이었다. 성격이 온순하고 모난 데 없어 교우관계도 원만했지만, 경호원이 따라다녀 친구집에 놀러 가거나 빵집에서 수다를 떤다든지 하는 게 자유롭지 못했다. 그 자신은 그런 제한의 부자유를 별로 느끼지 못하고 학교 생활에 충실했던 것으로 보인다.

처음 원효로의 성심여중에 입학해서는 기숙사 생활을 했고, 2학년 때 학교 증축 관계로 기숙사가 폐쇄되자 청와대에서 통학을 했다. 얼마 동안 경호원과 함께 승용차로 다니다가 어머니의 뜻에 따라 전차 통학을 했다. 효자동에서 원효로를 왕복하는 전차였다.

그러자 대통령 딸이 전차 통학을 한다는 소문이 파다했다. 특히 전차의 차장들이 몹시 궁금해했다.

어느날 효자동행 전차에서 중년의 남자 차장이 방과후 집에 가는 성심여중 학생에게 물어보았다.

"학생이 다니는 학교에 대통령 딸이 다닌다면서?"

"네, 다녀요."

1970년 성심여고
제8회 졸업식의 박근혜.
ⓒ박근혜 싸이월드 미니홈피

"전차 타고 다닌다던데?"

"그런가 봐요."

"그 학생 공부는 잘하나?"

"그런대로 하나봐요."

"귀엽게 생겼어?"

또박또박 대답하던 여학생이 약간 난처한 듯 망설였다.

"글쎄요."

자신없는 대답을 했다.

"키는 얼마나 되는데?"

이 물음엔 자신있게 대답했다.

"저만 해요."

이 여학생이 바로 박근혜였던 것이다. 암띤 소녀 박근혜의 내숭이 보통 아니었던 모양이다.

학교에서 돌아온 박근혜가 전차에서 있었던 일을 가족에게 이야기해서 한바탕 웃었다고 한다.

서울의 명물로 대중의 사랑을 받던 전차가 마지막으로 사라진 것은 1968년 11월이다.

그 무렵 성심여고로 진학한 박근혜가 아버지에게 여쭈었다.

"아버지, 전차를 없앤다면서요? 그럼 저는 뭘 타고 다녀요?"

"버스 타면 되지."

"저뿐 아니어요. 돈을 절약하느라 버스 대신 전차를 타는 어른들도 많고, 자동차는 어지럽다면서 일부러 전차 타는 할머니들도 많은데……."

아버지는 딸을 통해서 시중의 이야기를 전해 듣고 고개를 끄덕였으나, 인구 증가에 따라 복잡해진 서울의 교통 흐름을 원활히 하기 위해 어쩔 수 없는 일이었다. 버스와 택시가 증가하면서 거북이 운행을 하는 전차는 장애물이 되었던 것이다.

구한말에 등장했던 전차는 70년 만에 서울에서 자취를 감추고, 대중교통 수단은 버스로 대체되었다.

박근혜도 버스 통학을 했다.

누나는 싹쓸이, 아버지는 턱걸이

박근혜는 신당동 집에서 살 때 신당유치원을 다녔고, 장충초등학교를 나왔다. 청와대 시절에는 가톨릭에서 운영하는 원효로의 성심여중고를 다녔다.

성심여중고는 한 학년에 두 반뿐이고, 한 반에도 학생이 30명 안팎으로 저명인사와 부잣집 자녀들이 다니던 일명 '귀족학교'로 규율이 엄격했다.

박근혜는 중학교 때부터 불어를 잘했고 성적도 항상 1등에다 반장도 도맡아 했다. 중학교를 수석 졸업하고 고등학교에 수석 입학했다. 한눈을 팔 줄 모르고 남 보기에 답답할 정도로 성실하기만 해서 모범생에다 우등생 등등 좋은 건 다 박근혜 차지였다. 대통령 딸이라서가 아니라 성적이 그렇게 우수했다.

그 시절 초등학교에 다니던 남동생 박지만은 어머니로부터 "누나는 공부를 열심히 하는데 너는 왜 그러느냐"며 가끔 야단을 맞았다고 한다. 그래서 누나에게 "왜 맨날 공부만 하느냐"고 따졌더니 "하나하나 공부해서 깨달으면 참 즐겁지 않느냐"고 하는 말에 박지만은 그 어린 나이에 아주 기절할 뻔했다고 한다.

박근혜는 성적뿐만 아니라, 예컨대 가사 실습이 끝나고 혼자 뒷정리를 하는 모습이 아이들 같지 않아 학교 기록부에 '지나치게 어른스러운 게 흠'이라는 담임 교사의 의견이 있을 정도로 학교 생활에 대한 평가가 좋았다.

그런가 하면 박지만은 학교에 숙제를 해가지 않아 담임 교사에게 손바닥을 맞기도 했다.

그때 어머니는 담임 교사에게 전화를 걸어 다음과 같이 말했다.

"참 잘하셨습니다. 숙제를 안해 올 때는 사정없이 꾸짖어 주세요. 어머니로서 미처 살피지 못해 미안합니다."

정중하게 부탁하면서 사과를 했다.

박근혜는 반장을 뽑는 투표에서 반 학생수 32명 중에 30표를 얻은 적이 있다. 박근혜가 얻지 못한 2표 중 1표는 결석한 학생의 자동 기권표였고, 나머지 1표는 박근혜가 다른 학생에게 투표한 것이었다.

그 무렵 아버지 박정희는 제5대 대통령 선거에서 윤보선 후보에게 거의 패할 뻔하다가 15만표 차이로 간신히 이겼다.

그것을 알고 꼬마 박지만이 말했다.

"누나는 싹쓸이로 당선했는데 아버지는 턱걸이를 하셨어요."

그 말에 식구들이 한바탕 크게 웃었다.

캠퍼스 삽화

박근혜는 서강대 전자공학과 출신이다.
대학에 다니는 딸에게 어머니는 남자 친구가 생기면 데려오라고 했다. 남자 친구가 생기면 꼭 어머니에게 먼저 인사 소개를 시키기로 모녀가 약속을 했다. 어머니는 이젠 맏딸이 데이트를 할 만한 나이가 됐으니 남자 친구를 데려와도 놀라지 않을 마음의 준비가 되어 있었다.
어느날 시골에서 올라온 순박한 남학생 하나가 접근해왔다.
"저……시간 있으면 나랑 빵 먹으러 갈래요?"
대통령 딸인 줄을 모르고 먼발치에서 눈치를 살피다가 용기를 내서 데이트 신청을 한 것이다.
다방이나 술집보다는 서양식 빵을 구워 파는 제과점에서 오손도손 데이트를 즐기는 것이 그 시절 젊은이들의 풍속이었다.
"몰라요."
박근혜는 얼굴이 빨개져서 그 자리를 피했다.
그러나 남학생은 박근혜를 졸졸 따라 다니며 계속 졸라댔다.
"나랑 빵 먹으러 가요. 한번만 가줘요, 네?"

열번 찍어 안 넘어가는 나무 없다는 듯 매달리는 통에 할 수 없이 아버지에게 말씀을 드렸다.

"저랑 빵집에 가자는 남학생이 있는데……."

얼마 후 그 남학생이 박근혜에게 접근하는 것을 보고 주변에 있던 우람한 체격의 청년들이 에워쌌다.

청년들은 빵 먹으러 가자고 조르는 남학생에게 험악한 얼굴로 큰 상자를 땅에 내동댕이치며 말했다.

"여기 빵 가져왔으니 실컷 드쇼."

깜짝 놀란 남학생은 그제서야 번짓수를 잘못 짚은 것을 깨닫고 물러났다고 한다.

그 시절 동갑 나이의 가수 양희은이 같은 캠퍼스에 다니고 있었다. 양희은은 박근혜가 말수가 적고 소박했는데 그 또래와 달리 매일 머리 손질을 하고 학교에 오는 것이 남달리 눈에 띄었다고 한다. 그러면서 학생들이 데모할 때 어디로 피할지, 도시락은 뭘 싸갖고 다니는지 궁금했다고 한다.

그 시절 청와대는 30퍼센트 잡곡을 섞은 혼식을 했다. 박근혜의 도시락도 당연한 것이었다.

박근혜는 1970년 입학 학번이다. 재학중 유신체제가 출범하고 정치적 저항이 거세었다.

도시락사건 이야기가 있다.

운동권 학생이 박근혜가 먹고 있던 도시락을 바닥에 집어던지며 유신체제를 공격하는 것이었다. 주변에서 모두 기겁을 했는데 정작 박근혜는 조용했다. 쏟아진 밥알을 묵묵히 쓸어담고 보자기에 싸서

서강대 전자공학과 1학년 박근혜. 개교 10주년 기념행사에 참여한 박근혜가 아프리카 토인으로 분장한 전자공학과 학생들의 가장행렬 앞에서 깃발을 들고 신촌 거리를 행진하고 있다.
ⓒ박근혜 싸이월드 미니홈피

들고 나가는 것을 보고 주위 학생들의 입이 또 한번 벌어졌다.

그렇게 봉변을 당하고도 전혀 흔들림 없이 자신을 무섭게 다스리는 외유내강(外柔內剛)의 박근혜를 또렷이 기억하게 되었다고 서강대 동문들은 말하고 있다.

도시락사건 후에 전자공학과 학생들은 뜻밖으로 청와대의 초청을 받았다. 왠지 불안해서 마지못해 청와대에 가서는 박근혜 어머니가 손수 끓여주는 수제비를 먹고 화기애애한 시간을 가졌다고 한다.

학교 시절 박근혜는 어머니 앞에 남자 친구를 데려간 적이 없다.

첫사랑도 없었고, 미팅 한번 못해본 젊은날이었다. 학교 뒷산에도 올라가고 음식점에도 갔지만, 다방은 한번도 가지 않았다.

"왜 다방에 안 가는 거니?"

친구가 물었다.

이유는 간단했다.

"어머니가 가지 말라고 하셨어."

캠퍼스의 자유분방한 즐거움하고 박근혜는 거리가 멀었다.

박근혜는 수석 졸업을 했지만, 그것이 즐거운 추억이 별로 없는 공허한 젊음을 보상해 주는 것은 아니다.

"빵 먹으러 갈래요?"라던 남학생의 이야기는 답답하고 안쓰럽기도 했던 박근혜의 젊음을 아름답게 채색해본 작자 미상의 창작으로 서강대 동문들 사이에 전해 내려오고 있다.

'공양미 3백석'은 효도가 아니다

청와대에 배달되는 신문을 먼저 펼쳐드는 사람은 대통령이었다.

박정희는 아침 식전에 항상 신문을 통해 나라 형편과 민생을 살피는 일로 하루를 시작했다. 신문을 구석구석까지 작은 토막기사까지 샅샅이 읽으며 요긴한 대목엔 빨간 줄을 친다.

비서관들도 신문을 꼼꼼히 읽어두지 않을 수 없었다. 대통령의 부름을 받으면 그날의 신문 보도 내용에 관해 지시를 하기 때문이다.

"여기 좀 다녀와야겠어. 생활이 어려워 약을 먹었다는군."

가장 관심을 두는 것은 민생의 그늘진 부분이었다. 절망 앞에 선 절박한 처지의 사연은 그냥 넘기는 일이 없었다.

그럴 때면 민정비서관이 찾아가 위로하고 대통령의 금일봉을 전달한다. 금일봉은 다른 사람도 아닌 대통령이 주는 격려와 용기의 의미가 더 크게 마련이었다.

박정희는 불우한 환경을 비관하지 않고 꿋꿋이 살아가려는 사람들도 남다른 애정으로 보살피고자 했다.

아버지는 시력을 잃고 어머니가 가출한 집안에서 어린 동생들과 살아가는 11세 소녀가 있었다. 그 소녀의 집에 청와대 비서관이 찾아가 금일봉을 전하고 굳세게 살라고 격려했다. 대통령의 분부대로 소녀 아버지의 치료도 주선했다. 그러자 소녀의 어머니가 돌아왔다. 아버지의 구박에 못 이겨 3년 후에 돈을 벌어 오겠다고 집을 나간 어머니가 방송을 보고 돌아온 것이다. 충북 음성군 원남면의 11세 소녀 남미숙의 집에 청와대 비서관이 찾아간 것이 1979년 8월의 일이었다.

그 전해인 1978년 12월16일자 서울신문에는 '실명한 아버지에게 내 한 눈을……' 이라는 제하의 기사가 실렸었다. 눈먼 아버지에게 딸이 눈 하나를 나누어 드리겠다는 요지의 기사였다. 심봉사와 딸 심청의 '심청전'이 옛날 이야기만은 아니었다. 주인공은 충북 보은 여중 1학년에 재학중인 14세 허금희 소녀였다.

그로부터 2년 전만 해도 소녀의 아버지는 자전거포를 운영하면서 어렵지 않게 살았다. 그러다 원인 모를 눈병을 얻어 시야가 흐려지더니 도무지 낫지를 않고 증세가 심해지기만 했다. 가게 일을 할 수 없어 이듬해는 병원에서 한해를 꼬박 보냈고, 결국 2년째가 되어서는 완전히 시력을 잃어 장님이 되고 말았다. 눈먼 아버지는 그동안 병원비와 약값으로 집까지 판 뒤 겨우 단간 사글세방에 식구들을 데리고 이사했다.

생계는 어머니가 행상을 하고 또 품을 팔아 간신히 유지할 수 있었지만, 허금희 소녀는 앞을 보지 못해 답답해하고 어두운 방안에서만 지내는 아버지가 불쌍해 견딜 수 없었다. 소녀는 우연히 눈의 이식수술이 가능하다는 사실을 알고 자기 눈 하나를 아버지에게 드리기로 결심했다. 바로 서울 을지병원에 편지를 띄웠다. 면에서 얻어

온 새마을 진료권이 을지병원 발행으로 되어 있어 눈의 이식수술을 문의했던 것이다.

편지가 오가는 사이 학교에서 허금희 학생이 아버지에게 눈을 주려 한다는 것을 알게 되었다. 학교 측이 딱하고 갸륵한 이 학생의 사연을 신문사에 알려 보도가 된 것이었다.

대통령 박정희는 충북지사 정종택에게 지시했다. 소녀의 아버지가 광명을 찾을 수 있는지 알아보되, 설사 각막이식 수술이 가능하다 해도 결코 어린 딸의 눈을 못쓰게 만드는 일이 없도록 다른 방법을 찾아보라고 했다.

병원 진찰 결과 소녀의 아버지는 각막이식이 소용없는 완전 실명으로 판명이 되었다. 어린 딸의 소원은 이루어질 수 없었다.

박정희는 토담집 단간 셋방에 살고 있는 그 가족에게 금일봉을 전하고, 충북지사에게 집이라도 한칸 마련해 주고 그 가족의 생계를 도울 수 있는 방안을 찾아보라고 당부했다. 소녀의 어머니는 보은군청 청소부로 채용되었다. 그리고 그 가족에게는 대지 65평에 건평 16평짜리 아담한 집이 마련되어 1979년 2월에 이사를 했다. 뿐만 아니라 각계에서 적지 않은 성금을 보내주어 새 희망의 삶을 설계할 수 있게 되었다.

그런데 그해 가을, 허금희 소녀의 가족은 놀랍고 슬픈 소식을 접하고 말았다. 10월26일 대통령이 서거한 것이다.

소녀의 가족은 보은군청 회의실에 마련된 분향소에서 몸부림치고 통곡했다.

"우리 대통령 어디로 가셨어요!"

대통령의 딸 박근혜가 전하는 이야기가 있다.

청와대 가족이 텔레비전의 인형극 '심청전'을 본 적이 있었다.

공양미 3백석에 심청이 팔려가고 심봉사가 통곡을 하는 장면을 보면서, 박근혜는 아버지가 불쑥 이런 말을 하더라고 했다.

"저렇게 하는 것이 진짜 효도가 아니야. 그 아버지 마음이 얼마나 아프겠니." (박근혜 일기, 1977년 6월 23일)

심청은 아버지의 광명을 위해 인당수에 몸을 던지지만, 딸 없는 세상에 눈을 뜬 아버지에게 무슨 행복이 있을 것이며, 공양미 3백석에 죽음과 맞바꾸는 것이 진짜 효도는 아니라는 것이었다.

박근혜는 이렇게 말했다.

"저희 부모님은 자식들이 효도할 수 있는 시간적 여유를 주지 않은 채 너무도 일찍 저희 곁을 떠났습니다."

방울이

청와대에서 가장 총애를 받고 대통령 거처까지도 무상출입할 수 있는 특권을 누린 주인공이 있었다. 방울이라는 이름의 애완견, 스피츠 숫놈이다.

새끼 때 박근혜가 데려온 녀석이었다. 박근혜의 품에 안겨 자랐는데, 그래봐야 덩치랄 것도 없어 이름이 방울이였다.

박근혜는 아침이면 산책을 하는 아버지에게 방울이를 양보해야 했다. 산책 때면 늘 만나는 것이 청와대 경내를 지키는 보초들이다. 사람 품에 안기기를 좋아하는 귀염둥이를 데리고 다니는 것이 멋쩍은지 하루는 아버지가 "보초들이 저것도 강아지라고 데리고 다니나 하고 웃지 않을까"해서 박근혜는 웃었고, 어느 여름날에는 아버지가 방울이에게 부채질해 주는 것을 보고 또 웃었다.

어머니가 없는 쓸쓸한 청와대에서 방울이는 아버지의 위안이고 기쁨이었다.

직원들이 퇴근한 저녁의 청와대는 적막했다. 아버지는 거실에서 혼자 텔레비전을 보다가 의자에 앉은 채 잠이 들기도 했고, 그럴 때면 옆에 항상 방울이가 외롭게 앉아 있었다.

방울이 스케치.
ⓒ박정희대통령기념사업회

박근혜는 아버지가 청와대 정원에 나무를 심으면 방울이를 안고 나가 아버지 옆에 두고, 여름 휴가 때면 남쪽 섬까지 방울이를 데리고 다녔다. 그렇게 아버지 옆에는 늘 방울이가 있었다.

그러다 아버지가 돌아가셨고, 국장을 치르는 기간 동안 청와대 본관 2층에 방울이는 혼자 남겨졌다. 방울이는 주인을 찾아 여기저기를 기웃거렸고, 방문이 열리면 꼬리치며 달려갔다가 시무룩해져 돌아서곤 했다. 그러다 주인의 슬리퍼 옆에 엎드려 오래도록 움직일 줄 몰랐다.

청와대를 나올 때 박근혜는 방울이를 안고 신당동 옛집으로 돌아왔지만, 방울이는 낯선 곳에서 시름시름 앓다가 죽고 말았다.

정이 들면 이별 후에도 끊어지지 않아 아픈 법. 아버지의 말년을 함께 했던 방울이였기에 더욱 그러했다.

아버지가 남긴 방울이 스케치가 있다. 뒷발로 목덜미를 긁고 있는 모습을 귀엽고 익살스럽게 담아낸 그림이다. 정물(靜物)처럼 엎드려 있는 자세가 아닌 순간 동작을 포착해서 그 기억으로 신속하게 그려 나간 동선(動線)이 힘차게 살아 움직이는 듯하다.

그런 모습으로 방울이는 남았다.

'짠!' 하고 나타난 손자

박근혜, 근영, 지만 3남매는 짝을 만나기도 전에 양친을 여의었고, 꽤 오랜 세월 동안 남들 같은 보통의 삶을 살기가 어려웠다.

특히 막내 박지만의 굴절과 방황은 많은 사람들을 안타깝게 했다. 3공화국 시절의 인사들은 물론, 언론인, 학계 인사들도 "비명에 간 부모님을 생각하면……", "대통령 아들의 허물은 사회의 책임"이라는 말로 이 사회가 그를 따뜻하게 품어주기를 기원했고, 심지어 유신에 반대해서 고초를 겪었던 일부 인사들까지 정치적 이해관계를 떠나 그를 돕고자 나서는 휴머니즘도 볼 수 있었다.

그리하여 그는 성실한 기업인으로 돌아왔고, 배필도 만나 보통의 삶을 살게 되었다. 아버지가 40 나이에 본 늦둥이라고 이름도 '志晩'이라 했다는데, 그는 2004년 12월 46세가 되어서야 늦장가를 들었다. 색시는 30세의 서향희.

"많은 분들이 염려해 주시고 걱정해 주신 덕분으로 오늘의 동생이 이 자리에 있습니다. 분에 넘치는 사랑과 축복을 받음으로 해서 앞으로 동생 내외는 모범적으로 행복하게 살아야 할 의무가 있다고 생각합니다. 동생 내외가 오손도손 아름다운 가정을 꾸미리라고 믿습니다."

박정희 대통령의 손자 박세현. 2007년 3세 때의 모습.
ⓒ박근혜 싸이월드 미니홈피

결혼식에서 누나 박근혜는 가족을 대표해서 감사의 뜻을 두루 전했다.

그날 박지만은 신부와 함께 국립현충원의 부모님 묘소에 가서 인사를 올리며 참 많이 울었다고 한다.

그리고 이듬해 그는 아들 박세현의 출생으로 어엿한 아버지가 되어 활짝 웃었다. 2005년 9월12일생, 고령박씨 31세손이다.

"박정희 대통령의 손자가 태어났다"하여 큰 화제가 되었지만, 누구보다 기뻐한 것은 고모가 된 박근혜였다.

그는 "世現이에요. 세상에 나타났다는 뜻이죠. '짠!' 하고 나타나 '박 짠' 이라고 놀리죠"라고 해서 주변을 한바탕 웃겼다고 한다.

그는 2007년 11월14일 부친의 90회 생신을 맞아 자신의 싸이월드 미니홈피에 3세가 된 조카의 사진을 올리고 "아버지께서 살아 계셨다면 세현이의 재롱을 보시고 많이 기뻐하셨을 것"이라고 소회를 피력했다.

　어느 집안이든 혈연의 연속성은 중요하다. 새 생명은 미래이며 희망이다. 누구나 결혼을 하고 자식 낳아 기르는 보통의 삶은 그래서 값지다.

제 3 부

무엇을 물려줄 것인가

1호 헬기의 불시착 사고

 헬기는 낮게 떠서 지상을 살피며 신속하게 이동하는 편리함이 있다. 지방시찰이 잦았던 박정희는 이러한 입체적 효과를 지닌 헬기를 자주 이용했다. 헬기를 많이 타는 만큼 불의의 사고 위험도 뒤따랐다.

 1968년 1월 경부고속도로 부지를 시찰하던 대통령 헬기가 영하 30도의 산 정상에 불시착해서 위기를 맞았었다.(장지량 〈빨간마후라-하늘에 등불을 켜고〉)

 그해 1월 초 대통령 박정희는 신년 국정의 구상을 위해 진해 공관에 머물고 있었다. 공군 참모총장 장지량이 미국에서 도입한 신형 헬기의 정비와 시험 비행을 완료하고 대통령에게 보고하러 진해로 날아갔다.

 그가 대통령 숙소로 들어갔을 때 박정희는 방바닥에 5만분의1 지도를 펼쳐놓고 돋보기를 쓴 채 붉은 색연필로 서울에서 부산까지 고속도로 노선을 긋고 있었다.

 "각하, 이번에 미국에서 새로 들여온 제트 헬기를 몰고 왔습니다."

"그럼 그것을 타고 올라가야겠구먼. 헬기를 타야 고속도로 지형을 찬찬히 살펴볼 수 있단 말야. 비행기는 고도가 높아서 어렵잖아."

진해에는 그가 타고 내려온 전용기(공군 1호기)가 대기하고 있었지만 헬기로 갈아타게 되어 마침 잘 되었다고 했다.

그는 독도법(讀圖法)에 숙달한 포병 출신이다. 헬기 비행을 할 때면 지도와 지형을 번갈아 살피면서 수행하는 장관이나 비서관에게 현재의 위치를 알려주곤 했다. 그는 또 서울의 무허가 건물 단속을 위한 항공촬영 방식을 고안한 적이 있는데, 그것으로 서울의 하천 주변에서부터 산중턱에 이르는 녹지공간의 훼손을 막을 수가 있었다고 건설 관계 전문가들이 남다른 안목을 평가할 정도였다.

참모총장 장지량은 대통령 일행을 헬기로 안내해 동승해서 진해를 출발했다.

대통령의 자리에는 지도와 쌍안경이 있었다. 헬기에 탑승하면 비행 진동으로 졸음이 오게 마련인데, 1호 헬기를 조종했던 공군 장교들은 대통령을 수행하는 장관이나 경호원들은 더러 졸아도 대통령이 조는 일은 없었다고 한다.

대통령 탑승 헬기는 30분 만에 경주 뒷산에 착륙했다. 그곳에서 고속도로 부지의 지형을 살피고 다시 탑승하려는데 엔진에서 검은 연기가 났다.

"왜 그러는 거야?"

깜짝 놀란 장지량이 조종사에게 원인을 확인해 보라고 지시했다. 조종사는 엔진 상태를 점검해 보고 아무 이상이 없다고 했다.

1968년 경부고속도로 예정지를 시찰하는 모습.
ⓒ국가기록원

대통령 일행은 대구로 날아가 거기서 점심을 먹었다. 그러고는 계속 고속도로 부지를 살피면서 상경할 참이었다.

장지량은 아무래도 헬기의 상태가 미덥지 않아 대구비행장에 와서 대기하고 있던 대통령 전용기로 상경할 것을 건의했다.

"무슨 소리야? 고속도로 노선을 봐야 하는데."

대통령이 헬기를 고집하므로 할 수 없이 그대로 대구를 이륙했다.

20분쯤 지났을 때 갑자기 헬기가 급강하하기 시작했다. 뒷좌석의 장지량은 급히 조종사와 교신을 했다.

"왜 이러는 거야?"

"엔진이 이상합니다. 올라가지 않습니다."

조종사는 목소리가 떨렸고, 헬기는 계속 곤두박질치고 있었다.

"불시착하겠습니다!"

기어이 조종사는 다급히 외쳤다.

장지량이 아래를 보니 지형이 너무 험해 자칫하면 헬기가 박살이 날지도 몰랐다.

"여기는 안돼. 다음 고지에 불시착하라!"

간신히 헬기가 불시착한 곳은 강원도 황간의 산 정상이었다. 모두들 비상 상황을 모른 채 의아한 표정을 짓고 있는데, 대통령은 별 내색 없이 헬기에서 내려 계곡으로 가더니 오줌을 누었다. 그러자 모두들 대구에서 막걸리를 많이 마신 대통령이 소변이 급해 착륙한 것이려니 했다.

눈 덮인 험한 고지에 영하 30도의 강추위가 몰아쳐 잠시도 머물기가 어려웠다. 그런 곳에서 대통령은 지형을 살피고 있었다.

"각하, 기내에서도 살펴보는 데는 지장이 없습니다. 여기는 너무 춥습니다."

대통령이 헬기로 돌아간 다음 장지량이 주위를 둘러보니 30킬로미터 정도 떨어진 곳의 황간읍이 시야에 들어왔다.

장지량은 비상호출을 했다. 아무런 반응이 없었다. 절망감이 엄습했다. 그가 비상호출을 계속하는 것을 보고 비로소 일행은 눈치를 채는 것 같았다. 동요의 기색이 나타났지만 그러나 별 말이 없이 침착하게 기다리고 있었다.

그렇게 30분쯤 지났다. 그때 미군 헬기 두대가 상공에 나타났다. 비상호출에 의해서가 아니라 전혀 우연히 나타난 것이었다.

장지량은 공군 야전점퍼를 벗어던지고 흰 와이셔츠 바람으로 두 팔을 흔들어 SOS 수신호를 수차례 반복했다.

미군 헬기는 두세번 상공을 선회하더니 바로 착륙했다.

장지량은 속으로 구사일생의 탄성을 지르며 달려갔다.

미 육군 준위와 상사가 각각 조종하는 헬기들이었다.

"엔진 트러블이다."

사고 헬기를 가리키며 엄지손가락을 치켜들어 저곳에 '코드 원'이 탑승해 있다고 말하자, 눈이 휘둥그래진 준위가 엉뚱한 방향에 대고 거수경례를 올려붙였다.

"비상호출이 불통이다. 대전까지 태워줄 수 있는가?"

"오케이~"

장지량은 헬기로 돌아가 비로소 자초지종을 보고했고, 그렇게 대통령 일행은 무사히 귀경할 수 있었다.

"역시 참모총장이 타야 안심이야."

이렇게 말하며 대통령은 껄껄 웃었지만, 장지량은 눈앞이 캄캄했던 그 순간을 돌이키면서 등골이 오싹하지 않을 수 없었다.

이튿날 신문은 진해 별장에서 연초 휴가를 보낸 대통령이 헬리콥터로 경부고속도로 부지를 시찰한 다음 대전에서 특별 기동차 편으로 갈아타고 밤 8시에 귀경했다고 보도했다.

대통령 탑승 헬기의 불시착 사고 소식은 언론에 포착되지 않았다.

이듬해인 1969년 5월에도 강원도에서 아찔한 불시착 사고가 있었다.

동해안 지역의 합동군사훈련 시범을 참관하러 가던 대통령 탑승 1호기가 삼척과 강릉 사이 산간지역에 이르러 엔진 고장을 일으킨 것이다. 엔진이 멈춰 버린 헬기는 요동을 치며 빙빙 돌더니 지상으로 떨어지기 시작했다.

재빨리 경호실장 박종규가 대통령의 작은 몸집을 제 몸으로 덮었다. 최악의 사태를 직감할 수밖에 없는 대책없는 추락의 순간이었지만, 그래도 운명은 조종사에게 달려 있었다.

헬기는 빙빙 돌면서 시커먼 숲이 깔려 있는 곳으로 내려가다가 산골짝의 작은 밭에 부딪치며 주저앉았다.

충격과 함께 검은 연기가 치솟는 헬기에서 경호원 하나가 대통령을 이끌고 재빨리 빠져나왔고, 이내 전원이 헬기로부터 멀찌감치 떨어져 나왔다.

헬기의 폭발에 대비한 피신이었는데, 박정희는 부하들 앞에서 겁을 먹고 뛰어가는 것은 위신이 허락하지 않는 듯 뻣뻣하게 천천히 걷는 바람에 경호원의 애를 태웠다.

비상착륙의 충격으로 헬기는 일부 파손되었으나 폭발하지 않았고, 다행히 크게 다친 사람도 없었다.

함께 비행하던 2호기와 3호기가 깜짝 놀라 부근에 안전 착륙했다.

박정희는 고개를 들지 못하고 있는 1호기 조종사의 어깨를 두드려 주었다.

"수고했어."

뜻밖의 위로에 조종사는 어쩔 줄 몰라했다.

이어 비서실장 이후락에게 지시했다.

"조종사는 군부대와 협조해 헬기를 수리하고 귀경해야 할 테니 식사비를 충분히 주게."

박정희는 군 시절부터 대통령 재임기간까지 이처럼 담대한 역발상으로 부하들을 사로잡는 일들이 적지 않았다. 권력을 틀어쥐고 있으면서도 그것을 남용하지 않고 인간미로 다스리는 독특한 스펙트럼의 리더십이었다.

골프와 초가집

작은 키에 가무잡잡한 얼굴의 육군 소장이 육군본부 작전참모부장실에 앉아 있었다. 1관구사령관으로 있다가 전보되어 온 박정희였다.

박 소장은 1960년 9월에 육군본부 작전참모부장으로 왔다가 불과 3개월을 머물고 2군 부사령관으로 밀려나 대구로 내려간다.

박 소장의 육본 근무 3개월 사이에 미군사 고문관 제임스 하우스맨이 그를 방문했다. 6.25때 미육군 대위로 와서 주한미사령관 보좌관을 지낸 그는 전후(戰後)의 혼란기에 비중 있는 역할을 해왔고, 한국군 내부 사정에 밝은 고참 정보통이다. 한국 생활 10년이라 서투르나마 한국말을 할 줄 알고, 박정희 역시 미국에 군사유학을 한 경험이 있어 서로 의사 소통에 불편이 없었다.

"박 장군은 왜 골프를 안 치십니까? 내가 골프채를 선물하고 싶은데 괜찮겠습니까?"

"고맙지만 그럴 필요 없습니다."

당시 한국군 장성들은 주한 미군이나 대사관 사람들과 골프를 치고 파티를 즐기면서 그것으로 은근히 신분을 과시하는 경향이 있었다. 그런 모임을 유달리 싫어하는 사람이 박정희였다.

5.16혁명이 일어났을 때 AP통신이 "혁명의 리더 박정희 소장은 주한미군 장성들과 골프를 치지 않는 유일한 한국군 장성"이라고 타전했듯이 그는 별난 존재였다. 그래서 그 무렵 '미국인을 싫어하는 인물'로 알려졌었다.

하우스맨은 그를 몇차례 만나면서 잊지 못할 말을 들었다.

"난 농촌의 초가집을 슬레이트집으로 바꿀 겁니다."

박정희의 동향을 파악하고 있던 하우스맨에게 그 말은 예사롭지 않게 들렸다.

골프를 치러 야외로 빠져 나가면 온통 초가집이었다. 어느 외국 기자가 처음 한국에 와서 초가집을 돈사(豚舍)로 착각했다고 한다. 그런 곳에 사람이 산다는 게 어이없었던 모양이다. 그런 초가집과 골프는 극과 극이었다.

초가집에 주목하는 박정희의 의미심장한 말을 하우스맨은 한국에서 30년 머무는 동안 잊지 않고 있었고, 주한미군 지휘관들은 그런 박정희의 일거수일투족을 관심있게 지켜보았다.

박정희가 처음 골프장에 나타난 것은 5.16혁명 5년 뒤인 1966년 여름이었다. 혁명 초기의 혼란과 어려움을 극복하고 경제발전에 대한 자신감이 들어찰 때였다.

대통령의 골프를 코치한 사람은 골퍼 신용남과 한장상이다.

신용남은 대통령이 골프를 치고 난 뒤에는 막걸리를 마셨다면서, 처음 골프장에 와서 잔디밭에 주저앉아 양말과 운동화를 갈아신던 모습이 가장 잊혀지지 않는다고 말했다. 한장상은 대통령이 골프도

1968년 11월12일 구미 생가를 돌아보는 박 대통령.
ⓒ국가기록원

꼿꼿한 자세로 절도있게 쳤다고 하면서, 골프를 치면서도 항상 나라 걱정을 하던 모습이 눈에 선하다고 했다.

당시 언론은 대통령이 골프를 치고 나서 얼큰한 동태찌개 두 그릇에 우동 한 그릇을 맛있게 먹고 나서는 경기도지사로부터 경부고속도로에 대한 브리핑을 들었다고 전하고 있다. 그때 야당에선 재벌들 골프 치러 가는 길을 닦는다고 고속도로 건설을 비판했었다.

대통령이 골프를 칠 때는 앞뒤로 두 홀을 비워놓았다. 소위 '대통령 골프'라는 것이다. 박정희는 자기 때문에 뒤로 밀린 사람들에게 모자를 벗어 "먼저 가서 미안합니다"라고 정중하게 인사를 하고 골프 코스로 나가곤 해서 "인사하는 모습이 그렇게 겸손하고 미안해 보일 수가 없었다"고 주위 사람들은 말하고 있다.

유류파동 이후 그의 골프장 나들이는 줄어들어, 중요한 인사와 격식을 벗어난 만남의 기회에 이따금 골프장을 찾곤 했다.

미8군사령관 스틸웰 대장도 그중의 한 사람이었다. 스틸웰 장군은 1973년 8월부터 76년 10월까지의 재임기간에 자주국방에 노심초사하는 대통령에게 적극 협력을 아끼지 않아 상당히 친밀했다. 또 그는 대통령의 자립경제 의지에 따라 활기찬 한국 경제가 나날이 달라지는 모습을 관심있게 지켜보고 있었다.

그가 대통령과 골프를 치다가 무심코 언덕 밑을 내려다보니 시골의 초가집들이 모두 슬레이트집으로 바뀌어 있었다. 그것을 보고 하우스맨에게 들은 말을 기억했다.

"난 농촌의 초가집을 슬레이트집으로 바꿀 겁니다."

육군 소장 박정희가 하우스맨에게 이 말을 털어놓은 것이 5.16혁명 1년 전이다. 주한미군 장성들과 골프를 치지 않았던 유일한 한국군 장성 박정희가 품은 혁명의 의지가 무엇인지를 단적으로 보여주는 것이 바로 초가집이었던 것이다.

언덕 아래의 슬레이트집들을 바라보며 스틸웰 장군이 말했다.

"각하의 꿈이 이제 이루어졌군요."

대통령 박정희도 그때 하우스맨을 떠올리고 있었다.

"오늘 저녁에 청와대에서 한잔 합시다. 하우스맨씨도 꼭 데리고 오세요."

새마을운동이 시작된 1970년만 해도 전국 농가의 80퍼센트가 초가집이었다. 그가 일일이 현장확인을 하고 헬리콥터로 내려다보면서 챙겨온 농가지붕개량과 취락구조개선 사업은 단지 그 자체의 변화 의미에만 그치지 않는다. 그것은 대한민국이 농업국으로부터 산업국으로 전환하는 대변혁을 상징적으로 보여주는 것이었다.

"박 대통령은 한국에서 처음으로 경제다운 경제정책을 편 사람입니다. 남덕우, 장기영 등 진짜 경제 전문가들을 끌어모아 부린 이가 박정희였습니다. 산업화는 통신과 수송의 네트워크가 없이는 이루어질 수 없다는 것을 일찍 갈파하여 거센 반대에도 불구하고 고속도로를 완성시킨 분이 박정희였습니다. 날이 갈수록 저의 박 대통령에 대한 평가는 높아지고 있습니다."

격동기의 한국을 지켜본 하우스맨은 이렇게 말하고 있다.

논두렁 막걸리가 최고야

박정희는 권농일이면 청와대에서 집무하지 않았다. 외국 순방 같은 중요한 일정이 겹치지 않는 한 국정의 모든 현안을 젖혀놓고 반드시 농촌에 가서 모를 심었다. 모심기와 가을 벼베기는 집권 기간 동안 거의 연례행사로 치러졌다.

첫 모심기는 5.16혁명 이듬해인 1962년으로 거슬러올라간다. 그해 6월3일 군복 차림의 최고회의 위원들과 경기 김포에 가서 모를 심었다.

최고회의 의장이라는 서슬 퍼런 권력을 틀어쥔 검은 안경의 박정희가 군복 바지춤을 걷어 올리고 논에 들어가 모를 심는 것이 객쩍어 보이는 사람에게는 선전용 행사쯤으로 치부될 수도 있었다.

"의장님이 오시는데 맞추어 마침 비가 내렸습니다."

논두렁에 앉아 쉬고 있는 그에게 누군가 덕담을 했다.

그러자 옆에 있던 기자가 취재용 말을 걸어왔다.

"의장님께서도 이번 기회에 종교를 하나 선택하시지요."

"나는 원래가 유신론자입니다. 하늘은 열심히 일하는 사람들에게는 비를 내려주시고 게으르게 앉아서 놀기만 하는 사람들에게는 비를 안 주시는 것입니다."

그는 무뚝뚝 표정으로 대꾸했다.

적지 않은 사람들이 인간 박정희를 수줍음을 잘 타는 편이라고 말을 하고 있다. 그러나 그보다는 그가 잘 웃지 않고 숫기가 많아 스스럼을 잘 타고 그 때문에 대인 친화력이 더딘 편이라고 보는 것이 더 적합할 듯싶다.

그런 그가 농촌에서는 달랐다. 허리 굽혀 모를 심는 익숙한 몸놀림하며 밀짚모자에 바지춤을 걷어올린 모습이 전혀 이질감을 주지 않는 농촌 사람 그대로였다. 역대 대통령들을 논두렁에 모셔 놓는다고 할 때 박정희만큼 어울리는 사람은 없다. 더할나위없는 농부의 모습 그대로였다.

해마다 권농일이면 그는 정부 고위 공직자들은 물론 외빈들까지 우르르 대동하고 와서 모내기를 도왔다. 권력의 이름으로 농촌에 힘을 불어넣고 언론의 관심을 집중시킴으로써 함께 풍년을 기원하고 잘살아 보자는 국민적 컨센서스를 유도했다.

1970년대에 접어들어 새마을운동이 활발해지면서 농촌 시찰을 하는 그의 표정이 밝아졌다. 꼬불꼬불한 길이 넓혀지고 묵은 가난을 덮었던 초가지붕을 기와로 바꾸는 것이 그의 가장 큰 기쁨이고 행복이었다고 측근들은 말하고 있다.

어느 해 경상북도를 초도순시할 때 헬리콥터를 타고 가다가 농민들이 지붕을 고치는 모습을 내려다보았다.

"어이, 여기 한번 가 보자."

달라지는 농촌의 모습만 눈에 띄면 만사 불고하고 그 현장에 가야

1962년 6월3일 경기 김포에서 모내기를 하고 논두렁에서 농부와 막걸리잔을 기울이고 있다.
ⓒ국가기록원

만 했다.

 공중에서 헬리콥터가 내려오니 농민들은 웬일인가 하다가, 다른 사람도 아닌 텔레비전에서만 보던 대통령이 갑자기 나타나니 놀라고, 흙 묻은 손을 잡아주는 따뜻함에 순박한 농심이 감격하곤 했다.

 농부들을 만나고 막걸리잔을 기울일 때의 박정희는 그저 좋기만 한 표정이었다. 모내기나 벼베기를 하고 나면 논두렁에서 농부들과 걸쭉한 막걸리 마시는 것을 무척이나 좋아했다.

 1973년 4월에는 청와대 전직원을 데리고 나가 안양 근처에서 모내기를 하고 막걸리를 마셨다. 그는 논두렁에 퍼더버리고앉아 마시는 막걸리가 최고라고 했다. 논두렁 막걸리는 그냥 술이 아니다. 허기를 달래주는 음식이고, 근로의 몸을 풀어주는 피로회복제이다. 풋고추나 김치 한쪽도 막걸리의 맛을 돋우기에 충분하고, 앞서 모내기를 끝낸 논에서 들려오는 개구리 울음은 또한 멋진 자연 교향악이다.

박정희는 막걸리라면 이것저것 까다롭게 가리지 않고 좋아하는 편이지만, 그래도 즐겨 마신 것들이 따로 있기는 하다.

청와대에서 즐겨 마신 고양막걸리는 골프장에 갔다가 인근 실비집에서 처음 맛을 본 뒤 매주 한두말씩 시켜다 14년 동안 마셨다고 해서 유명하다. 대구에 가면 군 시절에 마신 팔공산 자락의 천연수로 빚은 불로막걸리를 말통으로 사갔으며, 부산에 가면 부산 군수사령관 시절에 마셨던 금정산 산성마을의 산성막걸리에 흠뻑 취하곤 했다고 한다.

그러나 뭐니뭐니해도 논두렁에서 마시는 막걸리가 최고라고 했다.

그는 일하지 않고 막걸리를 마시면 트림 나고 오줌만 마렵다고 말했다. 막걸리는 일하는 자의 술이라는 것이다. 막걸리에는 땀을 식히고 피로를 풀어주는 시원함에 감돌아드는 노동의 기쁨이 있다. 거기에 진정한 막걸리의 맛이 있다는 것이다.

그의 막걸리 사랑은 곧 농촌 사랑이었다. 그런데 그의 사랑은 남달랐다. 마음만의 사랑이 아니고, 행동하는 사랑이었다. 불쌍한 것을 그냥 동정하지 않았다. 지난날의 게으르고 도박을 즐기고 가난에 찌들어도 팔자려니 하고 한숨 쉬는 타성을 미워했다. 미운 건 밉다고 했다. 그 미움을 지워 부지런하고 자조, 자립의 의욕에 넘치는 농심(農心)으로 바꾸었다. 미움을 사랑으로 바꾸었다. 그의 농촌 사랑에는 미움을 지우고 얻은 사랑이 도탑게 쌓여 있다.

그 사랑이 박정희만이 아는 논두렁 막걸리의 맛이었을 것이다.

농수산부장관은 하늘이 떼고 붙이는 자리

자연재해는 해마다 찾아오는 단골 불청객이다. 인명과 재산을 앗아가며 끝없이 인간을 시험하고 있다. 자지러져 울고불고 난리가 나고, 수재민 성금을 모으는 일이 연례행사였다. 원망스럽던 하늘이 말짱해져 풍년이 들면 그땐 또 감지덕지하고…….

1974년 여름에서 가을로 접어들면서 겪은 수해는 8월15일 대통령 부인 육영수의 서거로 더욱 침울하고 힘에 겨운 재난이었다.

당시 텔레비전에 비치는 홀아비 대통령의 모습을 안쓰럽게 보는 사람들도 적지 않았으나, 꾹 다문 입술, 날카로운 눈매로 국정 전반을 지휘하는 최고 책임자로서의 일거수일투족에는 흔들림이 없었다.

그 해는 전남 광주 일대의 수해가 컸다.

8월 말, 농수산부장관이 먼저 수해지역으로 갔고, 정부 관련 부서의 대표로 구성된 합동조사반이 내려가 지방행정 당국과 함께 수해상황을 파악하고 이재민 구호와 복구에 나섰다.

대통령 박정희는 9월3일 헬리콥터로 영산강 유역의 수해지역을 공중시찰하고 광주비행장에서 전남지사로부터 도내 수해상황에 대한 보고를 받았다. 이어 5일 월간경제동향보고회의에서 그는 "호남 지방 수재민들이 재난을 당했다고 해서 결코 실망하거나 낙심하는 일이 있어서는 안 되겠다"고 말하고 "하늘은 스스로 돕는 자를 돕는다는 것과 같이 꿋꿋한 자조정신과 줄기찬 노력으로 재난을 극복해 나가도록 수재민과 도민 그리고 정부가 합심 협력해야 할 것"이라고 당부했다. 아울러 "다가오는 월말이 추석인데 금년 추석에는 모든 국민들이 수해를 입고 있는 동포들이 있다는 것을 생각하고 검소하게 지내야 할 것"이라는 말도 빠뜨리지 않았다.

9월30일은 추석이자 대통령의 생일로 알려진 날이었다. 박정희는 동작동 국립묘지에 들러 충혼탑에 헌화하고 자녀들과 함께 부인의 묘소에 성묘했다. 생일은 가족이 조촐하게 치르고 넘어갔다.

이튿날 10월1일 국군의날 행사는 어느 해보다 크게 국군의 위용을 과시하여 국민의 사기를 높였고, 이때 박근혜는 어머니를 대신하여 처음 퍼스트레이디 자리에 섰다.

이어서 10월5일 박정희는 다시 헬기를 타고 전남지방으로 날았다. 광주와 나주의 수해 복구상황을 돌아보고 관계자들을 격려한 다음, 여러 지역을 두루 공중시찰했다.

수해 지역을 제외한 대부분의 들판이 가을걷이를 앞두고 황금 물결이어서 적지 않은 위안을 주었다.

"올해 추곡 전망이 어떻소?"

옆자리의 농수산부장관(정소영)에게 물었다.

수해 복구도 그렇거니와, 보다 큰 관심은 쌀 수확량이었다. 그해 정초에 박정희는 쌀의 자급자족을 독려하는 뜻에서 '主穀의 自給達

보릿고개를 해결한 '기적의 쌀'. 1973년 11월 15일 통일벼 재배지에서 작황을 주시하고 있다.
ⓒ국가기록원

成'이란 휘호를 써서 관련 부서에 보냈다. 그의 신년 휘호는 그해 국정의 중심 과제를 의미했고, 그런만큼 농수산부장관의 책무는 막중할 수밖에 없었다.

"사상 최고인 3천만섬을 돌파할 것으로 보입니다."

자신있게 대풍이라는 말에 박정희는 얼굴을 활짝 폈다.

"하늘이 도와주어 대풍이 든 거요. 농수산부장관은 하늘이 뗐다 붙였다 하지."

대통령의 조크에 모두들 폭소를 터뜨렸다.

자연재해를 딛고 맞이한 풍년의 기쁨이 침울한 분위기를 씻어주고, 국정과 민생에 활력을 불 붙이는 계기가 되었다.

농수산부장관의 보고대로 1974년 그해는 전국 쌀 생산량이 3,086.7만섬으로 사상 최초 3천만섬을 돌파했고, 이듬해인 1975년부터는 국민의 숙원이었던 쌀의 자급자족 단계로 성큼 올라서게 되었다.

이는 농촌진흥청에서 1965년부터 1971년까지 수차례 실험 재배를 통하여 개발한 다수확 품종인 통일벼의 확대보급에 따른 결과였다. 무엇보다 중요한 사실은 통일벼가 뼈저린 보릿고개의 고통을 단숨에 해결했다는 점이다.

박정희는 하늘이 도와주어 대풍이 들었다고 했지만 인간이 스스로 노력하지 않으면 하늘도 돕지 않는다는 점을 항상 강조했다. 통일벼의 개발은 우리 쌀의 오랜 역사에서 가장 획기적인 사건이었다.

단비를 흠뻑 맞으며

　가난한 농민의 아들 박정희의 가슴에 응어리진 소원이 바로 잘사는 농촌을 만드는 것이었다. 국민의 7할이 농민인 농업국가이면서도 1년에 식량을 2백~3백만톤씩 수입하지 않으면 안 되는 나라의 권력을 잡고 그가 혼신의 열정을 기울인 것이 아득히 대물림하던 보릿고개와 춘궁기를 없애는 일이었다.
　그는 농촌의 가난을 연민의 정으로만 대하지는 않았다. 가난의 원인을 농민에게 있다고 보았다.
　혁명정부 시절, 헬리콥터로 한해지구를 내려다보면 보리가 타들어가는데도 저수지나 관정(管井)의 물을 그대로 두고 있는 곳이 적지 않았고, 그가 직접 물을 푸고 모를 심어도 부락 청년들은 나무 그늘에서 빈둥거리고 노인들은 담뱃대를 물고 나와 구경을 했다.
　그는 농민의 게으르고 무기력한 자세를 개탄해 시골 군수들을 매섭게 다그쳤다.
　해마다 보릿고개에 부지기수의 농민이 초근목피로 연명하고 부황증에 걸린 사람들이 산과 들을 비실비실 헤매는 비참한 실정임에도 충남 부여군 석성면에 들르니 면장이 마을에 절량농가(絕糧農家)가 얼마나 되는지를 모르고 있었고, 부여군청에 가니 절량농가 대장이란 것 자체가 있지 않았다.

1964년 여름에는 한해가 극심한 영남지방을 시찰했다. 거북등처럼 갈라진 논밭에서는 작물이 까맣게 타들어가고, 하천마저 말라붙어 먹을 물조차 구하기 어려운 실정이었다. 관정을 파서 지하수를 적극 개발하도록 독려하고 7월5일 기동차 편으로 귀경하던 중 차창 너머로 수로에 물이 흐르는데도 모내기를 하지 않은 채 방치된 마른 논바닥을 보았다. 대구를 지나 약목역에 이르자 비서실장에게 기동차를 다시 대구로 돌리라고 지시했다.

대구에서 예정에 없는 1박을 하고 이튿날 경북도청에서 한해대책 회의를 주재했다.

"옆에 물이 흘러가는 수로가 있어도 물을 퍼서 모를 심지 않고 있으니 어찌된 일이오?"

따끔하게 질책을 하고 한해가 심한 칠곡, 금릉, 선산, 달성, 성주 등 8개군의 군수로부터 모내기 상황을 보고받았다. 칠곡군이 72퍼센트로 가장 저조했다.

"군수, 그 팔뚝이 뭐요!"

칠곡 군수의 흰 팔뚝을 가리키며 말했다.

"제일 게으른 군의 군수 팔뚝을 보니 가장 희구만. 들에 나가 모내기 독려를 하지 않고 사무실에 앉아 상황 설명만 들어 대체 뭘 어쩌자는 거요!"

군수와 면장들이 앞에 나서라고 다그쳤다. 비가 안 와도 물은 지하에 얼마든지 있으니 관정을 파서 양수기로 끌어올리라는 것이며,

게으른 농민들을 끌어내라고 호통을 쳤다. 항상 하늘은 스스로 돕는 자를 돕는다면서 게으른 자에게는 절대 공짜가 없다고 강조했다.

그러다가 7월15일 밤 갑자기 굵은 빗방울이 후두둑 떨어지더니 시원하게 퍼붓기 시작했다.

그는 전화로 부산시장을 불렀다.

"거기도 비가 와요?"

"네 각하, 마구 쏟아지고 있습니다."

전국적으로 비가 오고 있는 것을 확인한 그는 부인 육영수와 함께 지프에 올랐다.

지프는 빗속을 뚫고 제1한강교를 지나 동작동 국립묘지를 돌아 경기도 과천 쪽으로 내달려 물이 흥건히 괸 논두렁 옆에서 멈추었다. 그는 차에서 내려 단비를 머금고 생기가 오른 못자리를 오래도록 지켜보았다.

육영수는 그때 비를 흠뻑 맞고 선 대통령 남편의 자리를 이렇게 말했다.

"그 자리가 얼마나 막중한, 두렵고 힘겨운 자리인데 이 자리에 앉아 다른 잡념을 가질 수 있을까요."

대통령에게 최고 권력을 부여하는 것은 국가 중대사에 대한 책임을 맡기는 것이다. 권력은 즐기는 게 아니라 책임을 지는 일이다.

기록에 보면 대통령 박정희는 가뭄이 심한 해에는 여름 휴가를 가지 못했고, 휴가 중에 가뭄 실태를 보고받으면 죄지은 심정이라 하여 재해지역으로 달려갔다.

국민의 잠을 깨운 '모닝콜'

새마을노래의 가사에서 가장 강조되는 것이 협동이다. 협동은 우리 농촌의 '두레'라는 독특한 문화코드를 표현하고 있다.

농사는 농번기에 집약적인 노동을 요구하는데 그때에 마을 사람들이 서로 협력하여 공동 작업을 하는 것이 두레이다. 공동으로 하는 농사일을 두렛농사나 두렛일이라고 하고, 거기에 참여한 농사꾼을 두레꾼, 공동으로 부치는 논을 두렛논이라 한다. 부녀자들이 한 자리에 모여 길쌈하는 일을 두레길쌈이라 하고, 여러 사람이 둘러앉아 먹을 수 있게 만든 두레상도 있으며, 우물에 놓아두고 누구나 함께 사용하는 두레박도 있다. 이처럼 두레는 한국의 뿌리깊은 전통문화 현상이다.

두레는 곰살스러운 인정으로 더불어 살아가는 아름다운 전통임에도 그러나 농촌은 절대빈곤을 면치 못하고 있었다. 오랜 국가적 고난과 지도력의 결핍, 잘살아 보겠다는 의지의 빈곤 등 여러가지가 복합된 가난이었다.

이 두레문화를 자조, 자립, 협동의 근대화 코드로 업그레이드시킨 것이 새마을운동이다. 전통 두레에서는 공동의 비용을 조직원으로

1972년 5월17일 전북 전주의 새마을 작업장.
ⓒ정부기록사진집

부터 갹출하기도 하고, 부락 소유의 논밭이 있으면 그것을 함께 경작하여 그 소출로 비용을 쓰기도 했다. 그것을 갈음한 것이 새마을금고이다. 또 두렛일을 할 때는 농악대가 '農者天下之大本' 깃발을 앞세우고 한바탕 풍물을 치는데 그것과 더불어 새로 등장한 것이 새마을노래였다.

새마을노래는 박정희 작사, 작곡이다.

이 노래가 만들어진 의외의 계기가 있었다.

박정희가 목욕탕 타일 바닥에 미끄러져 왼쪽 늑골 부분에 타박상을 입은 일이 있다.

1972년 4월22일 신문은 전날 아침에 박정희 대통령이 청와대 뒤뜰을 산책하다가 발을 헛디뎌 타박상을 입었다며 주치의 진단 결과 당분간 정양을 하면 회복될 것이라는 청와대 대변인의 발표를 보도했다.

타박상은 타박상이로되 모양새를 고려해서 '목욕탕'을 '산책'으로 둘러댄 것이다.

그렇지 않아도 전남 광주에서 열리는 새마을소득증대촉진대회를 앞둔 때여서 박정희는 모처럼 요양을 하는 동안 새마을운동에 관한 노래를 지어보기로 했다. 누구나 쉽게 부를 수 있는 밝고 힘찬 노래를 손수 만들기로 마음을 먹었다.

먼저 가사를 만들고 곡은 음악을 전공하는 둘째딸 박근영이 거들어 주었다고 알려져 있다. 그런데 박정희의 처조카 홍국표의 증언은 다르다. 그가 박근영에게 물어보니 "전혀 도와드린 적이 없다"면서 나중에 알고 보니 "박 대통령이 몇날 밤을 끙끙 앓아가면서 직접 오선지에 곡조와 가사를 그려 완성한 것이었다"고 말했다.

그후 국내의 저명한 작곡가들이 청와대의 초청을 받았다. 정장 차림에 엄숙한 표정으로 모인 그 자리에 유달리 넥타이를 매지 않은 티셔츠 차림으로 나타나 불경스럽다 싶은 사람이 하나 있었다. 막 외국 유학을 마치고 돌아와 국립교향악단 상임지휘자로 임명된 홍연택이었다.

박정희가 그에게 다가가 정장을 하지 않은 이유를 물었다.

"그냥 편해서······."

박정희는 나중에 그를 따로 불러 새마을노래의 곡을 보여주고 자문을 구했다.

"작곡이 전반적으로 잘 되었으나 음정을 조금 고치면 더 부르기 좋겠습니다."

박정희는 그 자리에서 지적된 부분을 고쳐 불러 보고는 매우 좋아했다.

"과연 음악의 대가는 다르구먼."

그 자리에서 곡을 수정한 다음 비서관에게 지시했다.

"이 노래의 반주는 홍연택 지휘자에게 맡기시오."

그렇게 해서 박정희 작사 작곡, 홍연택 반주로 나온 것이 새마을 노래였다.

새벽종이 울렸네.
새 아침이 밝았네
너도 나도 일어나
새마을을 가꾸세.
살기 좋은 새마을
우리 힘으로 만드세.

그 시대에 애국가를 제외하고 가장 많이 전파를 탄 국민 계몽가요였다. 이 노래가 농촌 마을의 새벽을 깨우고, 도시에서는 아침 청소차에서, 관공서에서, 학생들 등굣길에서 항상 울려퍼졌다.

농촌 마을 어디를 가나 새마을 사업의 열기가 뜨거웠고 새마을 모자에 완장을 찬 사람들이 한 시대를 누비고 다녔다.

사회 일각의 비판 그룹에서는 새마을운동을 정부 주도의 동원 체제라 하여 곱지 않은 시선으로 보았고, 나중에서야 톱다운으로부터 다운업으로 가는 이 국민운동이 오랜 가난을 숙명으로 알고 깊은 잠에 빠져 있던 국민의 의식구조를 일깨운 역사 전환의 새로운 장이었음을 인정하게 되었다.

박정희 시대의 테마 곡 새마을노래.

지금은 새벽잠을 깨우던 확성기도 사라진 지 오래이지만, 새마을 노래는 휴대폰 멜로디로 여전히 귓전을 울리고 있다.

선거에 패해 정권을 내놓는 한이 있더라도

산간오지에서 등잔불 켜고 살면서 평생토록 서울 구경 한번 못할 것 같던 사람들이 청와대에서 대통령과 밥을 먹고 정부가 주는 훈장을 받곤 하는 일은 분명 놀라운 변화였다. 새마을 지도자들이 그러했다. 마을 사람들이 담장과 지붕, 우물을 고치고 마을길을 넓히면서 협동을 잘하면 정부가 도와주니까 잘살게 되어 좋고 그것이 애국하는 길이라니까 더욱 좋은 것이 새마을운동이었다.

새마을운동이 시작된 1970년 초의 전국의 농가는 3만5천 마을에 2백50만 가구였다. 농가의 80퍼센트는 초가지붕이었고, 전기가 들어가는 집은 겨우 20퍼센트, 나머지는 등잔불이니 라디오도 들을 수 없었다. 자동차가 드나들 수 있는 마을은 30퍼센트에 불과해 나머지는 비좁고 꼬불꼬불한 고샅길에 가난이 엉켜 있는 형상이었다.

박정희 정부가 새마을운동으로 처음 시작한 사업이 농촌의 환경개선이었다. 우물과 빨래터를 고치고, 길을 닦고, 다리를 놓는 등 농민들의 협동을 필요로 하는 공동사업이다.

1970년 가을, 정부는 1차로 전국 3만5천 마을에 시멘트 3백~3백50부대씩을 무료 공급해 침체된 농촌에 활력을 불어넣었다. 두메산

골까지 빠짐없이 시멘트가 들어갔다. 내무부는 대통령의 뜻에 따라 우수한 성과를 올린 마을부터 우선적으로 지원한다는 원칙 아래 전국 3만5천 마을을 기초마을, 자조마을, 자립마을로 구분해 1만7천 마을에 이듬해 시멘트 5백부대와 철근 1톤씩을 더 보내주었다.

대통령 박정희는 주민 참여도가 낮고 성과가 나쁜 1만8천여 기초마을은 일체 지원하지 말라고 지시했다. 그는 농촌의 가난을 동정하지 않았다. 오랜 가난으로 인한 무력감과 좌절을 결코 연민의 정으로 바라보지 않았으며, 게으르고 저축도 할 줄 모르며 협동심도 부족하다고 냉정히 비판했다.

"빈곤을 자기의 운명이라 한탄하면서 정부가 뒤를 밀어주지 않으므로 빈곤은 어쩔 수 없다고 불평을 늘어놓는 농민은 몇백년의 세월이 걸려도 일어설 수 없다. 의욕없는 사람을 지원하는 것은 돈의 낭비다. 게으른 사람은 나라도 도울 수 없다."

단호히 말했다.

이 같은 지시가 알려지자 여당인 공화당이 술렁거렸다. 정부 지원을 못 받는 기초마을 지역구 국회의원들이 다음 선거를 어떻게 치르느냐며 난리가 난 것이다.

박정희는 남들이 무슨 일이든 열심히 덤비는 의욕의 진정성에 감동을 하되, 거기에 정치적 타산을 결부시키는 것을 추하게 여겼다.

새마을운동이 일어나기 몇해 전에 제7대 국회의원 선거가 있었다. 선거 부정으로 재선거를 치르게 된 전남 벌교의 유세장에서 있었던 일이다. 8월 무더위가 기승을 부려 그늘에 앉아 부채를 부쳐도 땀이 줄줄 흐르는데, 야당 후보의 부인이 수박과 얼음으로 채운 음료수를 야당, 여당의 관계자를 가리지 않고 기자들에게까지 일일이 한사발씩 퍼주고 있었다. 시원하고 맛도 좋아 모두들 여간 고마워하지 않았다.

그때 그 부인에게 누군가 다가와서 "나도 한 그릇 부탁합니다"라고 하길래 어디서 많이 듣던 목소리여서 고개를 들어보니 대통령 박정희였다. 손수건으로 쉴새없이 땀을 닦고 있었다.

음료수 한사발을 시원하게 들이킨 박정희는 야당 후보의 어깨를 두드려 주며 말했다.

"훌륭한 부인을 두어서 큰 힘이 되겠소."

박정희는 청와대 비서관 출신의 여당 후보를 지원하러 내려왔지만, 선거 결과는 야당 후보의 압승이었다.

새마을운동 실적이 나쁜 기초마을의 공화당 국회의원들이 아무리 볼멘소리를 해도 박정희에게 통할 리 없었다.

"선거에서 표를 얻지 못해 정권을 내놓는 한이 있더라도 이 새마을운동의 신상필벌 원칙만큼은 바꾸지 않겠다. 누구를 막론하고 정치적으로 이용해서는 안 된다."

서슬퍼런 일갈에 끽소리 못하고 움츠러들었다.

그는 전기도 전봇대에서 가까운 마을부터 가설하는 것이 순서이겠지만, 멀리 떨어진 외진 산골이라도 새마을사업의 성과가 좋기만 하면 그곳에만 전기를 넣어주라고 지시했다. 전봇대에서 가깝다고 앉아서 전기 들어올 날만 기다리는 게으른 마을은 거들떠보지 않았다.

그러니 새마을사업에 소극적이었던 마을들이 자극을 받지 않을 수 없었다. 마을이 낙오되어서는 안 되겠다는 절박감과 함께 남보다 더 잘사는 마을을 만들어야겠다는 경쟁심리가 작용해서 농촌마다 새마을운동의 열기가 뜨겁게 달아올랐다. 그리하여 1977년에는 전국 3만5천 마을에서 기초마을이 사라지고 98퍼센트가 자립마을로 승격되었다.

공동 작업에 의한 농촌의 인프라 개선으로 시작된 새마을운동은 1972년부터 소득증대사업에 초점을 맞추게 된다.

"새마을운동은 한마디로 '잘살기 운동' 입니다. 소득이 증대돼 농촌이 부유해지고 보다 더 여유있고 품위있는 문화생활을 누리도록 해야 합니다."(1972년 4월, 광주 새마을 소득경진대회)

이렇게 말한 박정희는 농촌 소득증대에 직접 기여하는 사업들을 검토하라고 지시했다.

한편 새마을 부녀회에서는 절미(節米) 저축 운동을 시작해서 쌀을 공동으로 판매한 대금을 농업협동조합에 예금하고 통장을 받았다. 이때의 예금통장은 농촌에 주목할 만한 변화를 가져왔다. 그 전까지는 예금통장을 가져본 농가가 거의 없었던 것이다. 농촌 주부들이 통장을 갖게 된 기쁨과 이자가 불어나는 보람을 알고부터 근검 절약하고 저축하는 습관이 생겨난 것이다.

소득증대사업으로 농가소득이 눈에 띄게 증가하기 시작했다.

1967년의 경우 농가소득은 도시가구의 60퍼센트에 불과했다. 그러던 것이 꾸준한 소득증대사업의 성과로 74년에는 도시 노동자의 소득을 상회하기 시작했다. 실직 액수로 보면 70년에 평균 25만6천원에서 75년 87만3천원, 78년 1백60만원으로 8년 사이 6배 이상 증가했다.

이와같은 농가소득의 급증은 통일벼 계통의 다수확 신품종으로 쌀 수확량이 획기적으로 늘어난 것이 큰 요인이었다. 1977년 쌀 수확량이 4천7백10만6천섬으로 4천만섬을 돌파하여 오랜 굶주림과 가난의 대명사인 보릿고개를 말끔히 해결하고 해마다 수백만섬의 쌀이 남아돌게 된 것이 이때부터였다.

어느날 박정희는 텔레비전에서 취락구조 개선사업으로 깨끗이 정돈된 농촌 마을을 보고 딸 박근혜에게 말했다.

"우리 신당동 집은 명함도 못 내밀겠다. 농촌의 집이 대통령의 집보다 좋은 것은 흐뭇한 일 아니냐."

청와대 대변인 임방현은 이런 말을 들었다고 한다.

"살기 좋게 만들어 주니 야당표가 나오는구먼."

경제성장에 따른 정치사회적 욕구와 변화를 그렇게 말하면서 껄껄 웃더라고 했다.

권력은 지나가고 업적은 남는 법.

새마을운동은 1998년 조선일보사와 한국갤럽이 정부수립 50주년 기념으로 실시한 국민 여론조사에서 역사상 우리 국민이 성취한 가장 큰 업적으로 꼽혔다. 새마을운동에 대한 역사적 평가는 설명이 필요치 않을 것이다.

외국이 새마을운동에서 모방할 수 없는 것

'한류(韓流)'라는 말이 있다. 1990년대 말부터 아시아 지역에서 일기 시작한 한국 대중문화의 유행 현상을 일컫는 말이다. 외국에서 유행하는 한국 현상을 포괄적으로 살펴볼 때 한류의 원조는 새마을운동이라고 할 수 있다.

새마을운동은 1972년부터 외국으로 퍼져나가 30여년 동안 70여 개국에서 약 2천명이 새마을연수원에서 정규교육을 받았으며, 1백60개국의 4만명 가까운 인원이 새마을운동중앙회를 방문해 새마을운동을 견학하고 돌아갔다. 유엔개발계획(UNDP)에서는 새마을운동을 농촌개발 및 빈곤퇴치 모범사례로 평가했다. 또 그 조직이 유엔 공보국(DPI) 등의 회원으로 가입해 국제사회의 일원으로 활약함으로써 이 운동의 확산에 탄력이 가해지고 있음도 주목해야 할 부분이다.

새마을운동을 벤치마킹하는 나라들을 보면 한국의 새마을기를 그대로 쓰기도 하고, 중국의 덩샤오핑은 번역된 새마을운동 관련 서적을 당간부들에게 나눠주며 "박정희를 배우라"고 지시했었다. 한나라당 대표 박근혜가 2005년 5월 중국을 방문해 극진한 예우를 받아 화제가 되었는데 그를 초청한 공산당 측은 "후진타오 주석이 새마을운동을 공부한 사람이니 박정희 대통령의 딸에 관심이 깊은 것은 당연하다"고 말했다.

농업 인구 9억을 가진 세계 최대의 농업국인 중국에서는 새마을운동을 그대로 중국 말로 옮긴 '신농촌운동'을 제11차경제개발5개년계획(2006~2010)의 일환으로 추진하고 있다. '신농촌운동'은 중국이 낙후된 농촌을 발전시켜 도시와 소득격차를 줄이기 위해 2005년에 공산당 중앙정책연구실 간부들을 한국에 보내 새마을운동을 연구한 끝에 수립한 것으로, 국가주석 후진타오는 이어 2006년 2월 최고지도부 2백여명이 참석한 '신농촌운동' 대토론회에서 "신농촌운동만이 중국 농촌을 구할 수 있다"고 강조해서 강한 집념을 보였다.

박정희 시대의 경제개발 모델을 연구하는 각국의 전문가들은 한국이 성공할 수 있었던 중요한 두가지 요인으로 지도자 박정희와 새마을운동을 지적하고 있다. 외국이 한국의 새마을운동에서 모방할 수 없는 것이 '박정희'라고 한다. 외국에는 "박정희가 없다"는 것은 지도자의 마인드가 중요함을 강조하는 말이다.

경북 구미의 박정희 생가는 새마을운동을 배우러 한국에 오는 외국인들이 으레 견학하는 곳으로 되어 있다.

대통령 박정희는 새마을운동의 최고지도자였다.

1970년대 초 새마을운동이 잠자던 농촌을 흔들어 깨울 때 지방 군수와 면장들은 청와대에서 걸려온 전화에 깜짝 놀라 벌떡벌떡 일어났다.

새마을운동을 제창한 지방장관회의. 1970년 4월22일 박 대통령은 한해대책을 위한 전국 지방장관회의에서 "농촌의 자조, 자립정신을 바탕으로 한 새마을 가꾸기 운동을 벌여보자"고 강조하면서 처음으로 '새마을'이라는 용어를 썼다.
ⓒ정부기록사진집

"나 박정희요."

대통령은 지붕개량을 했는지, 길을 고쳤는지, 다리를 놓았는지를 꼬치꼬치 물어 확인했다. 새마을연수원에 가서는 새마을지도자 연수생들에 대한 교육평가를 A, B, C로 나누어 A를 받은 수료생에게는 농림부에서 특별지원을 해주고, 반면에 C를 받은 수료생을 추천한 군수는 문책하라고 지시했다.

그러니 군수와 면장들이 사무실에 앉아 있을 경황이 아니었다. 면사무소 직원들은 밤낮없이 담당 지역에 나가 새마을운동을 독려하고 실태를 파악했으며, 군수와 면장들도 작업복 차림에 자전거를 타고 마을을 돌며 새마을 지도자를 만나 협의를 하는 등 긴장의 연속이었다.

그가 대통령이 되기 전 혁명정부 시절에 문경시멘트공장에 갔었다. 공장 경영주가 그 지방에 용한 한의사가 있으니 함께 가서 보약 좀 지어 드시라고 권했다.

"나는 보약이란 걸 먹어본 적이 없어 뱃속에서 받아들이지 않습니다. 나 대신 많이 드시고 시멘트 생산 열심히 해주세요. 나한테는 밤낮없이 땀 흘려 일하는 사람들이 바로 보약입니다."

이렇게 대답하는 박정희가 참 무서운 양반이더라고 그 경영주는 회고했다.

보약을 먹지는 않아도 남에게 보내준 일은 있다.

새마을연수원장 김준이 과로로 몸이 쇠약해진 것을 보고 보좌관에게 지시했다.

"김 원장에게 보약 좀 보내줘. 내가 보내더란 말은 하지 말고."

그가 보약을 챙겨준 김준에게는 새마을운동이 신앙과도 같은 것이었다. 새마을운동을 정착시키는 데 결정적인 역할을 한 그를 사람들은 '새마을의 교주(敎主)'라고 불렀다.

새마을운동은 1970년대의 열풍이었다. 여기에 참여한 연인원이 71년 7백20만명에서 새마을운동이 정점을 치닫던 78년에는 무려 2억7천만명으로 늘어난 사실이 그 열기를 말해주고 있다.

대통령 박정희는 '잘살아 보세'라는 시대적 화두(話頭)에 대해 "당장 오늘의 우리가 여유롭고 품위있게 사는 것도 중요하지만 내일의 후손이 잘살 수 있는 나라를 만든다는 데 보다 큰 뜻이 있다"며 항상 후손과 역사를 의식하고 강조했다.

"후세에 우리 자손들이 너의 조상이 누구냐고 물으면 나의 조상은 1970년대에 새마을운동에 앞장서서 알뜰하게 일한 바로 저 마을의 농민이었다고 떳떳이 말할 수 있는 유산을 후손에게 남겨줍시다."(1973년 11월, 제1차전국새마을지도자대회)

왜 새마을운동이 성공할 수 있었는지, 지도자의 집념과 의지가 어떠했는지를 단적으로 알려주는 일화가 있다.

1974년 8월 국무위원들이 새마을연수원에서 교육을 받고 있었다. 국무위원들이 한꺼번에 자리를 비울 수는 없으므로 절반씩 두차례에 나누어 새마을연수원을 다녀오기로 되어 있었다. 먼저 교육을 받은 국무위원들이 새마을연수원을 나온 이튿날 8월15일 대통령 부인 육영수가 서거했다.

이튿날 새벽 2시 대통령 박정희는 부인의 시신이 안치되어 있는 청와대 접견실로 내려와 오래도록 서럽게 통곡했다. 그때 국무총리 김종필이 들어오자 울음을 멈추고 이렇게 말했다.

"김 총리! 나머지 국무위원들도 예정대로 새마을교육 받으러 입소하는 거지?"

나머지 절반의 국무위원들이 새마을연수원에 입소할 차례였던 것이다. 그래도 그렇지, 세상에 대통령 부인이 죽어 온나라가 비탄에 빠졌는데 새마을운동이라니!

당시 청와대에서 새마을운동 실무를 담당하고 있던 경제담당 특별보좌관 박진환은 그 경황에 대통령의 그런 모습을 보고 '새마을운동에 목숨을 걸었구나' 하는 생각에 전율을 느꼈다고 전하고 있다.

'새마을운동'은 브리태니커사전에 고유어로 실려 있다. 1996년 프랑스 대입 논술문제에 새마을운동이 출제되기도 했다. 새마을운동은 한국의 대표적인 브랜드임에 틀림없다.

외국이 새마을운동에서 모방할 수 없는 것이 '박정희'라는 말은 결코 과장이 아니다.

최초의 '풍년 추석'

　한국어를 배우는 외국인들은 '추석(秋夕)' 만큼 뜻새김이 환상적인 말은 없다고 말한다. 추석이란 말에는 풍요의 즐거움과 아름다움이 어우러져 있다.
　풍요로운 추석의 노래가 풍년가이다. 하늘을 우러르고 땅에 고개 숙여 감사하며 배불리 먹을 수 있는 기쁨을 노래해 왔다.
　그런데 "풍년이 왔네"하는 첫마디의 '풍년'에는 넉넉함으로 충만 되어 있다기보다 그 여백의 허전함이 만만치 않다.
　배고픈 설움을 뼈마디에 사무치도록 겪은 세대는 미국이 보내준 밀가루 포대의 '악수하는 두 손' 그림을 잊지 않고 있다. 미국이 철철 남아도는 잉여농산물을 보내주는 배가 부산항에 며칠만 늦게 들어와도 부지기수의 목숨붙이들이 부황증에 걸려 초근목피를 찾아 산과 들을 헤매고 병원 앞에는 피를 팔려는 사람들이 장사진을 이루었다. 그런 시절의 풍년가는 탄식과 거짓의 타령이었을지언정 진정한 기쁨의 노래일 수가 없었다.
　풍년의 개념 자체가 참 애매하다. 가을걷이를 하면 다음해 가을걷이까지 걱정없이 먹을 수 있어야 하지만 그렇지가 못했다. 지금에야

진부한 행정용어가 되었지만 '식량의 자급자족'이 이루어지기 전까지는 그저 '먹을 걱정'의 세월이었다. 춘궁기에 수십, 수백만이 굶주림과 싸워야 했던 세월에도 풍년가는 줄창 울려퍼졌으니, 그때 그 시절의 풍년이라 함은 간절한 소망일지언정 정확한 현실 상황은 아니었던 것이다. 풍년다운 풍년은 없었다.

풍년다운 풍년은 식량의 자급자족으로써만이 가능했다. 남에게 얻어먹지 않고 자체로 먹을거리를 충당할 수 있어야 했다. 우리 역사의 최대 과제가 그것이고, 민족의 비원(悲願)이 그것이었다. 식량의 자급자족!

식량의 자급자족이 실현된 해는 1976년. 비만을 걱정하는 요즘에 실감이 안날 테지만 1976년은 우리 역사의 기념비적인 해로 기록되어야 할 것이다.

식량의 자급자족을 '녹색혁명'이라 이른다. 녹색혁명의 주역은 다수확 품종인 통일벼였다. 녹색혁명의 성공은 국가지도자의 완고한 집념과 공직자, 그리고 농민의 삼위일체가 이루어낸 결과물이었다.

그 시대에 이런 일이 있었다.

폭우가 쏟아지는 한밤중에 어느 농민이 물꼬를 보러 나갔다. 그랬는데 논에 횃불이 훤히 밝혀진 채 어떤 사람들이 물꼬를 다스리고 있는 것이었다. 분명 논의 주인이 여기 있는데 왜 남의 논에 와서 일을 하는가 의문이 들어 가까이 가보니 면사무소 공무원들이었다. 그들은 관할구역의 논을 돌아다니며 수해를 입지 않도록, 그해의 수확량에 손해가 나지 않도록 폭우를 맞으면서 일을 하고 있었던 것이다.

1965년 10월11일 경기도 고양군 토지개량조합 경지정리 구역답에서 농협 중앙회가 주관한 벼베기작업 대회가 열려 수확의 기쁨을 나누었다. 이날 밀짚모자에 회색 점퍼 차림을 한 박 대통령은 시종 웃음띤 얼굴로 이마에 땀방울이 맺히도록 낫질을 계속했다.
ⓒ박정희대통령기념사업회

그 농민은 너무 고맙고 미안해서 농사에 열성을 쏟아 그해의 증산왕이 되었다. 농사를 잘 지어 풍성한 수확을 거둔 것은 어디까지나 개인의 기쁨일진대, 식량 증산에 기여했다고 증산왕이라는 영예와 푸짐한 상금까지 주니 어찌 고맙지 않을 것인가.

그 시대에는 청와대에 농업 담당과 새마을 담당 특보, 그리고 농업 담당 비서까지 세명의 참모가 있었는데 그 다음 정권부터는 농업 관계 참모가 단 한명도 없었다. 경제기획원에도 농업 전문가가 단 한사람도 없었다고 한다.

녹색혁명의 성공은 간단히 설명되지 않는다.

한많은 보릿고개로부터 해방을 맞은 1976년의 쌀 생산량은 521만톤(3621만석). 10년 전인 1966년의 392만톤에 비해 1백만톤을 훨씬 뛰어넘은 수확이었다. 그런 뒤 1977년부터는 4천만석을 돌파해 세계 최고의 다수확 국가로 탈바꿈했다.

그렇게 되기까지 지도자 박정희는 국민의 원성과 비난을 감수해야 했다. 절미운동을 강력하게 추진해 매주 수요일과 토요일 주2회 혼분식을 실시했고, 1972년 12월부터는 주5회 정도로 늘려 대대적으로 단속을 했다. 식당에 수시로 암행단속반이 들어닥쳐 솥뚜껑을 열어보고 절미운동 위반은 중대한 범죄행위로 규정했다. 학교에서는 선생이 점심시간마다 도시락 검사를 했다.

이렇듯 식량증산과 절미운동을 모질게 추진한 결과, 식량의 자급자족이 이루어진 1976년 정부는 비로소 외국쌀의 수입 중단을 공식 선언했다.

그해에 "통일벼는 맛이 없어서 못 먹겠다"는 일반 여론을 보고받고 박정희는 격노하면서 "금년에 대풍이 들었다고 하니까 벌써부터 7푼도 쌀은 못 먹겠으니 9푼도로 환원하라는 말이 있는 모양인데 7푼도 쌀은 비단 절미면에서만 아니라 국민 보건상에도 좋기 때문에 시행하고 있는 것"이라면서 "이러한 소리는 일부의 9푼도쌀 암거래 때문에 나오는 것인만큼 철저히 단속하라"고 지시했다.

그해 연말 그는 농업진흥청을 방문하고, '녹색혁명 성취'라는 휘호를 남겼다.

그리고 그해 이런 글을 남겼다.

해가 뜨고 달이 지고 지구가 돌고 돌면
해마다 가을이면 이 날이 오건마는
올해는 보기 드문 풍년 중에도 대풍년
농민들의 흘린 땀이 방울방울 결실했네.

높고 맑은 가을 하늘 아래
들과 산에 단풍이 물들어 가는데
오곡이 풍성하고 백과가 익어가고
나라는 기름지고 백성은 살쪄가니
이 어찌 천우와 조상의 보살핌이 아니랴.
국화의 향기 드높은 중천에
팔월 대보름 둥근달 높이 떠서
온누리를 비치니 격양가도 높아라.
이 강산 방방곡곡에 풍년이 왔네.
이 강산 좋을시고 풍년이 왔네.

1976년 9월26일 박정희

'추석유감'이라는 제목이 붙어 있다. 그해 9월26일이 추석날이었다.

진정한 풍년은 그해 1976년부터 비롯되었다고 해야 맞을 것이다. 그 전의 배고픈 시절의 풍년은 풍년다운 풍년이 아니었다. 1976년 그해의 추석이 최초의 '풍년 추석'이었다. 1976년생은 축복의 주인공이라 할 만하다.

나는 럭키맨이 아니야

박정희와 필리핀 마르코스는 1917년생 동갑이다. 1917년은 미국이 3년째 계속되던 제1차세계대전에 참전을 하고, 러시아가 볼셰비키 혁명을 통해 소련으로 탈바꿈함으로써 미국과 소련의 대립 구도가 형성되는 원년의 의미가 있다. 그로부터 아시아의 한 시대를 대표하는 인물이 박정희와 마르코스이다.

두 사람은 새카만 얼굴, 카랑카랑한 목소리에다 다부진 걸음걸이까지 비슷했고, 황소 고집에다 육영수와 이멜다 부인들의 키가 큰 것까지 기막힐 정도로 닮은 점이 세인의 주목을 받기도 했다.

그러나 박정희에 대한 마르코스의 우월감은 대단했다.

1960년대 중반 박정희는 동남아 순방길에 필리핀에 가려 했지만 그쪽이 냉담하게 거부해 가지 못했다. 베트남 참전국회담이 마닐라에서 열렸을 때는 한국 대통령에게 배정된 방이 미 국무장관의 방보다도 작았다.

일찍이 필리핀은 한국전쟁 때 군대를 보내주어 우리를 도왔고, 5.16군사혁명이 일어난 1961년에 필리핀은 1인당 국민소득이 한국(82달러)보다 두배나 되었으며 마르코스 시대를 맞아서는 아시아에서 일본 다음으로 잘사는 나라였다.

필리핀은 또 월등한 외교력의 소유자인 로물로 외무장관이 있어 국제사회에서의 영향력도 컸다. 그는 명예박사 학위가 80여개나 되는 국제적인 VIP였다.

그 로물로가 1974년 한국에 와서 청와대의 오찬 대접을 받은 이

박정희와 마르코스의 악수. 1966년 10월24일 베트남 참전 7개국 정상회의에 참석하기 위해 마닐라공항에 도착한 박 대통령을 마르코스가 영접하고 있다. 국적기가 한대 없어 노스웨스트 전세기에 태극마크를 단 것이 당시 한국의 경제 사정을 말해 주고 있다.
ⓒ정부기록사진집

야기가 있다.(장지량 〈빨간마후라-하늘에 등불을 켜고〉)

그때 로물로는 공군 참모총장과 주필리핀 대사를 역임한 장지량의 주선으로 서울대에서 명예철학박사 학위를 받았다. 대통령 박정희가 그를 위해 오찬을 베풀었던 것이다.

로물로는 과거에 한국을 도와준 고마운 은인과 같은 존재였다.

6.25전쟁이 터졌을 때 즉각 북한 공산군의 남침을 규탄하고 최초로 유엔군의 참전을 결의한 제5차 유엔총회의 의장이 바로 로물로였고, 뿐만 아니라 그는 필리핀 군대를 맨먼저 한국에 보냄으로써 16개국의 참전을 이끌어내는 데 가장 큰 힘을 발휘했다.

그는 또 전쟁이 일어나기 3개월 전인 1950년 3월 미 국무장관 애치슨과 함께 하버드대에서 명예박사 학위를 받았는데, 수상 연설에서 "미군이 한국에서 전면 철수한 것은 공산주의자들에게 침략 초청장을 발부해 준 것이나 다름없다"며 애치슨을 격렬히 비난했다.

아니나 다를까 3개월 후 한국전쟁은 일어났고, 미국은 한국을 아시아 방위선에서 배제한 '애치슨 라인'의 실수를 인정하지 않을 수 없었다.

애치슨은 전쟁 기간에 프랑스 파리에서 열린 제6차 유엔총회에 한국 대표로 참석한 국무총리 장면 일행에게 약소국의 비애를 뼈저리게 느끼게 한 오만무례한 인물이었다. 장면 일행이 협조를 구하러 애치슨의 숙소를 방문했더니 손님들에게 앉으라는 말도 없이 담배를 물고 의자에 비스듬히 누운 자세로 꼬나보더라는 것이었다.

그런 애치슨을 공개적으로 질타해서 코를 납작하게 만든 사람이 바로 로물로였으니 아무리 시대가 바뀌었다 해도 한국 대통령의 오찬 대접이 의례적인 것이라고만 볼 수는 없었다.

로물로가 청와대로 가는 길에 장지량이 동행했다. 장지량은 필리핀 대사로 있는 동안 나이가 23세나 많은 아버지뻘인 로물로와 두터운 친분을 쌓은 터였다.

로물로가 장지량에게 불쑥 이런 말을 꺼냈다.

"박 대통령은 럭키맨이야."

장지량은 그 까닭이 궁금했다.

"왜 럭키맨입니까?"

"부인 때문이야. 육영수 여사가 남편 뒷바라지하는 모습을 보면 박 대통령은 정말 럭키맨이야."

마르코스의 부인 이멜다와 비교해서 하는 말이었다.

하긴 육영수와 이멜다는 극히 대조적인 퍼스트레이디였다.

나중에 밝혀진 사례를 보면, 마르코스와 이멜다가 권력에서 쫓겨나 하와이로 망명한 후 그들이 살던 말라카낭궁이 공개되었을 때 이멜다의 치장용품이 화제를 모았었다. 최고급 브랜드의 구두 2천2백 켤레, 수백벌의 의상과 최고가품 파티용 장갑 68켤레, 각종 유명브랜드의 팬티 3천5백장, 가운 2천벌, 검은색 브래지어 5백개, 가발 30개, 뜯지도 않은 스타킹 박스 2백개, 수백개의 보석상자 등…….

사치는 그렇다고 치부한다 해도 로열 패밀리가 정부 요직은 물론 90여개의 기업을 차지하는 등 마르코스의 독재는 부패로 악명이 높았다.

로물로는 그런 이멜다와 마르코스의 부패를 암시하는 외교적 수사로 대통령 박정희를 럭키맨이라고 하는 것이었다.

청와대 오찬이 지나고 며칠 뒤 장지량은 대통령에게 로물로의 이야기를 전했다.

"로물로 장관이 각하더러 럭키맨이라고 합니다."

"왜 내가 럭키맨이야?"

"육영수 여사님 같은 영부인이 있기 때문이라는 것이지요."

그렇지 않아도 이 무렵 청와대에 왔던 한 재미동포 실업인도 "각하 정말 장가 잘 드셨습니다"해서 박정희는 왜 요즘 이러는가 싶었을 것이었다.

"내 칭찬은 아니구먼."

대통령은 싫지 않은 표정을 지었지만, 장지량은 그 이유가 또 궁금했다.

"마르코스야말로 럭키맨이야."

"왜 그렇습니까?"

"생각해 봐. 로물로 같은 인물을 외무장관으로 두었으니 럭키맨이지."

딴은 로물로의 외교력이 대단했다. 미국과 유럽의 나라들이 마르코스의 독재를 비난해도 로물로가 한번 다녀가면 쑥 들어가 버리는 것이었다.

박정희가 유신체제를 출범시키고 이에 거부감을 표시하는 미국인들에게 한 말이 있다.

"당신들이 민주주의 아버지라고 존경하는 링컨은 어땠는가. 링컨도 남북전쟁 당시에 국론분열을 일으키는 불순분자 1천3백명을 영장도 없이 체포하고 재판도 없이 투옥시켰다. 나는 냉전하의 이 나라 안보를 책임진 사람이다. 나를 비판하려거든 당신들의 링컨을 먼저 비판해야 하지 않겠는가?"

오하이오주립대 교수 렌들이 쓴 〈남북전쟁과 재통합〉이라는 책에 있는 내용이라 한다.

이렇게 말하는 박정희 앞에 미국 정치인들이 대꾸를 못했다지만, 그러나 로물로 같은 인물이 없는 박정희는 외로웠다. 더구나 분단국 한국의 안보와 정치 환경은 필리핀과 비교가 안 되는 것이었다.

박정희가 로물로와 오찬을 함께 한 것이 1974년 8월6일이었다. 그로부터 그는 열흘도 안 되어 8.15저격사건으로 부인을 잃는 비운을 맞았다.

결코 박정희는 럭키맨이 아니었지만, 1979년 한국을 1인당 국민소득 1천6백47달러로 필리핀(6백43달러)보다 3배 큰 나라로 만들어 놓고 세상을 하직했다.

데모 학생들 앞으로 뚜벅뚜벅

　서울대의 종합캠퍼스는 1960년대 말부터 건설을 위한 사업이 진행되어 관악산 기슭으로 자리를 잡고 1971년 4월3일에 기공식을 했다.
　박정희는 시내에 흩어져 있던 국립 서울대학의 캠퍼스들을 한곳에 통합해 건설하는 의의를 담은 친서를 서울대 총장에게 전하고, 기공식 후에는 건설현장에 나가 공사의 진척상황을 살폈다.
　현장의 학교측 책임자에게 이런 당부도 잊지 않았다.
　"서울대학에는 여학생도 적지 않은데 관악산의 뱀이 구내에 못 들어오게 할 방책도 마련해 보시오."
　그러나 이 관악캠퍼스 건설사업에 대하여 서울대를 변두리로 쫓아낸다는 소리가 적지 않았다. 데모하는 학생들이 귀찮아서 그렇게 하는 것이고, 한곳에 모아두면 데모를 막기도 편리하기 때문이라고 했다.
　관악캠퍼스 기공식이 있은 지 얼마 지나지 않아 4월14일에는 홍릉의 서울연구개발단지 기공식이 있었다. 서울연구개발단지는 1969년에 한국과학기술연구소가 들어서고, 한국과학원, 국방과학

연구소, 한국개발연구원이 들어오게 되는 한국 과학기술의 요람이다.

기공식에 참석하러 가는 대통령과 경제기획원장관(김학렬), 과학기술처장관(김기형) 등의 차량이 신설동을 지나 안암동으로 접어들었을 때였다. 홍릉 쪽으로 가는 도중 갈림길에서 직진해야 되는데 급히 우회전했다.

"왜 돌아가려 거야?"

1호차에서 박정희가 물었다.

"학원 소요로 도로 사정이 안 좋습니다."

학생들의 투석이 격렬해 경찰이 대치 중이라고 비서관이 보고했다.

그날 서울사대에서는 교련(敎鍊) 반대 데모가 벌어지고 있었다.

"상관없어. 바로 가."

승용차 행렬이 청량리에 있던 서울대 사범대학 앞에 이르자 돌과 연탄재가 무수히 날아왔다. 1호차는 사이렌을 울리며 속력을 내는 경찰 백차를 뒤따라 시위 현장을 신속히 빠져나가려 했다.

그때 어디선가 날아온 돌멩이가 '땅!' 하는 충격음과 함께 1호차에 떨어졌다.

박정희의 얼굴이 굳어졌다.

"차 세워!"

그가 차에서 내리자, 수행원들은 아연 긴장했다.

돌을 던지던 학생들은 세단차에서 검은 얼굴빛에 키 작은 사람이 내려서 학교 정문을 향해 뚜벅뚜벅 걸어오는 것을 보고 처음엔 누군지 알지 못했다. 경호원들이 재빨리 거총자세로 에워싸고 경찰이 겹겹으로 진을 치자 누군가 소리를 질렀다.

"대통령이다!"

그 소리에 학생들이 놀란 참새들처럼 정신없이 달아나기 시작했다. 순식간에 학생들은 교정 안쪽으로 뿔뿔이 사라져 숨어버렸다.

박정희는 대학구내 학생처 사무실까지 들어갔다.

"학생 지도를 똑바로 하시오."

학교 관계자들을 질책하고 경찰에게 명령했다.

"손에 흙 묻은 놈들 다 잡아넣어!"

대통령 승용차 행렬은 지체없이 교정을 떠나 홍릉의 서울연구개발단지 기공식 현장으로 갔다.

박정희는 기공식 치사를 통해 "선진 과학기술을 도입하고 우리의 토착기술을 개발하여 근대화 과정을 단축시키고 수출증대로 국력을 더욱 증강해야 한다"면서 과학기술의 발전이 곧 경제성장을 좌우하는 중요한 열쇠임을 강조했다.

그날 대통령의 지시에 따라 정사복 경찰 1백여명이 서울사대 교정 안팎을 샅샅이 뒤져 학생 70여명이 동대문경찰서에 끌려갔다.

대통령이 데모하는 학생들을 향해 학교 교정까지 들어간 일의 배경에는 당시의 긴박한 안보 상황이 있다.

그해 3월 미국은 닉슨독트린의 일환으로 한국 정부와 한마디 상의없이 갑자기 주한미군 7사단을 철수시켰고, 남북의 세력균형이 깨지자 김일성의 북한은 기세가 등등해 "수령동지의 환갑을 서울에서!"라며 미쳐 날뛰고 있었다.

믿을 것은 오직 우리 힘뿐이니 국산 무기를 하루 빨리 개발해야 한다는 절박한 소리가 나오는 판국에 정치적 반대자들은 향토예비군 철폐와 국군 감축을 주장해 대중을 선동하고, 학생들은 교련 반대를 외치고 있었다.

서울연구개발단지 기공식을 마치고 돌아온 박정희는 학생들을 그날 밤 안으로 전원 석방하라고 다시 지시했다. 학생들은 혼쭐이 난 뒤 풀려났다.

1975년 10월 이후 세차례 청와대에서 단독회견을 했던 일본의 문화평론가 후쿠다 쓰네아리(福田恒存)는 대통령이 학생 데모가 벌어진 서울사대에 들어갔던 일에 대해 질문을 했다.

박정희는 "그런 일이 있었다"며 당시 상황을 설명하고는 "만일 북이 쳐내려온다면 나는 한 발걸음도 서울에서 물러서지 않을 것이오"라고 했다.

쓸쓸히 웃는 대통령을 보며 후쿠다 쓰네아리는 "그 미소 속에 그분의 고독을 읽었다"고 전하고 있다.

대한민국 주민등록번호 1번

한국인에게는 고유번호가 있다. 주민등록번호이다.

1968년 11월 주민등록증이 처음 발급되기 시작했을 때는 사람의 머리수에 번호를 매기는 게 인권유린이라는 등 잡음이 적지 않았다. 그러나 정부는 주민등록제도를 강력히 실시함으로써 국가행정을 원활히 함은 물론, 불순분자 색출 등 국가관리의 기초자료로 활용토록 했다.

나라 안의 모든 사람에게 고유번호를 부여한 것은 보통 일이 아니다. 누구라도 거기서 예외가 없다. 박정희 자신은 대한민국을 책임진 수장으로서 당연하다는 듯 주민등록번호의 첫번째 번호를 가졌다.

110101-100001.

이것이 대한민국 주민등록번호의 1번에 해당하는 번호이다.

주민등록번호의 조합체계는 처음 앞번호 6개가 지역, 뒷번호는 거주세대 및 개인 고유번호를 나타내는 것이었다. 그러던 것이 1975년에 앞자리가 생년월일로 바뀌고 뒷자리에 1개가 덧붙여져 7개로 바뀌는 등 부분적인 변화를 거쳐 오늘에 이르고 있다.

박정희 시대의 정치적 반대자들은 주민등록증번호를 냉전시대의 유물이라며, 간첩을 색출하기보다 저항운동을 억압하는 데 더 큰 역할을 한다는 주장을 굽히지 않았다.

박정희는 분명 저항세력이 주장하는 민주주의와 마주서 있었다. 권력으로 그들을 억압했다. 민주주의에 대한 억압이었다.

국가사회의 변화와 발전의 과정을 헤아려 볼 필요가 있을 것이다. 국군 장성들이 주한미군 장성들과 골프를 치고 그들의 파티에 참석하는 것을 즐기던 때가 있었다. 연예인들도 미8군에서 공연을 해야 실력을 인정받고 대중적인 스타로 떠올랐다. 그런 시절이 있었다. 그 시절에 주한미군 장성들은 식사 시간에 식판을 들고 줄을 서서 차례를 기다렸다. 미국식 민주주의의 한 단면일 것이다. 국군 장성들에게 그렇게 하라고 요구하는 것은 당치도 않은 일이다. 보릿고개를 넘기가 버거웠던 시절에 미국식 민주주의를 주장하는 것이 그런 격이 아닐까. 전통 관념과 생활문화가 함께 개선됨에 따라 국민의식도 바뀌고 정치도 발전을 기대할 수 있을 것이다.

외국 언론은 "한국에서 민주주의를 기대하는 것은 쓰레기더미에서 장미꽃이 피기를 바라는 것과 같다"고 했었다.

그러나 박정희 시대의 정치적 압박에도 불구하고 한국의 민주주의가 외국 어떤 나라에 비해서도 급속히 이루어졌다는 데는 이론의 여지가 없다. 그것도 압축성장의 결과인 셈이다. 오늘날의 민주화가 산업화의 열매임을 부정할 수 있을까.

최고 권력은 최고의 책임을 동반한다. 그는 자기 책임에 철저했다. 대통령 남편을 옆에서 지켜본 부인 육영수는 결정해야 할 산더

1968년 11월21일 종로구 자하동사무소에서 발급받은 주민등록증을 들여다보고 있다.
ⓒ박정희대통령기념사업회

미 같은 정책과 쉴새없이 밀어닥치는 일정을 볼 때마다 '끝없는 꼬리를 가진 괴물과의 싸움' 같더라고 말했다. 그는 대한민국을 책임진 최고 지도자답게 주민등록번호 1번을 차지했다.

1인 1핸드폰으로 개인번호를 선호하게 된 오늘날 주민등록번호는 인터넷, 금융거래 등에 필수불가결한 개인정보의 키워드로 사용되고 있다.

대한민국 주민등록번호 1번은 박정희의 존재증명이다.

빌딩 옮기느라 힘들었다

　남북 이산가족의 첫 만남이 이루어진 것은 1985년 이산가족 및 예술공연단 서울-평양 교환방문을 통해서였다. 이후 2000년 6.15공동선언에 따라 그해 8월부터 정식 상봉이 시작되었다.
　이산가족 상봉을 위해 남북이 처음 공식 대면한 것은 1972년으로 거슬러 올라간다. 1972년은 꽉 막혔던 남북의 길을 튼 획기적인 한 해였다. 7.4남북공동성명이 발표된 데 이어 남북적십자회담 본회담이 평양과 서울을 오가며 번갈아 네 차례나 이어졌다.
　분단 27년 만인 1972년 8월, 이범석 한적(韓赤) 부총재를 수석대표로 한 54명의 남측 대표단이 분단 후 처음으로 방북했다. 남북적십자회담 제1차 본회담이었다. 분단 후 최초의 남북 공식회담인지라 흥분과 감격의 도가니였고, 언론은 이를 상세히 보도했다.
　이범석 남측 대표는 "남북적십자회담에는 승리와 패배, 득과 실이 없으며 단지 역사와 민족 앞에 서로가 얼마나 충실한가 그것만이 있을 뿐이다"라고 감회를 나타냈고, 김태희 북측 대표도 "오해와 불신을 해소하고 평화적인 자주통일을 촉진시키는 데 기여한다는 중요한 사명을 갖고 있으며 7.4공동성명의 3대 원칙은 적십자회담의

1972년 8월31일 제1차 남북적십자회담의 평양 옥류관 만찬. 우측 열 맨앞에서 웃고 있는 사람이 이범석.
ⓒ정부기록사진집

성공을 보장하는 확실한 담보이다"라고 화답했다.

남북 대표들은 화기애애한 분위기에 술도 마시고 노래도 불렀다. 남쪽 대표 이범석과 북쪽 김태희가 손을 잡고 노래 부르는 장면이 사람들을 깜짝 놀라게 했다.

"사랑해 당신을 정말로 사랑해~"

남북 대표단이 '사랑해'를 합창하는 것이었다.

'아리랑'이라면 몰라도 또 '우리의 소원'도 아니고 '사랑해'라니. '우리의 소원'은 임수경이 1989년 평양 청소년축제 때 가서 북쪽에 유행되었다고 하니 '사랑해'가 훨씬 앞선 셈이다. '사랑해'는 남북적십자 대표들이 만나기 1년 전인 1971년부터 방송을 타고 유행했던 것인데, 가로막힌 삼팔선을 무척 빠르게 넘어간 모양이다.

이 노래의 주인공 라나에로스포가 청와대에까지 불려가 대통령과 악수를 하고 "참 좋은 노래를 부른다"는 칭찬을 들었다고 해서 또한번 화제를 모았다. 그때 대통령 박정희는 라나에로스포에게 "어둡고 침침한 노래보다 온 국민이 즐겨 부를 수 있는 이런 노래가 더 많았으면 좋겠다"고 말했다.

이어 1973년 북한 대표단이 서울을 방문했을 때의 일이다.

북측 대표단을 환영하러 나간 이범석 대표가 판문점에서 서울까지 북쪽 대표와 함께 차를 타고 들어왔다.

차는 서울 시민의 따뜻한 환영을 받으면서 생동감 넘치는 도심의 근대화 현장 속으로 들어왔다.

당시 남북한은 1인당 국민소득이 거의 비슷했으나, 해방 이후 크게 뒤졌던 남한이 강력한 수출 드라이브와 새마을운동에 의한 경제성장의 동력으로 북한 경제를 막 추월하던 시점이었다. 그때 서울의 달동네가 갑작스런 페인트 단장으로 산뜻해지고, 북한 대표단이 머무르는 동안 밤이면 빌딩의 불을 환하게 밝혀 놓았으며, 삼일빌딩의 맨꼭대기 31층에서 북한 대표단을 위한 리셉션이 베풀어지기도 했다. 북한에 대한 경쟁의식의 발로였다.

서울에 온 북쪽 사람들은 지난날부터 남한보다 앞서 있다는 우월감 때문인지 서울거리에 넘치는 차량의 행렬조차 그대로 믿으려 하지 않았다. 그들에게는 '한강의 기적'을 향해 치닫는 경제성장의 가속도가 보이지 않았던 모양이다

"대단하신 분들이군요. 우리에게 발전상을 자랑하려는 뜻은 알겠는데, 저토록 많은 차량을 동원하느라고 얼마나 힘들었겠습니까."

딱하다는 듯이 북쪽 대표가 빈정거렸다.

그러자 이범석은 바로 수긍을 했다.

"예, 무척 힘들었습니다."

이어서 이렇게 말했다.

"하지만 자동차보다 저 빌딩들을 옮기는 게 훨씬 더 힘들었지요."

북쪽 대표는 얼굴이 굳어졌고, 운전사와 그 옆좌석에 타고 있던 경호원은 웃음을 참느라고 고역 아닌 고역을 치러야 했다.

이 이야기는 삽시간에 전국으로 퍼졌다.

"맞아. 자동차는 바퀴가 달려 있지만 빌딩은 그게 없으니 옮기느라고 얼마나 힘들었겠어."

장삼이사(張三李四)들 사이에 그 이야기를 모르면 간첩이라고들 했다.

그뿐이 아니었다. 이범석의 한마디는 태평양을 건너가 미 국무장관 조지 슐츠가 이범석의 팬이 되었다고 할 정도로 대단한 인기를 모았다.

'백만불짜리 유머'에 매료된 슐츠는 1983년 서울에 와서 외무부 장관이 된 이범석과 한미 대표단 회담을 하는 자리에서 사실 여부를 물었다.

"실제 그런 일이 있었습니까?"

그러자 이범석이 대답하기도 전에 이쪽 대표단의 두 사람이 입을 열었다.

"맞습니다."

"그건 사실입니다. 하하하."

회담장은 웃음바다가 되고 말았다.

그러나 그해 10월, 이범석은 미얀마 랑군 폭탄테러로 순국했다.

갖가지 도발과 만행이 있었고, 잠들지 않는 분노가 있다.

그래도 평화와 통일을 위한 발걸음은 계속되고 있다.

판문점 미루나무

1976년 8월18일 판문점 공동경비구역에서 도끼만행사건이 있었다.

미군과 일단의 노무자들이 시야를 가리고 있는 공동경비구역 내 유엔군 초소의 미루나무 가지를 치고 있었는데 북쪽 군사들이 와서 작업의 중지를 요구했다. 미군은 북쪽에 사전 통보를 한 사실을 강조하며 작업을 중지할 수 없다고 했다. 그러자 저들은 의도했던 행동을 개시, 불시의 공격으로 미군 장교 두명을 도끼로 살해하는 만행을 저질렀다. 사건은 단 4분만에 종료되어, 미군 기동타격대가 출동했을 때는 저들이 군사분계선 너머로 철수한 뒤였다.

미국대사와 유엔군사령관이 급히 청와대에 들어왔다.

"68년 북한게릴라 30여명이 청와대를 습격했던 1.21사태 등 지금까지 북한이 도발할 때마다 한국은 강력한 보복을 주장하지 않았습니까. 미국이 조치를 취하지 않으니까 북한이 미국을 종이호랑이로 보고 계속 도발하는 것 아닙니까. 이번에는 버릇을 단단히 고쳐주어야 합니다."

대통령 박정희는 단호했다.

그러나 그들이 갖고온 미국의 대응 수단은 아주 실망스러웠다. 문제의 미루나무를 베어내는 것으로 상징적 경고를 하겠다는 것이었다.

"고작 그게 미군 두명의 희생에 상응하는 보복이란 말이오?"

답답한 노릇이었다.

미국은 전쟁으로 확산되는 것을 우려해 군사력의 우위를 보여주는 심리적인 제압을 가하자는 것이었다. 불가피한 대응이라고 했다.

이에 박정희는 배석했던 국방장관과 합참의장에게 작전의 제1선을 우리 군이 맡으라고 지시했다.

드디어 8월21일 오전 한국군 특공대원들은 비밀무장을 한 채 공동경비구역으로 진입, 미루나무를 베어내는 미군 공병대원들을 엄호했다.

별다른 충돌 없이 작업은 40여분 걸려 끝났고, 20분 후 저쪽은 미군측에게 비밀회담을 요청했다. 회담에서 저쪽은 김일성의 '유감표명' 편지를 낭독했다. 23년 전에 휴전협정을 한 후 처음으로 DMZ내에서 폭력의 책임을 시인한 것이다.

결과를 보고받은 대통령은 표정의 변화 없이 "알았어"라고만 말했다. 전시 작전권은 물론 평시 작전권조차 갖지 못한 대통령의 심중은 매우 착잡했을 것이다.

그후 1992년 4월 평양방송은 김정일의 군사적 지도력을 선전하는 프로에서 60년대 중반부터 군내에 영도체계를 확립해온 김정일이 "비범한 군사적 전략으로 언제나 복잡하게 얽힌 정황속에서도 문제의 본질을 명철하게 꿰뚫어 보고 그에 맞는 묘수를 써 적들을

판문점 도끼만행사건으로 희생된 미군들의 추모비. '돌아오지 않는 다리'의 남측, 문제의 미루나무가 있던 자리를 지키고 있다.
ⓒ서림문화사

수세와 궁지에 몰아넣곤 한다"면서 그같은 예로 76년의 판문점 도끼만행사건을 거론했다. 그 사건에 김정일이 직접 개입했음을 밝힌 것이다.

그때 판문점에서 베어낸 미루나무는 어디로 갔을까.

자립경제와 더불어 국가안보를 통치의 주개념으로 강력한 카리스마를 보여주었던 대통령이 세상을 떠난 후인 1979년 11월 중순, 청와대 수석비서관들은 대통령의 유품을 정리하기 위해 대통령 집무실에 들어갔다.

주인 없는 집무실에는 날마다 한장씩 뜯어내는 일력(日曆)이 10월 26일에 멈춰 있었다. 변기 물통에서 물을 절약하기 위해 넣어두었던 벽돌이 발견된 것도 그때의 일이다.

판문점에서 베어온 미루나무가 거기에 있었다.

비서관들은 육영수의 사진이 붙어 있는 대통령 집무용 책상과 각종 유품을 챙겨 유가족에게 인도했다.

유가족은 대통령 재임 기간에 외국 국가원수들에게서 받은 선물 등, 개인적으로 소유할 수 없는 유품들을 따로 정리해서 국가에 반

납했다. 6톤 트럭 1대분이나 되는 유품들은 국립박물관으로 갔고, 그중에는 미루나무도 포함되어 있었다.

박정희는 집무실에서 미루나무를 보며 많은 생각을 했을 것이다.

박정희는 도끼만행사건이 발생했던 1976년 8월18일의 일기에 당시의 심정을 다음과 같이 썼다.

이들의 이 만행을 미친 개한테 물린 것으로 참고만 있어야 할 것인가. 언제까지 참아야 할 것인가. 하룻강아지 범 무서운 줄 모르는 격인 이들의 이 만행을 언젠가는 고쳐주기 위한 철퇴가 내려져야 할 것이다. 저 미련하고도 무지막지한 폭력도배들아. 참는 데도 한계가 있다는 것을 잊지 말지어다.

미친 개한테는 몽둥이가 필요하다.

당시 대통령을 옆에서 지켜본 보좌관 한 사람은 이렇게 말하고 있다.

"나라의 운명을 '나의 책임'으로 의식하고 고민하는 사람은 대통령뿐이란 생각을 하게 됩니다."

최고 지도자의 막중한 책임과 고독한 의지를 읽을 수 있는 말이다.

남북왕래 치사하지 않게

대통령 탑승 1호차가 문산 쪽으로 달리고 있었다. 차에는 건설부 장관 태완선과 현대그룹의 정주영이 동승해 있었다.

대통령 박정희가 좁은 비포장 도로를 가리키며 정주영에게 말했다.

"판문점에 이르는 이 길을 4차선 도로로 만들려고 하는데 12월 5일 전까지 완공이 가능하겠습니까?"

그때가 1971년 10월 초. 서울 은평구 진관내동에서 판문점까지 40킬로의 도로를 12월 초까지 만들어 달라는 것이었다. 왜냐하면 그 길을 통해 남북적십자회담의 북측 박성철 일행이 들어오게 되어 있기 때문이었다.

"각하의 뜻인데 어찌 제가 어렵다고 하겠습니까? 할 수 있습니다."

정주영은 현대건설 이외에 다른 3개 건설회사가 함께 참여하면 그 기간에 완공시킬 자신이 있다고 대답했다.

이렇게 시작된 도로가 통일로였다. 10월23일 착공해서 12월5일까지 45일만에 끝내야 하는 통일로 공사에 현대건설을 비롯하여 삼부토건, 동아건설, 대림산업이 참여했다.

하루는 공사중인 통일로를 시찰하고 돌아온 박정희가 태완선, 정주영 등과 청와대 식당에서 저녁을 먹었다.

건설 현장에 다녀오면 으레 그렇듯이 박정희의 표정이 매우 밝았다.

그런데 태완선이 불쑥 통일로 공사의 고충을 말했다.

"각하, 실은 통일로 공사를 현대건설에 부탁해서 외상으로 하고 있습니다."

"왜?"

"건설부에 예산이 없습니다."

그러니 정부 예비비를 좀 돌려써야 하겠다는 것이었다.

태완선의 말이 채 끝나기도 전에 정주영이 나섰다.

"이렇게 기쁜 날에 각하에게 왜 그런 말씀을 하십니까? 통일로는 각하의 염원인 통일회담을 위해서 남북한 대표들이 다닐 곳인데 건설부에 예산이 없으면 금년에 안 줘도 괜찮고, 내년에 줘도 좋고, 내후년에 줘도 좋습니다. 또 안 주시면 어떻습니까? 이런 성스러운 일에 제가 통일로 하나쯤 정부에 선사해도 영광이죠."

정주영의 통 큰 소리는 상당히 감동적이었다.

"안 준다는 것은 말이 안 되니까 예산을 잘 좀 조정해 보시오. 딴 고속도로 건설 비용은 정부가 떼어먹어도 통일로 건설비는 외상을 하면 안 됩니다. 민족의 성스러운 일인데 시작부터 치사한 얘기를 하면 되겠소?"

박정희는 치사하게 외상으로 하지 말고 공사비를 정상 지급해야

1972년 4월14일 통일로에 세워진 신의주, 평양, 개성 방향 이정표.
ⓒ정부기록사진집

된다고 못을 박았다.

"치사한 일이 아닙니다. 이건 제가 국민의 한사람으로서 통일에 이바지하는 영광의 길입니다."

화급한 것은 완공 날짜를 맞추는 일이었다.

정주영은 매일 새벽에 공사 현장에 나가 작업을 지휘했다. 불도저로 길을 내고 아스콘을 깔고 바닥을 다지는 단계적 공정의 작업이 각 구간에서 거의 동시에 연속적으로 진행되었다.

워낙 촉박하다 보니 12월5일 북한 대표단이 내려오는 날까지도 서울쪽 마지막 구간에서는 마무리 공사가 계속되고 있었다.

현대건설 직원들은 그날 아침 텔레비전 뉴스 속보를 들으며 작업을 진행하다가 북한 대표단이 들이닥치기 10분 전에 부랴부랴 작업 차량을 마을 뒤쪽에 숨겼고, 아스콘을 깔아 채 마르지 않은 아스팔트에서는 김이 모락모락 솟아올랐다. 북한 차량이 난공사였던 벽제교를 지나갈 때는 마을 뒤에 숨어서 무너지지 않을까 가슴을 죄며

3부_ 무엇을 물려줄 것인가 | 273

지켜보았는데 다행히 그런 불상사는 일어나지 않았다.

이렇게 착공 45일만에 통일로는 중앙분리대 없는 4차선 고속화도로로 완공되었고, 현대건설의 국내외 도로공사 가운데 가장 짧은 기간에 이루어졌음에도 나중에 보수한 곳이 거의 없을 정도로 성공의 모범을 보인 도로가 되었다.

그리고 통일로 공사비만큼은 치사하게 할 수 없다는 대통령의 지시에 따라 그때 그때 현대건설이 요청하는 대로 차질없이 지급되었다.

공사를 진두지휘한 정주영은 북한 지역인 강원도 통천군 송전면 아산리의 가난한 농가에서 태어났다. 그러므로 그가 남북왕래의 길을 닦은 의미는 남다른 것이기도 했다.

정주영은 1998년 정초에 세배하러 온 현대그룹 임원들에게 뜬금없는 말을 했다.

"금년 여름에는 소떼를 몰고 판문점을 넘어 북한에나 가볼란다."

그 자리의 임원들은 서로 안색을 살피며 그저 잠자코 있었다. 그러다 정주영이 자리를 비우자 심각한 표정으로 수군거렸다.

"노쇠하시니 어쩔 수 없어."

"큰일이야."

노망이 들어 야단났다며 한숨을 쉬었다고 한다.

남북경협이 중단된 시기여서 판문점을 통해 방북을 한다는 것도 쉽지 않은데다 소떼를 몰고 가겠다니 자칫 웃음거리가 되어 망신을 살지도 모르는 일이었다.

그러나 정주영이 누군가. 레이건과 고르바초프, 미국과 소련 대통령을 만난 사람은 국내 기업인으로 그가 처음이었다. 미국에서도 그가 만나고 싶은 사람은 거의 다 만날 수 있었다.

1998년 그해 여름 정주영은 뜻대로 일을 해냈다.

전 세계 방송사와 신문사 기자들이 몰려와 이 희한한 장면을 취재했으며, 방송사는 트럭에 탄 소떼의 행렬을 공중 촬영까지 하며 중계방송했다. 북한으로 건너간 소떼는 남북 분단 이후 판문점을 통한 최초의 교류였으며 그로부터 한달 후에 금강산 관광이 시작되었다.

두차례에 걸쳐 북으로 간 소떼는 모두 1천1마리.

일찍이 소 판 돈 70원을 갖고 가출했던 정주영은 치사하지 않게 소떼를 우르르 몰고 가는 장관을 연출함으로써 남북이 오가는 길을 넓혀놓았다.

노타이 오픈 칼라

한 언론인이 택시를 타고 관공서에 이르니 경비원이 달려나와 경례를 올려붙이면서 출입문 안쪽으로 안내를 하더라고 했다. 웬일인가 싶어 잠시 어리둥절했다가 곧 그 자신이 노타이 오픈 칼라 차림을 하고 있기 때문이란 걸 깨달았다고 했다. 그 관공서에 근무하거나 또는 고위 공직자로 착각해서 그러더라는 것이었다. 박정희 시대가 아닌 2007년 여름의 이야기다.

여름에 넥타이를 매지 않고 하얀 셔츠깃을 밖으로 내놓아 저고리깃을 덮는 노타이 오픈 칼라 차림은 대통령 박정희가 즐겨 입던 스타일이다. 항상 단정하고 실용적인 것을 좋아했던 그는 1970년대 중반부터 무더운 여름철에 공무원들의 노타이 차림을 허용하고 권장했는데, 스스로 몇차례 노타이 오픈 칼라 차림을 디자인하고 시제품(試製品)을 만들어 청와대 비서실과 경호실 직원들에게 착용시켰다고 한다. (김정렴 회고록 〈아, 박정희〉)

노타이 오픈 칼라 차림은 그래서 당시 공직사회의 유행이었지만, 그보다도 박정희가 까무잡잡한 얼굴에 흰 셔츠 칼라로 점퍼나 양복 저고리깃을 덮었던 모습이 뭇사람에게 강한 기억으로 남아 '박정희

패션' 또는 '새마을 패션'으로 불리기도 한다.

 남자의 목을 죄는 넥타이가 세계적으로 일상화된 것은 유행과 관습에 의한 인간의 생활양식이 참 대단함을 느끼게 한다. 옛날로 거슬러올라가 고대 로마시대 군인의 목도리(focal)와 중세 크로아티아 기마병의 머플러(cravat)가 17세기 유럽에서 남성 패션으로 자리잡고, 영국 산업혁명 이후 도시인의 행세를 하는 방편으로 유행하면서 넥타이란 이름이 생겨났다고 한다. 1970년대 이후 일본 종합상사의 세일즈맨들은 로마 군인과 크로아티아 기마병의 선홍빛 넥타이가 상징하는 진취적 기상과 전투적 야망을 따라하느라고 군청색 싱글과 하얀 와이셔츠에 빨간 넥타이를 매고 세계시장을 누빈 것으로도 유명했다.

 어쨌거나 여름 무더위에 넥타이로 목을 죄는 것은 답답한 노릇이다. 넥타이를 매면 산소호흡량이 7퍼센트 감소하고 사고 능력도 15퍼센트 떨어진다고 한다. 반면 넥타이를 풀면 체감온도가 2도 내려가고 그만큼 냉방에 소요되는 전력을 줄일 수 있다. 그것을 일반화

1976년 7월 수원의 새마을연수원을 시찰하고 연수원생들과 점심으로 국수를 먹고 있다.
ⓒ국가기록원

3부_ 무엇을 물려줄 것인가 | 277

할 때 전력 절약을 돈으로 환산하면 엄청난 금액이 된다.

여름철 일의 능률과 경제성을 저해하는 넥타이를 풀어버린 것이 박정희 시대였다. 당시 공무원들이 대통령의 차림을 보고 굳이 행정지시가 없어도 거의 의무적으로 따라 입었다. 넥타이를 매야만 정장이라는 인식을 깨고, 노타이 오픈 칼라 차림은 그렇게 공직사회의 여름철 정장으로 자리매김되었다. 실용적일 뿐만 아니라 흐트러짐 없이 깔끔해서 파격의 미(美)를 보여주는 차림이라고 하겠다.

달에 보낸 한글 메시지

 미국 우주과학의 심장부인 케네디 우주센터에서 로켓 발사하는 것을 지켜본 최초의 외국 국가원수는 한국 대통령 박정희였다.
 1965년 5월 미국을 방문해서 정상회담을 마치고 플로리다주 케이프커내버럴에 있는 케네디 우주센터를 시찰하면서 NASA 당국자의 브리핑을 들은 다음 때마침 아폴로계획의 일환으로 애틀라스 D형 로켓이 발사되는 것을 실제 육안으로 본 것이다.
 그는 로켓 발사대로부터 약 4리 떨어진 중앙 통제탑의 좌석에 앉아 망원경을 통해 카운트다운부터 점화 광경을 지켜보았다. 지축을 흔드는 요란한 굉음과 함께 육중한 로켓이 하늘로 치솟아오르자 탄성이 터졌고, 박정희는 망원경에서 눈을 떼지 않은 채 로켓이 사라진 창공을 오래도록 응시했다.
 그 자리에 동석한 주한 미국대사 브라운이 소감을 물었다.
 "위성발사를 직접 목격한 국가 원수는 각하가 처음입니다. 감상을 간단히 한 말씀……."
 그러자 박정희는 브라운의 요청을 묵살하고 우리말을 시큰둥하게 내뱉었다.

"남의 나라에서 위성을 발사하건 말건 내가 무슨 말을 할 필요가 있어?"

주변의 수행원과 기자들이 당황했다.

로켓 발사를 지켜본 한국 대통령의 담화는 나중에 청와대 대변인의 작문으로 나왔다.

"오늘 아폴로계획의 일부인 애틀라스 D형 로켓의 발사를 목격할 수 있었던 것은 나의 무한한 기쁨이다. 미국 과학자들이 진지하게 그리고 구체적으로 모든 계획을 추진하고 있는 훌륭한 노력에 대해 깊은 경의를 표한다. 특히 월세계 여행, 새턴 5호 계획 등에는 놀라운 감동을 금할 수 없으며 이러한 계획이 하루속히 실현, 성공할 것을 모든 자유세계 국민들과 더불어 소원해 마지않는다."

이런 외교적 담화와는 달리 실제의 박정희는 아주 싸늘해서 주변에서 모두 놀라지 않을 수 없었다고 한다.

주위가 밝으면 그림자는 짙은 법. 미국의 우주산업에 감탄만 하기에는 국내의 산업 현실이 너무 어둡고 처량해 울화가 치밀었을 것이다. 비가 오면 너무 와서, 안 오면 너무 가물어 하늘을 원망하면서 농기계도 제대로 만들지 못해 기계공업이란 게 아예 없던 시기였으니, 자존심 강하고 민족의식이 불덩어리 같은 그는 자신이 더욱 독해져야 한다고 마음먹었는지 모른다.

이후 미국은 1969년 최초로 달에 인간을 보냄으로써 소련과의 우주경쟁에서 확실한 승리를 거두었다. 아폴로11호 유인 우주선이 달에 착륙한 것이 그해 7월20일이었고, 암스트롱, 올드린, 콜린즈 세 명의 우주인들은 세계일주 중에 11월3일 한국에 왔다.

1969년 11월3일 아폴로 11호 우주인을 접견하고 있다.
ⓒ정부기록사진집

이들을 접견한 박정희가 암스트롱에게 물었다.

"첫발을 달에 딛기 전에 다리를 여러번 굽혔다 폈다 하던데 왜 그런 거요?"

"두꺼운 먼지층에 몸이 빠질지도 모른다는 일부 학설 때문에 먼지층의 유무를 시험하기 위해서 그랬습니다."

올드린도 그때의 상황을 설명했다.

"암스트롱이 먼지에 빠지면 건지려고 저는 그의 허리에 동여맨 줄을 꼭 쥐고 있었습니다."

암스트롱과 올드린은 월세계를 산책했고, '고요의 바다'에 성조기를 꽂았다.

그때 혼자 모선(母船)에서 달 궤도를 돈 콜린즈는 이렇게 말했다.

"저는 암스트롱의 달착륙을 못 보았습니다."

억울해 보이는 콜린즈에게 박정희가 한마디를 툭 던졌다.

"지상에서도 TV로 보았는데 달까지 가서 그것을 못 보았소?"

3부_ 무엇을 물려줄 것인가 | 281

그 바람에 모두 웃었다.

이들 미국의 우주인이 달에 착륙할 때 우리는 집중 폭우로 경상도 지역이 극심한 수해를 입었다. 박정희는 열차 편으로 수해지역을 시찰하러 가다가 경북 청도군 청도읍 철로변 마을이 잘 단장된 것을 보고 새마을운동을 구상하게 되고, 김학렬 경제부총리를 축으로 하는 종합제철 전담반은 포항제철 건설을 위한 연구로 거의 하루도 빠짐없이 야근하다가 기진맥진한 상태에서 아폴로11호의 암스트롱이 달에 착륙하는 것을 텔레비전으로 보며 기운을 차렸다고 한다.

1969년 그해의 1인당 국민소득은 1백60달러. 5.16혁명으로 집권한 후 국민소득을 두배로 키웠지만 박정희의 국가건설 야망은 다급했다.

청와대의 우주인 접견이 있던 그 시간에도 서울공대생 6백명이 3선개헌 반대 데모를 하고 있었지만, 단군 이래 최대 사업인 경부고속도로 공사가 한창이었고, 또 전자공업이 막 태동하고 있었다.

미국의 우주개발 열기가 뜨거울 때 우리는 경부고속도로와 포항제철 등이 시기상조라고 반대 여론이 비등했다. 박정희는 반대 여론을 뚝심으로 물리치면서 숨가쁘게 달려갔고, 반대자들은 세월이 흐른 뒤에야 박정희의 국가건설에 대한 선견지명을 깨닫게 되었다.

2005년 10월 중국이 선저우(神舟) 6호 유인 우주선의 발사와 귀환으로 환호할 때 한국은 청계천에 수백만이 모여들어 감탄사를 연발했다. 세계 3위의 우주과학기술 보유국이 된 중국은 2017년에 달에 사람을 보낸다는 야심찬 프로젝트를 추진하고 있는데, 한국은 고작 청계천 복원에 흥분하는 것이었다.

꿈은 이상(理想)에 날개를 다는 것이다. 아래가 아닌 위를 향하고, 오늘이 아닌 내일을 내다보고 그림을 그리는 일이다. 개개인에게도 꿈은 소중하고, 국가사회를 이끌어가는 지도자에게는 꿈을 향한 야망의 리더십이 요구된다. 그래야 나라가 상승동력을 타고 솟아오른다.

지금 달에는 계수나무와 토끼가 놀던 시절을 벗어나 한국 대통령 박정희가 보낸 2백93자의 한글 메시지가 한 자리를 차지하고 있다. 미국이 아폴로11호를 보낼 때 각국 원수들에게 달에 남길 메시지를 보내달라고 요청했었다.

아폴로11호의 달 착륙은 인류의 오랜 꿈을 실현시키고 인류 역사의 새로운 장을 장식하는 빛나는 업적이다. 우리는 영원한 자비의 상징이며 우리 마음의 참다운 거울인 달에 도달한 이날을 인간의 정의와 자유를 누릴 수 있고 단결하여 살 수 있는 문명의 이상을 구현할 수 있도록 새로운 정신을 가다듬는 일로써 기념하여야 할 것이다.

달에 남긴 이 메시지를 한국 우주인이 가서 확인하는 날은 언제쯤일까.

백악관 댄스파티

　6.25전쟁 후 1950년대의 중반에 영화 '자유부인'이 장안에 큰 화제를 몰고 왔었다. 작가 정비석의 소설 원작을 시나리오로 각색해서 만든 이 영화는 춤바람 난 대학교수 부인과, 또 교수가 제자인 여대생과 연애를 하는 당시로서는 파격적인 소재로 대단한 관심과 흥미를 끌었다.

　전후(戰後)의 가난과 혼란, 좌절감 속에서도 서울 명동에는 양복, 양장 차림의 멋쟁이 남녀들이 활보하고, 사교춤을 추면서 서구식 향락에 휩쓸리는 상류층은 따로 있었다.

　영화 '자유부인'은 허우적거리던 민생의 위안이며 새로운 삶에 대한 동경이기도 했지만, 당시 미국의 원조에 전적으로 의존하던 한국은 한마디로 자립이 난망한 나라였다. 매년 미국으로부터 2억달러의 원조를 받아야 했는데, 그중의 8할은 잉여농산물, 유연탄, 석유 등의 소비재였다. 정부는 이것을 팔아서 예산으로 충당했다. 농업이 주산업인 나라에 잉여농산물을 들여오니 농촌은 더욱 피폐해지고 이농인구와 실업자가 수백만을 헤아렸다.

　대통령 박정희가 1965년 5월 미국을 국빈 방문하던 때도 태평양을 건너갈 비행기 한대 없었다.

　미국 대통령 존슨의 초청 목적은 표면상 한일국교정상화 회담과 관련하여 양국의 관심사를 논의하는 것으로 되어 있었으나 사실상은 한국군 전투부대의 베트남 파병을 요청하기 위함이었다. 그래서 미국 정부는 백악관 전용기를 보내주고 한국 대통령을 뉴욕에서 10만 인파 속에 카퍼레이드로 환영하는 등 유례없이 극진한 예우를 했다.

　박정희를 즐겁게 해주려고 세심한 배려를 아끼지 않은 백악관은 파격적으로 한국의 수행기자들에게도 존슨이 베푸는 만찬 파티에 초대를 했다.

　수행기자들은 당황했다. 전혀 예상치 못한 일이거니와, 정상들의 파티에 참석한 적이 없는 촌뜨기들이었던 것이다. 더구나 만찬장에서는 검은색 턱시도에 실크해트, 검은색 에나멜 구두 등을 착용해달라는 초대장의 주문 내용을 보고는 촌뜨기들이 난감하지 않을 수 없었다.

　백악관 앞에 대여 상점이 있다기에 우르르 달려갔는데, 옷들이 너무 커서 10대 소년의 예복을 입어야 했고 모자와 구두는 신문지를 뭉쳐 집어넣느라고 법석을 떨었다. 그렇게 차려입고 백악관을 향해 달려가니 지나가던 할머니가 "오늘 중국 웨이터들 무슨 행사 있나요?"라고 묻더라고 했다. 일본과 중국을 알 뿐 존재도 없는 나라 한국, 이 후진국 기자들이 생전 처음 입어본 야회복 차림의 촌티가 주르르 흐르는 우스꽝스런 모습은 어쩔 수 없는 것이었다.

　그런데 백악관 행사장에서 그보다 더 어색하고 민망한 일이 있었다.

1965년 5월17일 백악관 오찬장의 한미 대통령 내외. 계단 위에 올라선 박 대통령 모습이 이채롭다.
ⓒ국가기록원

만찬을 끝내고 미국식으로 댄스파티가 이어져 왈츠곡이 흐르자 존슨이 육영수에게 춤출 것을 제의했다. 육영수가 얼굴을 붉히며 나가 춤을 추니, 이제는 박정희가 미세스 존슨에게 춤을 권할 차례였다.

"각하가 나가셔야 합니다."

의전 비서관이 재빨리 속삭였으나 박정희는 돌부처처럼 꼼짝도 하지 않았다.

그런데 존슨이 자기 부인을 박정희에게 보냈다. 박정희는 미세스 존슨의 요청을 부끄럽게 사양하고는 의전 비서관에게 냅다 소리를 질렀다.

"춤을 못 추는데 어떻게 나가란 말야!"

그러고는 부인 육영수가 자리로 돌아오자 벌떡 일어났다.

"야, 가자."

주빈인 박정희 일행이 빠져나가 길 건너 영빈관으로 돌아가 버리는 바람에 파티장은 썰렁해지고 말았는데, 다행히 한국 기자들을 포함한 들러리 참석자들은 밤늦도록 신나게 놀았다고 한다.

박정희에게 댄스파티는 어울리지 않는 것이었다. 그가 서양춤을 전혀 못 추는 것은 아니었다. 캬바레 춤이라는 지터벅(Jitterbug, 속칭 지르박)은 출 줄 알아서 여자 발등을 밟지 않는 정도로 흉내를 내는 정도라고 했다. 그러나 그는 과거에 술집에서 머리에 방석을 묶어 매고 월남춤을 춘다든지, 덩실덩실 어깨춤을 추는 한량이기는 해도 댄스 파티의 우아한 왈츠는 박정희 스타일이 아니었던 것이다.

상상해 보면, 거기서 춤을 춘다 해도 키 작은 그가 미국 여인을 상대하기가 오죽 난감했을 것인가.

당시 한국군은 크고 무거운 미제 M1 소총을 사용해야 했고, 서독에 간 우리 광부들도 덩치 큰 독일인의 신체 사이즈에 맞춘 삽과 채굴장비가 여간 버겁고 고달프지 않았다고 하니, 대통령이든 누구든 키 작은 우리네가 똑같이 겪어야 하는 어려움이었던 것이다.

어설프고 촌스런 행색이 애잔해 보이는 건 대통령이나 국민 누구나 마찬가지였다.

우리도 우유 좀 먹자

여름에 입는 소매 짧은 남방셔츠는 남방, 즉 바다 건너 남쪽지방의 옷이라는 뜻이다. 이 남양의 옷을 만들어 입게 된 것이 해방 후의 일이다. 그 전에는 남방셔츠란 것이 없었다. 남양의 바람을 타고 온 식품도 있다. 우유다. 우리가 우유를 만들어 먹게 된 것은 남방셔츠보다 훨씬 뒤의 일이다.

오늘의 장년, 노년층은 미국이 원조물자로 보내준 우유를 먹은 기억을 갖고 있다. 우유가루를 물에 개어 밥에 쪄서 딱딱해진 것을 먹으면 그렇게 고소할 수가 없었다. 그러나 식량이 부족하던 시절이라 어쩌다 좀 맛을 보았을 뿐, 낙농업이란 것이 무엇인지를 모르던 시절에 우유를 일상적으로 먹는다는 것은 꿈도 꾸지 못할 일이었다.

우유가 의식주 생활의 한 부분으로 들어온 것은 1968년 대통령 박정희가 호주와 뉴질랜드를 방문한 후의 일이다. 그때를 기점으로 우리나라에도 낙농업이 본격적으로 시작되었다.

당시 대통령을 수행한 축산 실무자들은 우리나라 흙을 직접 현지로 갖고 가서 목초 재배의 토질을 비롯, 사료와 저장 방법 등에 관해 그곳 관계자들과 협의를 하고, 대통령 자신이 목장을 방문하여 자세한 작업 과정을 일일이 돌아보았다. 그리하여 얻은 결론은 한국의 자연조건이 호주와 뉴질랜드에 못지 않다는 것이었다.

종합낙농개발사업의 주관처인 농어촌개발공사가 외국 차관과 기술을 제공받아 시범목장을 건설하고, 사람도 타기 힘든 비행기에 젖소들을 태워 수입할 때는 '수입젖소 환영'이라고 쓴 현수막을 내걸고 환영식을 베풀 만큼 우리에겐 식생활의 부족한 양과 질을 메워줄 우유 생산이 그토록 간절한 희망이었다.

황무지에 풀씨를 뿌려 목초를 기르고 소들을 먹이면서 입버릇처럼 하는 말이 있었다.

"우리도 우유와 고기 좀 먹자."

호주와 뉴질랜드를 다녀온 이듬해 1969년 9월5일 목초의 날 치사에서 박정희는 이렇게 말했다.

"샌프란시스코라든지 로스앤젤레스라든지는 보통 1년에 비가 지금은 거의 오지 않습니다. 4, 5개월씩 어떤 때는 근 반년 동안 비가 오지 않고 가무는 상태인데, 그래도 거기는 들과 산에는 전부 푸른 목초, 푸른 농장으로서 공중에서 볼 때는 전부 푸르게 물들어 있습니다. 지금 오늘 이 자리에 와 있는 농림장관이 불과 며칠 전에 이스라엘을 시찰하고 돌아왔습니다. 그 나라엔 거의 1년내 비가 오질 않습니다. 저 먼 요단강이란 수백 마일 떨어진 곳에서 직경 3미터, 5미터 되는 이러한 그 파이프를 가지고 수백리 물을 끌어와서, 그 사막에다 물을 뿌려 가지고 풀을 심고, 목장을 만들고 있습니다."

당시 많은 축산 전문가들이 한국적 토양에는 목축업이 어렵다는 말을 하고 있어, 박정희는 그들의 고정관념을 다음과 같이 비판했다.

"한국 땅에는 목초는 자라지 않는다, 한국에는 축산이 안 된다는 이런 결론부터 먼저 내어 놓으면, 한국의 축산은 영원히 발전하지 못하는 것입니다. 우리나라 땅처럼 저렇게 버려 두면, 거기는 1년뿐 아니라 10년을 두어도 단돈 1전도 나오지 않습니다. 그만큼 우리는 국토를 이용할 줄 모른다 이겁니다. 다른 재주는 비상한 국민이라 생각하는데, 풀을 가꾸거나 나무를 가꾸는 재주는 세계에서 제일 뒤떨어져 있습니다. 한국 사람의 관념이란 풀이란 것은 그저 그대로 내버려 두면 그대로 잘 자라는 거다, 안 자라는 것은 이건 비가 오지 않아서 안 자라기 때문에, 사람의 잘못이 아니라 이건 하늘의 잘못이다, 이런 사고 방식을 가졌기 때문에 우리나라 목초가 발전이 되지 않았다고 생각합니다."

목초와 축산은 하늘이 해주는 것이 아니라는 확신을 갖게 된 것이 뉴질랜드에서였다. 뉴질랜드는 2백80만의 인구가 한국 국토의 2배나 되는 넓은 땅을 푸른 초원으로 가꾸어 놓고 있었다. 그것에 비하면 벼농사만 짓는 것도 힘겨워하는 한국 사람은 노력과 지혜가 부족하다는 것을 절감하지 않을 수 없었다.

이어서 그해 10월에는 한우 낙농 시범목장 준공식에서 이렇게 말했다.

"이 자리는, 이 목장이 되기 전에는 이 지방 주민 여러분들이 잘 아는 바와 마찬가지로, 아무 쓸모도 없는 놀고 있는 야산에 불과했습니다. 과거에 우리 사람들이 축산이 안 된다고 생각한 것은 여러 가지 경험이 없었다는 이유도 있겠고, 또 한 가지 우리나라는 겨울

1969년 10월11일 한독 낙농시범목장 준공식에 참석한 박 대통령이 송아지를 만지며 즐거워하고 있다.
ⓒ정부기록사진집

은 3, 4개월 동안 아주 추운 엄동기가 있는 겁니다. 이 고비를 어떻게 넘기는가, 지금같이 소를 목장에다 방목해 두면 제대로 뜯어먹는데, 앞으로 12월, 1월, 2월, 3월 초순까지 엄동기에 목초가 없는 이 기간에, 소를 어떻게 먹이느냐 이것을 과거에 우리가 연구를 못했다 이겁니다. 그것은 방법이 있는 겁니다. 사료 작물이라든지 기타 가을철에 사료를 장만을 해서 또 요즈음 농촌 도처에 볼 수 있는 사일로(silo)를 만들어 가지고, 소가 겨울에 먹을 수 있는 그런 식량을 저장해서 몇 달 동안만 넘기면, 그 다음은 1년내 방목을 해서 사육할 수 있다, 이것을 앞으로 연구할 것 같으면, 나는 우리나라는 축산에 가장 적합한 그런 지역이라 생각합니다. 여기 대해서 우리 정부나 우리 농민들이나 관계 모든 기관에서 앞으로 노력을 해서 우리나라 축산 장려에 보다 힘써야 되겠습니다."

그는 1971년 3월, 부산의 성창목장을 예고없이 가보았다. 관리인의 안내로 목장을 둘러보니 젖소들이 매우 더러운 것이 눈에 거슬렸다.

"외국에서 기르는 젖소들은 깨끗하던데 여기 있는 젖소는 왜 이렇게 더러운 거요? 당신들은 목욕하지 않고 삽니까? 사람 목욕하는 것처럼 소를 깨끗이 하세요. 정성을 들여야 소가 젖을 많이 준다, 이겁니다."

대통령의 꾸지람에 관리인은 혼쭐이 났다.

1976년 4월에는 해군사관학교 졸업식에 참석하고 돌아오는 길에 해군 시범목장에 들러 태어난 지 며칠 안 되는 송아지의 머리를 쓰다듬어 주고 함께 사진을 찍었다.

"뉴질랜드에 가보니 그곳에선 동물을 안아주고 싶은 충동을 느낄 정도로 깨끗이 관리를 합디다. 이 송아지가 얼마나 귀엽습니까? 사람과 똑같이 깨끗이 해주시오."

박정희는 생활 규범에 엄격해서 누가 신발을 구겨 신은 것을 보면 당장 바르게 고쳐 신으라고 야단치는 사람이었다. 신발을 구겨 신으면 평생 그 팔자밖에 못 된다는 것이 그의 지론이었다. 더러운 송아지에게 무심한 사람 역시 목축하는 자세가 바르지 못하다는 점에서 방관할 수 없는 것이었다.

종합낙농개발사업 계획에 따라 정부가 조성한 시범목장들은 열성적인 민간업자들에게 이양되고, 전원은 차츰 목가적인 풍경으로 바뀌었다.

박정희가 축산왕국인 호주와 뉴질랜드로 우유의 개척 항로를 떠나던 때는 국적기도 없어 노스웨스트 여객기를 빌어 탔고, 일행은 공식 수행원 15명, 비공식 수행원 5명으로 단출했다. 그토록 가난했기에 불가능하다고 생각하는 일도 잘살기 위해 꼭 해야 된다면 그것을 부둥켜안고 이루어내야 했다. 그 대표적인 사례가 축산이고, 우유다.

"축산도 식량이다."

그는 말했다. '축산 입국'을 선언하는 말이었고, 한국인의 식생활 변화를 예고하는 말이었다.

그는 한국에서 축산이 안 된다고 말하는 전문가들을 상종도 하지 않겠노라고 말했다. 그러면서 축산을 국가적인 프로젝트로 밀어붙여 매일유업, 남양유업 등 유가공 기업이 성장했고, 그리하여 우유가 일상의 식품으로 자리를 잡게 된다.

정작 그 자신은 우유를 먹으면 설사를 하는 사람이었다. 그는 건강을 위해 먹는 보약도 체질에 안 맞아 먹지 않았다. 고기도 먹어본 사람이 먹는다고, 느끼한 음식과 질겅질겅 씹어먹는 고기가 입에 안 맞았다. 지난날 못 먹어 배를 곯았던 세대가 거의 그러했다.

그러나 우유를 못 먹었던 박정희 세대는 경제성장에 따른 식생활 변화와 함께 한국인의 체형을 바꾸어 놓았다.

우유를 먹고 자란 청소년과 젊은층의 키가 부모 세대보다 훨씬 크다. 청년들의 평균 키는 북한 청년들보다 15센티나 크다는 조사결과도 있다. 이쪽으로 오는 탈북 청년들을 보면 한눈에 알 수 있다. 초등학교 6학년 또래의 키와 비슷한 탈북 청년들을 보면 기가 막히다. 앞날이 아득하고 착잡하다.

무엇이 그토록 격차를 벌여놓았을까.

잘 먹을 수 있고 없음의 차이다. 식량이 넉넉하고 모자람의 차이다. 또 중요한 것은 우유가 있고 없음의 차이다. 그리고 남북 지도자의 차이다.

우유 개척의 항로를 열었던 1968년에는 1.21사태와 푸에블로호 납치사건, 울진삼척 무장공비 침투사건 등으로 안보 불안과 시련이 적지 않았다. 분노를 억누르고 예비군을 창설했다. 분노를 억누르고 경부고속도로를 기공하고 포항제철을 설립했다. 그리고 미래를 향해 무섭게 달려간 그 힘은 우유가 없던 시절에 겪은 모질게도 서러운 가난의 폭발력이었다.

미래는 행복의 문을 열어놓고 우리를 기다리지 않는다. 고난과 불가능의 벽을 깨고 도전하고 개척하는 자에게만 전진의 길을 열어준다.

잘사는 나라엔 나무도 많다

5.16혁명 직후 풍수해가 심했다. 초근목피로 연명하는 절량농가(絕糧農家)가 널려 있던 그 애옥살이 시절에 박정희 군사정부는 얼토당토않은 녹화사업을 매섭게 추진했다.

입산금지!

시골에서 남정네가 점심 먹고 산에 나무하러 가던 일이 일시에 금지되었다.

광화문 네거리에는 '산 · 산 · 산, 나무 · 나무 · 나무' 라는 표어가 나붙은 적도 있다. 산에 나무를 심자는데 무슨 말이 필요한가. 강제적인 산림녹화 의지를 단적으로 보여주는 표어였다.

일찍이 박정희가 직접 외국에 나가서 눈으로 보고 또 주변의 많은 인사들과 대화를 나눈 결과로 얻은 확실한 사실, 잘사는 나라들의 공통점 한가지가 있었다. 그것은 자연 보존을 잘해서 나무가 울창하다는 것이었다.

포병장교 시절 미국 유학을 갔던 그가 배운 것은 '푸른 숲의 풍요로움' 이었다. 1960년대 중반 서독에 가서도 그의 눈길을 사로잡은 것은 아우토반만이 아니었다. 울창한 숲 앞에 탐욕과 열등감이 교차

했다.

잘사는 나라에는 나무도 많았다. 나무는 '자연'의 일부만이 아닌 부(富)의 상징이었던 것이다.

그는 모질게 결심했다.

"우리 산이 푸르게 변할 때까지 구라파에 안 간다."

산림녹화를 민생고 해결만큼이나 절박하게 여겼다. 그런데 어떻게 추진할 것인가.

삼성 창업자 이병철에게 산림녹화의 비방을 물었다.

"입산금지밖에 없습니다."

무식한 발상 같은 대답을 이병철은 했다.

입산금지, 절대권력에게 그보다 편한 방법은 없을 것이다.

박정희는 산림녹화의 경험과 지식의 결과로 얻어진 핵심이 무엇이며 그것에 관한 이병철의 식견을 듣고자 했고, 이병철은 자기도 용인공원을 만들기 전에 국내외 학자와 전문가들에게 똑같은 질문을 했더니 그들의 일치된 대답이 '입산금지'였다며 그 이유를 설명했다.

대통령 박정희의 행적을 안 보아도 확실히 알 수 있는 날이 식목일이다. 그 날 그는 청와대에 없다.

1971년 식목일.

그는 경기도 광주군 금곡리에서 밤나무 20그루를 심었다. 거기서 "나무 한그루 심고 송충이 한마리를 잡는 것이 바로 애국하는 마음"이라면서 "개나리 한가지를 꺾는 것을 보아도 이를 말릴 줄 알아야 한다"고 말했다. 이어 그는 "선거 때가 되면 도벌이 성행하는데, 선

1979년 4월5일 딸 박근혜와 함께 청와대에 나무를 심는 모습.
ⓒ박정희대통령기념사업회

거에서 표가 안 나와도 도벌은 철저히 다스리겠다"고 눈 부릅뜨고 말했다.

나무 한그루를 불법으로 베었다가 구속된 사람도 있었고, 무리한 단속으로 순박한 농민들이 죄도 아닌 줄 알았던 산림법 위반으로 처벌을 받았다.

1975년 4월에는 고속도로로 대구에 가는 도중에 고속도로 주변 구릉과 절토(切土) 부분에 대한 조림 및 조경에 대하여 내무부장관과 산림청장에게 24건의 지시를 했다. 거리로 따져 9킬로미터당 1건씩, 매6분마다 1건씩 지시한 셈이다.

지방시찰을 하다가 산림훼손 실태를 보면 현장 약도와 나무들의 상태, 복구 방법 등을 손수 그림으로 그려 이렇게 하는 것이 어떤지 검토하라는 친서를 산림청장에게 보내곤 했다.

도벌, 남벌, 그리고 화전민, 채광업자의 산림훼손에 대한 단속은 아주 강력했다. 산림 공무원들은 술취한 화전민들이 낫을 들고 쫓아오는 바람에 혼비백산해 도망치기도 했으며, 결국은 군용 헬기까지 동원해서 강원, 경북, 충북의 화전민 부락 30여만 가구를 하산시켰다.

전남 승주, 경북 상주 등지에서 대형 산불이 잇따르자 그는 1978년 4월 '산불예방에 관한 특별담화문'을 발표하고, "산불을 낸 사람은 규모의 대소를 불문하고 구속토록 하는 동시에 산불이 발생한 지역의 군수 등 각급 행정책임자를 문책할 것"이라고 엄명했다.

나무를 때던 산사(山寺)의 아궁이를 연탄 아궁이로 개조한 것도 그 시기였다. 당연히 산림녹화는 대체연료의 개발과 맞물려 이루어졌다.

대대적인 지질조사로 무연탄 생산량을 획기적으로 늘림으로써 장작이 자취를 감추었지만, 그러나 연탄가스 중독사고라는 엄청난 희생이 따랐다. 그리고도 '입산금지'가 무서워 연탄 없이는 살 수 없었다.

대통령 박정희, 그는 그렇게 무소불위의 권력으로 산지의 97퍼센트를 녹화했다. 오늘의 우리 산림은 그 시절에 조성된 것이 80퍼센트. 40년 미만의 젊은 나무들이 이 강산을 덮고 있다.

한반도의 위성촬영 사진을 보면 확연히 구분이 되는 두가지를 볼 수 있다. 낮에는 북쪽 산이 헐벗어 허옇게 드러나는 반면 남쪽은 푸른 숲으로 짙게 나타나고, 밤에는 북쪽이 전력 부족으로 컴컴하고 남쪽은 환하다는 것이다.

어떤 미국 하원의원이 특별기로 북한을 방문하고 공해를 거쳐 한국땅으로 들어오면서 푸른 산을 보고 이렇게 말했다.

"지옥에서 천당으로 들어왔군."

서울올림픽 때 동구권의 선수들이 한국의 발전상에 놀랐다고들 말하지만, 정보에 밝은 소련 KGB 요원들을 정말 놀라게 한 것이 한국의 산이었다고 한다.

한국은 이스라엘과 함께 유엔에서 20세기의 대표적인 녹화사업 성공국으로 꼽히고 있다.

대통령 '빽'

박정희 정부의 중소기업 육성책이 본궤도에 올랐을 때의 일이다.

1960년대부터 '공업입국'을 캐치프레이즈로 내걸고 나선 박정희 정부는 중소기업의 육성과 진흥에 역점을 두어 경제성장의 튼실한 기반을 구축해 나갔다. 중소기업체 사장들과 노동자들은 잠자는 시간, 밥 먹는 시간도 아까워 밤낮으로 작업장에서 함께 땀을 흘렸다. "돈 버는 것이 바로 애국하는 길"이라는 믿음이 강해 이들의 근로의욕은 가히 폭발적이었다.

대통령은 상공부의 권한을 대폭 시도지사에게 이양토록 해서 중소기업을 육성할 만한 충분한 힘을 실어주었으며, 게다가 대통령이 직접 중소기업의 사기를 북돋아줌으로써 특히 수출업체들은 "대통령은 우리 편"이라는 백그라운드가 있어 은행 대출을 받으면서도 고개를 굽신거리지 않았다.

하루는 중소기업중앙회 회장(김봉재)이 대통령에게 다가가 인사를 했다.

"각하, 감사합니다. 중소기업을 위해서 강력한 지원을 해주신 데 대해 중소기업체를 대표해서 감사를 올립니다. 요즈음 중소기업계는 활기를 띠고 있습니다."

그 중소기업중앙회장은 5.16 직후에 만났던 검은 안경을 쓴 깡마른 박정희 소장을 생생히 기억하고 있었다.

"우리 군인이 국민의 배고픔이나 가난을 얼마나 아느냐고 하겠지만, 가난에 대해서는 제가 박사요. 자랄 때 배가 고파 키도 크지 못해 이렇게 쬐그맣습니다."

기업인들이 국민을 먹여 살리는 데 앞장서 주기를 바라면서 박정희는 이렇게 말했다.

중소기업회장은 그때의 그 말이 잊혀지지 않더라고 했다.

그를 만난 박정희는 환하게 웃으며 "김 회장, 과거에 중소기업은 죽을 때 '빽' 하고 죽었다고 하죠?" 해서, 폭소를 자아냈다.

중소기업은 '빽'이 없어 서럽고, 그래서 죽을 때도 '빽' 하고 쓰러져 죽는다고 했다. 지난날의 중소기업이 그러했다는 것이다.

그는 이어서 말하기를 "이제 중소기업의 '빽'은 나요. 대통령이란 말요. 그러니 우리나라에서 제일 큰 '빽'을 가진 사람은 중소기업자인 거요"라고 했다.

그후 중소기업중앙회 회장은 "내 '빽'은 대통령이야"라며 목에 힘을 주고 다녔다고 한다.(오원철 〈한국형 경제건설〉)

무엇보다 기업의 성취감은 이익을 남기는 데 있다. 이익 추구는 당연한 욕구이며 그것 아니고는 기업의 존재가치가 성립할 수 없다. 국가사회의 기여하는 힘도 이익에서 나오게 되어 있다.

박정희 시대의 산업현장에서는 땀 흘려 이익을 크게 남김으로써 국익에 공헌한다는 공감대가 야무지게 뭉쳐 있었다. 기업인들은 그 시대에 긍지와 보람이 가장 높았다고 말하고 있다.

  2007년 1월 정부 조사 결과에 의하면 한국의 '세계 일류기업'은 모두 360여개 업체이고, 그중 절반인 179개사가 중소기업이었다. 세계시장에서 1등 제품을 만드는 중소기업도 20여개사로 나타났다.

  국내 기업의 99.8퍼센트가 중소기업이다. 국제경쟁력 강한 중소기업은 곧 대한민국의 힘이다.

  서울 여의도 중소기업중앙회에는 중소기업을 빛낸 51명의 얼굴 동판이 새겨져 있다. 중소기업중앙회는 2007년 8월에 이 동판을 제막해 경제발전과 조국근대화에 공헌한 중소기업인들의 자취를 기리고 있다.

정주영의 배짱 학력

가난한 농부의 아들로 태어나 현대그룹을 일으킨 정주영은 초등교육을 받은 것이 학력의 전부였다.

그가 한 정치학회의 세미나에서 준비된 메모를 봐가며 이야기를 하던 중 '아리스토텔레스'라는 이름에서 "아리스토"를 말하고는 그 다음을 잊어버려 한참 뜸을 들인 뒤에야 그걸 메모에서 찾아내 "텔레스씨"라고 간신히 수습을 했다. 장내에 폭소가 터졌지만 그런 일로 얼굴이 붉어진다면 정주영이 아니다.

하루는 대통령 박정희가 정주영에게 덕담삼아 넌지시 농을 건네보았다.

"정 사장은 소학교밖에 안 나와 가지고 어떻게 우리나라 쟁쟁한 대학 출신 직원들을 그렇게 잘 다루는 거요?"

분위기가 좋게 무르익은 자리라서 정주영이 어깨를 쭉 펴더니 섭섭한 표정을 지었다.

"제가 왜 소학교밖에 안 나왔습니까? 저도 대학을 나왔습니다."

잠시 어리둥절해진 대통령에게 그가 이렇게 말했다.

"저는 신문대학을 나왔습니다."

"신문대학이라니?"

정주영은 정색을 하고 말을 이어갔다.

"저는 소학교 시절부터 지금까지 신문을 누구보다 열심히 읽었습니다. 첫 페이지부터 마지막 페이지까지 글자 하나 빼놓지 않고 신문을 열심히 읽는 사람은 아마 저밖에 없을 겁니다. 정치, 사회, 문화면은 물론이고 광고까지 다 읽었지요. 신문에는 문필가, 철학자, 경제학자, 종교학자 같은 유명인사들의 글이 매일 실리지 않습니까? 그분들이 다 나의 스승입니다. 아무리 명문대학을 나오면 뭘합니까? 저만큼 신문 열심히 읽은 사람은 없을 테니 실력으로 따지자면 명문대학보다 신문대학 출신이 한수 위지요."

그 말에 박정희는 껄껄 웃으며 고개를 끄덕였다.

중국 덩샤오핑에게 서방의 한 기자가 어느 대학을 나왔길래 최고 지도자의 자리에 올랐는지를 물은 일이 있다.

"나는 인생대학을 나왔지."

태연히 덩샤오핑은 대답했다.

학력이나 지식을 뛰어넘는 자기 삶과 경험의 자신감을 나타내는 말이다.

정주영 역시 그런 자신감의 소유자였다.

신문을 열심히 읽은 정주영은 철저한 현실 생활인이었다. 젊은 시절부터 자전거 배달 같은 일도 하찮게 여기지 않고 매일매일 눈에 띄고 몸으로 부딪치는 일에 전력을 다하며 사업을 키웠다.

그가 일찍이 고향을 떠나 인천 부두에서 막노동을 할 때 노동자 합숙소에 빈대가 극성을 부려 잠을 잘 수가 없었다. 잠자리를 피해

정주영이 영국 바클레이즈은행과 조선소 건설 차관도입 계약을 맺고 서명식을 갖고 있다.
ⓒ정주영 사이버박물관

커다란 식탁에 올라가 자 보아도 빈대들이 탁자 다리를 타고 올라와 악착같이 피를 빨아먹는 통에 견디기가 어려웠다.

"내가 이기나 네놈들이 이기나 보자."

아주 좋은 수가 있을 듯싶었다. 양푼에다 물을 가득 채워 탁자의 네다리를 담가놓는 것이었다. 빈대들이 탁자에 오르려고 양푼에 먼저 기어들었다가는 익사할 수밖에 없으므로 그야말로 절묘한 안전대책이라고 생각했다. 그런데 웬걸, 여전히 빈대에 물어뜯겨 한밤중에 잠을 깼다.

"이놈들이 어떻게 올라왔을까?"

불을 켜고 살펴보니 빈대들은 탁자로 기어오른 게 아니었다. 빈대들은 양푼을 통과할 수 없음을 알고 벽을 타고 올라가, 놀랍게도 천장으로부터 고공낙하를 하는 것이었다.

정주영은 탄복해 마지않았다.

"빈대도 이렇게 궁리를 하고 살아가려고 모험을 하는데 나는 지금 무엇을 하고 있는가? 빈대만도 못한 인간이 될 수는 없지 않은

가?"

그때 깨달음을 얻고 주먹을 불끈 쥐었다.

정주영을 키운 것은 공허한 지식이 아닌, '일하는 삶'의 경험과 지혜였다.

대통령 박정희는 성격적으로 부(富)를 누리는 귀족형 인간을 싫어했다. 부를 가졌음에도 일에 굶주린 머슴 같은 정주영은 달랐다. 건설 의욕이 넘쳐 남들이 못하는 일에 도전하는 자세가 대통령 박정희와 죽이 맞아 청와대의 부름을 받곤 했다. 박정희가 손수 막걸리를 따라 주고 시간이 좀 지나면 술잔에 남아 있는 술을 손가락으로 휘휘 저어서 다시 권했으며, 웬만한 마른안주도 손가락으로 집어 먹으며 의기투합했다. 박정희가 편한 옷차림으로 마주앉아 시간 가는 줄 모르고 경제건설을 상의하는 거의 유일한 기업인이 정주영이었다.

1970년대 국가의 중화학공업 육성에 꼭 필요한 조선소 건설을 정주영에게 맡긴 것도 국가건설 파트너로서의 강한 믿음이 있었기 때문이었다.

정주영이 1971년 조선소 건설 차관을 얻으려고 영국 바클레이즈 은행 부총재를 만났을 때의 일이다.

문턱 높은 은행의 부총재가 엉뚱한 질문을 했다.

"당신은 전공이 이공학입니까, 경영학입니까?"

정주영은 난감했지만 구구한 말은 하고 싶지 않았다.

"우리의 조선사업 계획서를 보셨습니까?"

웃으면서 반문을 했다.

"물론 면밀히 검토했습니다."

"그 계획서를 옥스퍼드대학에 들고 가니까 경영학 박사학위를 주더군요."

시침을 뚝 떼고 능청을 떨었다.

그러자 고자세로 나오던 상대방이 웃음을 터뜨렸다.

"하하하, 옥스퍼드대학 박사 학위를 가진 사람도 여간해선 이런 사업계획서는 못 만들 겁니다. 그래도 옥스퍼드가 당신 같은 인물을 골라내는 걸 보니 과연 명문은 명문이군요."

그렇게 바클레이즈은행의 높은 관문을 통과해서 울산에 조선소를 건설했으니, 그것이 오늘의 현대중공업이다.

경부고속도로가 그러했듯이 당시 한국의 조선소 건립도 가당치 않은 일이라 했다. 대통령 박정희와 뚝심의 정주영이 있기에 가능했다.

연탄불을 가는 국무총리

보릿고개는 없어진 옛말이 되었지만 가정주부들의 걱정거리인 겨우살이는 고달픈 서민의 삶을 떠나지 않고 있다.

동남아에 갔던 대통령 부인 육영수는 더운 나라의 주부들이 부럽더라고 했다. 우리네 주부들에겐 연탄을 들여놔야 하는 겨우살이가 큰 걱정거리이기 때문이다.

대통령 부인이기 전에 한 가정의 주부인지라 힘든 겨우살이가 남의 일은 아니다. 대통령 부인의 자리는 한때를 거쳐갈 뿐이지만, 가정주부에게는 인생 행로를 동반하는 가족이 있다.

군장성 시절의 서울 신당동 박정희 집에 연탄이 궁했다. 겨우 방 하나에 식구들이 옹기종기 모여 냉기를 면하고 사는 것을 보다 못해 부하 장교가 주머니를 털어 연탄을 사왔었다. 막 연탄을 부리고 있는데 그 날따라 일찍 퇴근한 박정희가 그것을 보고 안색이 변했다.

"너 이놈, 돈이 어디서 나서 이런 짓을 하는 거야?"

부하를 매섭게 추궁했다.

부인 육영수가 참지 못해 대들었다.

"여태 뭘 해주셨다고 그러세요?"

목이 메어 쏘아붙이는 말에 박정희는 대꾸를 못했다.

"넌 군법회의 감이야."

방으로 피해 들어가면서 부하에게 호통을 칠 뿐이었다.

장군의 부인이라 해도 겨우살이의 고달픔은 예외가 아니었다. 연탄을 갈 때 아래위 구멍을 어긋나게 얹어놓고 불구멍을 막았다 열었다 하면서 연탄이 타는 대로 애간장을 함께 태우던, 육영수도 그런 주부의 한 사람이었다.

1963년 겨울, 육영수는 대통령이 된 남편과 함께 청와대로 들어갈 때 그동안 살았던 장충동 의장 공관에 쌀과 연탄을 채워놓았다. 다음에 그 공관을 사용하게 될 가족의 겨우살이 채비를 해놓고 이사를 한 것이다.

겨울에 김장 없이는 살아도 연탄 없이는 못 산다고들 했다. 겨우내 가스중독 사고가 가엾은 목숨들을 수없이 앗아가도 모질디 모진 필수품이 연탄이었다.

지난날의 박정희도 연탄가스에 중독된 일이 있었다. 연탄가스를 마시면 김치 국물이 고작 민간요법인 줄 알던 시절, 어떤 한의사가 황태 국물로 만든 약을 써서 박정희를 살렸다고 한다. 그 이야기가 알려져 서울 종로에서는 한때 황태 국물로 만든 수제비집이 호황을 누리기도 했었다.

박정희 시대의 총리 최규하는 서민들과 똑같이 연탄과 더불어 일생을 보낸 사람으로 알려져 있다.

1975년 12월 그가 국무총리로 임명되던 날 기자들이 그의 집으로 찾아가니 흰 고무신을 신고 연탄불을 갈고 있더라고 했다. 그때 그

집에는 손님 대접할 온전한 커피세트 하나 없어 또 한번 기자들을 놀라게 했다고 한다.

그는 1979년 제2차 유류파동 때에 강원도 장성탄광을 시찰하면서 막장에서 힘들게 연탄을 캐는 광부들을 보고 "나만이라도 끝까지 연탄을 때겠다"고 약속했다고 한다.

그의 집 지하실에 놓인 연탄 화덕에서는 항상 물이 끓고 빨래 삶는 일이 끊이지 않았다.

그 무렵 최규하는 대통령 박정희의 의중에 후계자로 떠오르고 있었다.

그는 딸 박근혜와 점심을 먹으면서 후계자 얘기를 자주 꺼냈다.

"우리가 여기서 나가면 다음 대통령은 누가 오는 게 좋겠느냐?"

"제가 뭐……."

"나는 최규하 국무총리가 맡아서 하면 잘할 걸로 생각해."

10.26 수개월 전부터 그 얘기가 나오다가 수주일 전부터는 점심 때마다 화제였노라고 박근혜는 말하고 있다.

일찍이 1970년대 초 여당 내에서 김종필을 후계자로 세워두자는 말이 은근히 떠돌았었다. 그때 박정희는 쓸데없는 공론이라며 꾸짖었는데, 나중에는 주변 참모에게 각료들의 인물평을 들으며 후계 의견을 묻기도 했다. 김정렴, 선우연 등 청와대 참모들은 대통령이 김종필을 후계자로 대비해 두었었다고 말하고 있다.

최규하든 김종필이든 대통령 박정희의 은퇴와 그후의 권력구도 변화에 대한 구상이 있었음은 사실로 보인다.

최규하의 경우를 보면, 국정 수행 능력과 경험 외에 대통령으로부터 높은 평점을 받은 것이 있다면 청렴한 덕목이 아닐까 싶다.

최규하는 10.26 후 혼란기에 뜻을 제대로 펴보지 못한 비운의 대통령이었지만, 소박하고 청렴하게 살아간 지도자로서의 인품은 그 집안의 고리타분한 세간살이를 기억하고 있는 사람들에게 감동을 주고 경의를 품게 하는 것이었다.

그는 1970년대 초에 생산된 금성 라디오로 매일 뉴스를 듣고, 여름이면 1953년산 나쇼날 선풍기를 틀었다. 80세가 넘은 나이에도 낡은 구두나 고무신을 버리지 않고 손수 꿰매 신는 것을 보면 놀라지 않는 사람들이 없었다.

2007년 여름 한 신문기자는 이사를 하면서 뜻밖에도 최규하의 딸 이야기를 이삿짐센터 사람들로부터 들었다고 한다. 세간살이 중에 연탄집게가 있길래 "이거 버리는 겁니까?" 하고 물으니, "가져갈 거예요" 하면서 포장해 달라더라고 했다. 그러면서 이렇게 말했다고 한다.

"우리 손주들한테 할머니 때는 이런 것으로 아궁이에 불을 지피고 살았다고 말해 주려고 보관하고 있어요."

그 아버지에 그 딸이다.

최규하는 1966년 대통령 박정희 내외가 동남아를 순방할 때에 말레이시아 대사였다. 육영수가 겨우살이 걱정이 없는 더운 나라 주부들을 부러워했던 것이 말레이시아에 갔을 때의 일이었다.

그해 2월, 영하 10도의 서울을 떠나 7시간만에 말레이시아에 도착하니 영상 30도의 날씨였다. 일행이 모두 입고 온 겨울옷을 여름옷으로 갈아입고 신체적응이 안 되어 괴로웠던 그 찜통 더위마저도 육영수에겐 부럽기만 했던 것이다.

당시 말레이시아는 수출이 한국의 15배였다. 말레이시아는 인구 9백만에 자동차가 1백50만대인데 비해 한국은 4만1천대였다. 한 수행기자는 이같은 비교를 하면서 우리가 1년에 자동차를 1만대씩 생산을 해도 말레이시아를 따라가려면 1백50년이나 걸린다고 생각하니 기가 막히더라고 했다.(김종신〈영시의 횃불〉)

우리의 지난날이 그토록 처량했던가 싶게 의아스러울 정도의 격세지감 이야기가 아닐 수 없다.

박정희 시대의 무서운 경제성장 열풍과 더불어, 춥고 배고프고 서러운 겨우살이를 걱정하던 퍼스트레이디 육영수와 그리고 연탄불을 가는 국무총리 최규하는 잊혀질 수 없는 두 모습이다.

최규하가 후계자로 박정희의 의중을 차지했던 이유를 헤아려 봄 직한 일이다.

사람을 움직이는 힘

　서강대 경제학 교수 남덕우가 중앙청 국무총리실에서 열린 경제개발계획 평가교수단 회의를 마치고 나오면서 참석자들과 일일이 악수를 나누던 대통령 앞에 섰다.
　"각하, 남 교수는 미국에 교환교수로 가게 되어 이제 평가교수단 회의에는 안 나오게 되었습니다."
　총리실 관계자가 대통령에게 보고했다.
　대통령 박정희가 정색을 하고 물었다.
　"아주 갑니까?"
　"아닙니다. 1년 뒤에 돌아옵니다."
　남덕우는 미국 스탠퍼드대학의 초청으로 1년간 교환교수로 가 있을 예정이었다.
　"그럼 나 좀 보고 가시오."
　청와대로 들어오라는 것이었다.
　평가교수단 회의는 대통령 이하 국무총리, 각부처 장관과 학계 전문가들이 한데 모여 경제개발계획의 추진 상황을 평가하고 토론하는 자리였다. 대통령이 학자들의 의견을 듣고 힘께 토론하는 자리에서 남덕우는 경제문제를 조목조목 날카롭게 비판하면서 후진국의 경제개발에는 무엇보다 최고지도자의 리더십이 중요하다는 것을 강조해 주목을 받았다.

그는 따로 차를 타고 청와대로 갔다.

집무실에서 기다리고 있던 대통령이 다시 물었다.

"갔다가 반드시 돌아옵니까?"

"예."

"집안의 처자와 부모는 어떻게 하고 갑니까? 누가 따라 갑니까?"

"그냥 두고 저 혼자 갑니다."

대통령은 '壯途'라고 쓴 봉투를 그에게 주었다. 미리 준비한 금일봉이었다.

"집 걱정은 하지 말고 연구 열심히 하고 돌아오시오."

그러면서 비서실장에게 남덕우가 없는 동안 그 가족의 생활을 돌봐주라고 지시했다.

대통령의 관심과 배려는 전혀 뜻밖의 놀라움이었다.

대통령의 뜻을 알게 된 것은 1년간 교환교수로 나가 있다가 돌아온 후였다.

1969년 6월 미국에서 돌아와 그해 가을 식자층에 널리 읽힌 저서 〈가격론〉의 수입으로 화곡동에 땅을 사서 집을 짓고 있다가 라디오에서 '재무장관 남덕우'가 포함된 개각 발표 뉴스를 듣고 깜짝 놀랐던 것이다. 공사 현장에서 빨리 들어오라는 청와대의 부름을 받았다.

청와대에 들어가 얼떨결에 임명장을 받았다. 그리고 신임 장관들과 간담회를 하는 자리에서 대통령이 빙그레 웃으며 그에게 한마디를 툭 던졌다.

"남 교수, 정부 정책을 많이 비판하던데 이제 맛 좀 보시오."

그 말에 남덕우는 꼼짝없이 사로잡힌 심정이 되었다.

대통령에게 재무장관 남덕우의 임명 사유를 그렇게 건의한 사람이 있었다. 경제부총리 김학렬이었다.

"남덕우 교수가 평가분석회의 때마다 비판을 잘하는데 장관 일은 얼마나 잘하는지 한번 맡겨서 혼 좀 내십시오."

김학렬의 말에 대통령은 껄껄 웃으며 고개를 끄덕였던 것이다.

그해 10월21일, 교수를 천직으로 알던 남덕우에게 관직이 그렇게 씌워졌고, 그는 그것을 운명으로 받아들였다.

그로부터 그는 5년간 재무장관직에 머물렀다가 1974년에는 경제부총리에 올라 중화학공업육성 등 굵직한 국가 프로젝트를 지휘했고, 79년에는 청와대 경제담당 특보로 자리를 옮겨 조국 근대화에 기여한 중심 인물이 되었다. 그가 박정희 시대와 함께 한 세월은 10년이나 되었다.

그 시대에는 적지 않은 인재들이 장기 근무를 했다.

대통령 박정희는 이들을 국정의 전면에 포진시켜 맘껏 일할 수 있게 정치 외풍을 막아 주었고, 장기간 중책을 맡기는 인사 정책으로 이들의 능력과 경험을 최대한 국정에 반영했다. 이른바 엘리트 관료들의 전성시대였다.

박정희 시대의 경제적 성공은 우수한 관료들의 열정과 헌신에 의해 이루어졌다.

이는 세계은행 등 외국의 전문기관과 경제학자들의 관심사이기도 했다. 엘리트 공직자들이 놀라운 열정으로 국가 발전에 헌신하도록 어떻게 유도했는지를 주목하는 것이었다.

박정희는 고위 공직자들을 권력으로 복속시키지 않았다. 그들을 국익 창출의 동반자로 대우했으며, 때로 수직 관계가 아닌 수평의 인간적 교감으로 그들을 보살폈다.

1972년 인도 총영사로 나가 있던 노신영의 이야기가 있다.(〈노신영 회고록〉)

그해 6월 그는 처음으로 대통령 친서를 받았다. 외교행낭 편으로 온 한통의 친서를 받아 보니 봉투 겉면에 '서울特別市 朴正熙'라고 적혀 있었고, 서신과 함께 격려금이 들어 있었다. 미수교국인 인도와의 관계 개선을 위해 열심히 일해 달라는 의미의 활동비였다. 그는 감사의 답신을 보내면서 소를 높이 여기는 인도 국민의 생활상을 간단히 보고했다.

그후 청와대 경제수석비서관으로부터 뜻밖의 전문이 왔다. 대통령 지시에 따라 항공편으로 쇠고기 통조림을 보내니 수령하는 대로 회답해 달라는 것이었다.

쇠고기 통조림은 영사관 직원과 가족들에게 여간 고맙고 반가운 선물이 아닐 수 없었다. 쇠고기를 먹을 수 없는 사정을 살펴주는 대통령의 알뜰한 온정에 모두는 가슴이 뭉클했다. 대통령의 기대에 부응해 반드시 외교적 과제를 달성하고야 말겠다는 다짐을 했고, 쇠고기 통조림은 서울에서 오는 손님 식탁에 내놓거나 직원들의 특별한 회식 때에 가끔씩 먹으면서 소중히 아껴 두었다. 노신영이 2년간의 근무를 마치고 귀국할 때도 쇠고기 통조림은 꽤 많이 남아 후임 대사에게 인계되었다.

노신영은 재임 기간에 북한이 끈질기게 반대해 오던 인도의 남북한 동시 수교를 이루어냈다.

"조국을 위해 우리는 그저 미친 듯이 일했다."

그가 박정희 시대를 회고하는 말이다.

무엇이 이들을 이토록 움직이게 했을까.

최고지도자에 대한 충성의 발로였을까.

대통령 박정희는 권력에 굴종하는 충성을 결코 달가워하지 않았다. 공직자들을 국익 창출의 전위에 내세우고 그들을 독려했다.

1977년 박정희는 창원기계공단의 방위산업체와 기계공장들을 시찰하고 한국이 현대 공업국가 탈바꿈하는 모습에 여간 흡족해하지 않았다.

"오늘 저녁은 내가 한턱 내지."

청와대 수석비서관들은 매우 기분이 좋아진 대통령에게 푸짐한 저녁을 얻어 먹었다.

그날 술을 한잔 걸친 대통령 박정희는 중화학공업과 방위산업을 담당한 경제제2수석 오원철을 가리켜 이렇게 말했다.

"아무리 봐도 오 수석은 국보야, 국보."

대통령의 공개적인 찬사에 얼굴을 붉어진 오원철은 참석자들의 부러움을 샀다.

대통령의 신임은 바로 엘리트 관료들을 움직이는 동력이었다.

사명감 높은 공직 사회에도 불명예스런 구석이 없는 것은 아니었다.

안동댐 건설 현장의 한국수자원공사 직원 하나가 납품업체로부터 뇌물을 받은 일이 있었다.

댐건설 등 민생에 직결되는 국토개발의 중요한 사업을 담당하고 있는 한국수자원공사에 대한 대통령의 관심은 각별했다. 한달에 두 번씩 들러 애로사항이 무엇인지를 묻고 그 자리에서 해결해 주었으며 직원들에게 애정 어린 격려의 말을 잊지 않는 대통령이었다. 그런 대통령을 뵐 면목이 없게 된 것이었다.

한국수자원공사 사장은 대통령에게 비리 보고를 하면서 머리 숙여 사죄했다.

듣고 보니 생계형 비리였다.

"얼마나 어려우면 그랬겠소."

그러면서 대통령은 그 자리에서 예산담당 장관을 전화로 불러 한국수자원공사 전 직원에게 특별 상여금을 지급하라고 지시했다.

한 직원의 작은 허물로 국토개발 일꾼들의 명예와 자긍심을 망가뜨릴 수는 없는 것이었다. 비리는 재발하지 않도록 하는 것이 최선의 조치일진대, 단순히 비리를 처벌하는 것과 박봉에 고생이 막심한 그들에게 상여금을 주어 격려하는 것 중 어느 쪽의 효과가 클까. 작은 허물을 덮어주는 상여금이야말로 바로 박정희 특유의 인간경영을 보여주는 것이었다.

그 시대의 공직자들은 이렇게 말하고 있다.

"밤잠을 설쳤어도 신바람 났었다."

수출 1백억달러 달성을 위해 총력을 기울이던 시기의 상공부 수출 담당관(이동훈)이 하는 말이다.

"황폐했던 우리 국토가 푸르게 바뀌어 가는 모습을 보면 밥을 안 먹어도, 잠을 안 자도 힘이 솟았다."

내무부 새마을 담당관(고건)의 말이다.

국가가 커가는 것이 보일 때 그들의 성취감과 기쁨은 무엇과도 바꿀 수 없는 것이었다.

대통령 박정희는 개인적 친분 관계에 냉혹했다. 인간경영에 전혀 사심을 개입시키지 않았다. 오직 국익이라는 목표에 맞추어 최고의 인재들을 적재적소에 등용했다. 그는 이들과 때로 막걸리 마시며 기탄없는 의견을 교환했고, 국익 앞에서는 대통령의 권위도 벗어던졌다.

그런 대통령과 더불어 경제기획원장관 장기영, 박충훈, 김학렬, 남덕우로 이어지는 경제 사령탑과 과학기술연구소장 최형섭, 새마을운동본부장 김준, 한국정신문화연구원 건립에 기여한 대통령 특보 박종홍, 최고지도자의 통치철학을 보필한 비서실장 김정렴 등 인재의 행렬이 조국 근대화의 역정을 동행하였다.

이들의 열정과 헌신은 대통령이 아닌 국가로 향했다. 박정희가 그렇게 방향을 분명히 잡아주고 사명감과 긍지를 높여 주었다.

조국 근대화의 성공을 이끈 인재들은 모두가 박정희의 분신이었다. 부하가 아니라 또 다른 박정희였다.

국민의 죄, 숭례문

　지난날에는 물난리도 많았고 혹심한 가뭄에 민생이 어지간히도 고달팠다. 자연재해 현장에는 으레 대통령이 있었고, 당연히 장관과 공무원들이 나와 난리를 수습하고 피해지역에 대한 지원 대책을 세우곤 했다. 1971년 겨울에 발생한 대연각빌딩 화재 현장에도 대통령이 나와 있었고, 대형 재난의 현장에서는 그래서 항상 신속한 지휘가 이루어졌다.

　2008년 2월 국보 1호 숭례문이 어처구니없는 방화로 소실되었다. 화재 현장에서는 국가경영의 최고책임자도, 국정 운영의 책임을 진 어떤 얼굴도 보이지 않았다. 시민들만 나와 발을 동동 구르며 눈시울을 붉혔다. 눈물을 흘리고 엎드려 사죄의 절을 올리는 사람도 적지 않았다. 소중한 문화재를 지키지 못한 것을 조상과 역사 앞에 사죄하는 것이다.

　숭례문은 근현대사의 영욕이 점철된 역사의 문이고, 서울의 문이다.

　숭례문이 6.25전쟁 때 훼손된 채 방치되어 있다가 제 모습을 갖춘 것은 박정희 혁명정부 시절이었다. 지구촌 1백 수십개 나라의 꽁무니에 붙어 있던 시절, 박정희는 외국 원조에 의존해 근근히 꾸려가던 나라살림을 바꾸어 자립경제의 몸부림을 시작하면서 금쪽같은 돈으로 가장 먼저 숭례문의 보수 중건 공사를 서둘렀다. 1961년 7월에 착공해서 1963년 5월에 준공했다.

5월14일 숭례문 준공식 치사에서 그는 숭례문에 대하여 "장구한 세월동안 누차에 걸친 전쟁으로 말미암아 붕괴를 면치 못할 위기에 직면하게 되었으므로 신속한 중수 복원의 필요성을 통감했다"면서 "방방곡곡에 흩어져 있는 문화재산을 알뜰하게 보존하는 한편 찬란하였던 옛 문화의 전통에 뒤지지 않는 새로운 민족문화의 창건을 이룩할 것"이라고 했다.

숭례문은 6.25전쟁 때 포탄을 맞은데다가 탱크의 진동으로 지반이 약해져 완전 해체한 다음 다시 제 모습을 갖추었다.

이 숭례문은 남대문이라는 또다른 이름을 갖고 있다. 식민지 시절에 일제에 의해 격하된 이름이라 해서 정부는 1990년대에 본래 이름인 숭례문으로 부르기로 공식화했다. 남대문은 옛 도성의 남쪽 대문을 일컫는 말이다. 일반 대중에게는 오랜 세월 동안 굳어진 남대문이 익숙하다. 남대문시장, 남대문경찰서도 그대로다. 예컨대 문화재라는 말 또한 일제시대의 소산이니 일일이 역사 감정의 얽힘을 피하고자 한다면 한이 없다. 그냥 차별없이 기왕 굳어진 우리말로 아울러 무방할 것이다.

대통령으로부터 시골 할머니까지 누구나 차별없이 마중하고 배웅하는 서울의 얼굴이 남대문이고, 그 옆으로는 하루에도 수십만대의 차량이 오가고 밑으로는 지하철이 달리고 있다. 그 일대는 남대문시장을 비롯해서 서민의 애환이 갈마드는 민생 현장이며, 그곳을 스쳐 간 수많은 사람들의 사진첩 속 추억이 점철되어 있다.

대통령 부인 육영수는 자녀들의 옷을 꼭 남대문시장에서 사 입혔으며, 진솔한 민심을 듣기 위해 남대문시장과 동대문시장을 자주 찾아갔다.

남대문 공사가 진행되던 시기에도 부산항으로 들어오는 미국의 원조 식량이 아니고는 견딜 수 없을 만큼 나라살림은 어려웠다. 춥고 배고픈 서민들이 남대문시장으로 몰려들어 미군이 먹다 버린 음식 찌꺼기로 만든 꿀꿀이죽으로 허기진 배를 채우고, 미군부대에서 흘러나온 검정물 들인 점퍼로 추위를 견디었다.

삼양식품의 창업주 전중윤은 남대문시장에서 막노동자들과 함께 꿀꿀이죽을 먹으면서 한끼 식사에 매달리는 불쌍한 현실을 체험하고 일본에서 먹어본 '꼬부랑 국수'를 생각했다. 그는 그것이 식량문제를 해결할 수 있는 유력한 대체 수단임을 강조하여 정부로부터 5만달러를 빌어 라면공장을 세웠고, 최초의 라면인 삼양라면은 그렇게 생산되었다.

그리고 대한항공의 조중훈은 일찍이 한진상사라는 간판으로 미군 군수물자 수송업을 할 때 창고에 보관중이던 군복 수만달러어치를 도둑맞고 망연자실했다가 남대문시장의 돈을 빌어 위기를 넘길 수 있었다.

현대 창업주 정주영은 건설현장으로 달려가기 위해 통금해제와 더불어 집을 나서면 남대문 일대에서 새벽장사할 물건을 리어카에 싣고 앞에서 끌고 뒤에서 미는 부부의 모습을 볼 때마다 한없는 존

1963년 5월14일 개보수 공사를 끝마치고 새롭게 단장한 성루 숭례문.
ⓒ정부기록사진집

경심과 유대감을 느끼며 무한한 힘을 얻었다고 했다.

가수 이미자는 남대문 과일장수의 딸로 자라 국민가수로 우뚝 솟았다.

남대문 일대의 활기가 사람을 키우고 기업을 키웠다.

남대문 옆 무역회관 꼭대기에는 수출입국의 기치를 올린 박정희 정부의 수출실적을 매일매일 나타내는 게시판이 붙어 있었다. 야생마와 같은 기업인들에 의해 수출실적은 껑충껑충 뛰어오르고, 남대문시장은 새벽부터 밤 늦도록 흥청거림이 멈출 줄을 몰랐다.

남대문은 '한강의 기적'을 지켜본 기념물이기도 했다.

그것을 잃고 말았다. 조선왕조 초기에 세워져 6백년 풍상을 견딘 문화재는 2008년, 대한민국 건국 60년 되는 해에 불길 속으로 사라졌다.

많은 사람들이 화재 현장의 검은 잔해를 보며 눈물짓고 두손 모아 엎드려 용서를 빈 것은 우리 세태의 무관심, 국가관리의 허술함으로 국보 문화재를 지키지 못한 부끄러움과 스스로 매질을 하고 싶은 자책감, 역사와 조상 앞의 예를 숭상할 줄 몰랐던 죄스러움의 분출이었다. 그리고 허구한날 TV 뉴스 화면을 차지하는 대통령과 그만그만한 정치인, 그리고 고위 공직자들, 화재 현장에서 볼 수 없었던 그 반면교사(反面敎師)의 화상들을 뽑은 국민으로서의 잘못을 엎드려 사죄하는 의미도 간과할 수 없는 것이었다. 정치가 그 모양이니 누굴 탓하랴. '국민의 죄'로 치부하고자 함이다.

조상의 문화유산을 그렇게 잃어버렸지만, 잃었다가 되찾은 것도 있다. 무심한 세월 속에 잃어버렸던 우리것의 소중함과 사랑에 대한 뼈저린 깨달음이다.

무엇을 물려줄 것인가

　박정희가 군복을 벗고 처음 대통령에 당선된 이듬해인 1964년 정초에 AP통신과 인터뷰를 했다. 당시 AP통신 아시아총국장 로버트 언슨의 서울발 기사는 박정희 등장의 시대적 배경을 다음과 같이 소개했다.
　"지금으로부터 40년 전, 캘빈 쿨리지가 미국 대통령이었고 아라비아의 로렌스가 추장 차림을 하였으며, 이승만씨가 한국의 독립을 위해 투쟁하고 있을 무렵, 한국의 남쪽 산골에서는 여섯살 난 박정희 소년이 커다란 갈색 황소를 끌고 있었다."
　소년 박정희는 제 또래에 비해 키가 작아 황소를 풀 먹이려고 끌고 다니는 일이 꽤 힘에 겨웠다. 발육상태가 나빴고, 집안이 가난하니 학교에 도시락을 싸가지 못해 점심시간이면 운동장 한구석에 쪼그려앉아 있다가 물로 배를 채우고, 집에 와서 솥뚜껑과 찬장을 열어보고는 먹을 게 없어 손가락으로 간장을 찍어 먹고 돌아서곤 했다.
　그는 배고픈 게 뭔지를 뼈저리게 체험한 세대의 전형이었다. 흡사 그는 구한말 시대, 키가 작고 흰 무명 바지저고리 때문에 얼굴이 더 검어 보이며, 카메라를 들이대는 서양인들 앞에 열등감을 감추지 못하던 선조들의 애잔한 모습을 연상케 한다.

그런가 하면 부인 육영수는 군 시절의 박정희와 맞선을 보고 나서 "남자가 오종종한 게 조금 마음에 걸리지만 말하는 태도는 아주 침착하더라"면서 "군화를 신고 돌아서는 뒷모습이 믿음직스러웠다"고 말했다.

위의 AP통신 기자는 청와대에서 대통령 가족이 기념촬영을 하던 때의 장면을 다음과 같이 썼다.

"가족사진을 찍기 위해 한자리에 모이는 동안, 박 대통령은 자신이 앉을 의자에 놓여 있던 두툼한 방석을 들어내어 보기좋게 던져버리는 것을 AP통신 사진기자 샘 존슨이 보았다. 의자에 방석이 없으면 박 대통령은 나란히 앉은 부인의 키보다 작게 찍힐 것이다. 그러나 박 대통령은 그것을 개의치 않았다."

박정희의 그런 면모를 민감하게 포착하고 있다.

박정희는 육군 소장으로 5.16혁명을 일으킨 후 얼마 안 되어 중장 진급을 했고, 미국 방문을 앞두고 대장 계급장을 달았다. 청와대에서 대장 진급식을 할 때 대통령 윤보선이 박정희, 김종오 두 장군에게 계급장을 달아주며 "두 분은 다같이 키가 작군요"라고 농담을 하자 장내에 웃음소리가 났다. 그런데 박정희가 정색을 하고 "작은 고추가 맵다고 하지 않습니까?"라고 대꾸하는 바람에 분위기가 서늘해졌다.

1966년 5.16혁명 5주년 경축 연회에서 박정희가 두루 악수를 나누다가 최고회의 부의장이었던 이주일과 마주섰을 때 두 사람의 키가 비슷하다는 이야기가 나왔다. 그때 박정희는 볼우물을 잔뜩 부풀리고 까치발로 서면서 손을 머리 위에 얹고 "내가 더 크잖아?"라고 말해 장내를 웃겼다.

작은 키에 대하여 당당하기도 하고 화를 내기도 하고 또 남을 웃기기도 하는 등 때와 장소에 따라 자기 기분을 숨김없이 드러냈다.

잘 먹어야 체력도 좋아지고 체격도 커진다. 잘사는 나라 사람들은 영양이 풍부하고 키가 크다. 체력과 체격은 국력과 비례한다. 오죽하면 그 시절 "체력은 국력"이라며 잘살아 보자고 외쳐댔을까.

박정희 어록(語錄)에서 가장 많이 눈에 띄는 말이 '조국 근대화'이다. 그와 더불어 '후손'이란 말도 꽤 많이 등장하고 있다. 두 말은 서로 긴밀하게 연관되어 하나의 의미를 이룬다. 잘사는 나라를 후손에게 물려주자는 것이다.

"조국의 근대화, 그것은 국토 통일이라는 민족적 지상 과제를 성취하기 위해, 오늘에 사는 우리 세대가 기필코 이룩해야 할 국가적 과업이며, 우리의 후손에 물려줄 값진 유산입니다."(1967년 신년 메시지)

"우리의 후손들이 오늘에 사는 우리 세대가 그들을 위해 무엇을 했고, 조국을 위해 어떠한 일을 했느냐고 물을 때, 우리는 서슴지 않고 조국 근대화의 신앙을 가지고 일하고 또 일했다고 떳떳하게 대답할 수 있게 합시다."(1967년도 대통령 연두교서)

하루 아침에 이루어지는 일들이 아니다. 그러나 다른 나라에서 유례를 찾아볼 수 없을 만큼 한국은 압축성장을 이루었고, 그 세월과 더불어 한국인의 키도 시나브로 커졌다.

21세기의 한국이 수십년 전에 비해 눈에 띄게 달라진 것 한가지를 꼽는다면 바로 사람의 키다. 한국인의 키가 커졌다.

그것을 실감케 하는 비교 대상이 바로 북쪽이다.

해방 전에는 남쪽 사람들이 작고 북쪽으로 가면서 키가 컸다. 그것이 인류학적 측면과 사회적 환경에 따른 정설이었고, 실제 눈으로 보이는 것이 그러했다.

그것이 확 바뀌어 버렸다.

KAL기 폭파범 김현희가 한 말이 있다.

"남한 사람들이 대체로 북한 사람들보다 체구가 큰 것 같다."

2005년 6월 철책선을 뚫고 월남한 북한군의 키가 1미터50센티에 몸무게 45킬로여서 놀라움을 주었다.

그해 중국 신화사통신이 보도한 통계자료를 보면 북한 청년의 평균키가 1미터58센티로 아시아 조사 대상국 중 최하위에다 남한과 15센티 차이가 나는 것으로 나와 있다. 남쪽으로 온 탈북자들을 조사해 보니 남북 청소년의 키가 10~20센티 차이가 나고, 북쪽의 초등학교 6학년 소년이 남쪽의 1학년 키와 비슷하더라고 했다.

신세대로 일컬어지는 이쪽의 청소년들은 지하철이나 자동차에서의 앉음새가 불편할 정도로 다리가 길어 학교의 책걸상도 체형에 맞게 바꾸게 되는 등 그들은 부모 세대와 다른 생활공간을 확장해 가고 있다. 국가사회의 성장 환경에 걸맞은 집단적 현상이다. 이렇게 되기까지 우리에게는 초근목피를 찾아 헤매던 보릿고개의 세월로부터 근대화 시대를 몸부림쳐 살아온 세대가 있다. 한결같이 키도 작고 볼품없었다.

그 중심에 광대뼈가 불거진 마른 얼굴에 작은 체구의 박정희가 있었다. 오늘의 키 크고 영양이 좋은 신세대는 키 작은 부모 세대의 땀과 눈물이 이루어놓은 압축성장의 결과물이다. 압축성장의 파워가 한국인의 키를 높인 것이다.

남쪽의 고민이 비만이라면 북쪽은 배고픔이다. 남북의 생존환경이 키 차이를 갈수록 벌려놓고 있어 심지어 인종이 달라졌다는 말이 나오는 판국이다.

박정희는 후손을 위해 국부(國富)를 물려주었고, 김일성은 아들에게 권력을 물려주었다.

조국 근대화의 총지휘자였던 박정희는 나무를 심으면서, 고속도로를 닦으면서, 새마을운동을 하면서, 수출증대를 강조하면서 "후손을 위해", "후손에게 물려주기 위해서"라는 말을 빠뜨리지 않았다.

작가 이청준은 이렇게 말한다.(조선일보 2005년 11월3일)

"명심해야 할 것은 지금의 우리 경제력이 어제오늘 이 세대가 이룬 게 아니라는 사실이다. 그것은 일찍부터 값싼 섬유 제품과 신발류 등속으로 출혈 수출을 시작한 소기업부터 북태평양 얼음바다로 원양어선 타고 나간 우리 어업인들과, 사막의 모랫바람을 몇 해씩 견디고 돌아온 중동 건설근로자들과, 심지어 '용병(傭兵)' 소리까지 감수해야 했던 월남 참전 용사들의 피와 땀이 기틀을 마련해준 덕이다. 오늘 지구촌 곳곳의 시장을 누비게 된 전자제품, 자동차, 조선해운업의 발전도 이역만리 독일에서 파견 광원들과 간호사와 이 나라 대통령이 함께 애국가를 부르며 눈물 속에 다짐했다는 서러운 결의와 종자돈이 주춧돌을 놓은 결과라 할 수 있다. 우리는 그것을 허투루 생색내고 낭비할 권리가 없다. 우리 후대들의 앞일을 생각하면 더욱 그렇다. 오늘 우리는 그들에게 과연 어떤 나라와 삶을 물려줄 것인가."

탄신 100주년을 향하여

역대 대통령들을 보면 밉든 곱든 그 나름으로 뭔가 가진 게 있어 보이고 하나같이 넉넉한 상인데 박정희는 그게 아니다. 고난의 상이다. 궁하고 고생 팔자를 타고 난 모습이다. 키도 작다.

"내 얼굴이 왜 새까만 줄 아쇼?"

그가 청와대 출입기자들에게 말을 건넨 적이 있다.

"어머니가 큰형수와 같은 시기에 잉태를 하셔서 망신스러우니까 나를 지우려고 간장을 많이 드시는 바람에 이렇게 되었다는 거요."

궁금해하는 기자들에게 이렇게 말하며 허허 웃더라고 했다.

그는 1917년 11월14일생. 그때 모친은 40대 중반이었다.

원치 않는 잉태였으므로 간장도 먹어보고 높은 곳에서 뛰어내려 굴러도 보았건만 지워지지 않고 태어난 생명이라 했다.

그의 작은 체구는 낙태를 원하던 모친의 몸부림 때문이라 하고, 또는 걸음마 타던 시절에 화상(火傷)을 입은 충격, 또는 제대로 못 먹은 탓이라고 여러가지 이야기가 있지만 고난에 짓눌린 아픔이었던 것은 분명하다.

압박과 설움의 그 시절, 가난에 찌든 서민들에겐 아이의 출생이

경사만은 아니었다.

　소년시절의 박정희를 모친은 매우 안쓰러워했다. 미안하고 죄스런 마음으로 모친은 막내에게 정을 쏟았다. 모진 가난으로 겨우겨우 대구사범을 졸업해 혼자 돈을 벌게 된 박정희가 문경에서 교사생활을 하다가 또는 만주에서 군대생활을 하다가 잠시 돌아와 용돈을 드리면 한참 세월이 흘러도 그 돈을 허리춤에 그대로 갖고 있었다는 모친이다. 그 막내가 대통령이 될 줄은 꿈에도 몰랐을 모친이다.

　11월14일은 음력 9월30일로 되어 있던 생일을 양력으로 바꾼 날짜이다. 그는 제 자신을 챙기는 일에 무심한 성격인지라 군대 시절에 양력 생일이 되어 동료들이 생일자리를 벌이자고 하면 음력으로 지낸다고 하고, 음력 생일에는 양력으로 지낸다며 피하곤 했다. 무슨 날이라고 해서 격식 차리는 것을 번거로워했다.

　청와대 시절엔 음력 날짜를 그대로 둔 9월30일이 양력으로 오인되어 그 날을 생일로 치렀다. 각하의 생신을 번듯하게 지내야 하지 않겠느냐는 말에 "국민소득 3백달러가 되면 보란듯이 잔치하겠다"고 대답했지만 3백달러 6백달러로 나라살림이 껑충껑충 뛰어가도 그 생일은 밥이나 한끼 먹는 매양 그 타령이었다.

　생일을 양력 11월14일로 바로잡은 것이 1976년이었다. 그 전까지 생일날도 아닌 날에 생일을 지내다가 제대로 된 날짜의 생일을 세번 치르고, 그리고 세상을 떠났다.

　제61회 생일을 마지막으로 맞았던 1978년 11월14일.

　그는 육사 생도 박지만을 제외한 두 따님 근혜, 근영과 함께 속초에서 마지막 생일을 보냈다. 하루 전 저녁 늦게 설악산관광호텔에

제59회 생일을 맞은 1976년 11월14일, 자녀들과 강릉에서 하루를 보내고 토산품 점에 들러 모자를 고르며 값을 묻고 있다. 여주인이 대통령 생신 선물로 드리고 싶다고 하자 "이것 참 곤란한데……"라며 격의 없는 담소를 나누었다.
ⓒ국가기록원

도착한 그는 토산품 가게에서 지팡이 한개를 사고 설악동 파출소에 들러 근무 중인 경찰관들을 격려했다.

생일날 아침엔 두 따님과 함께 설악산 비선대를 오르며 쓰레기를 주웠고, 등산길에서 만나는 학생, 신혼부부, 관광객들로부터 인사를 받고 "어디서 왔습니까. 안녕하십니까"라고 답례를 했으며, 대통령을 반가이 맞는 한 매점 주인의 인사를 받고 그곳에서 감자부침을 들기도 했다. 목적지인 비선대에 올라서는 바위 위에 돗자리를 펴고 준비해간 김밥 도시락으로 점심을 든 뒤 하산했다.

하산길에 신흥사 근처 계곡에서 자연보호운동을 펴고 있는 속초새마을부녀회원, 구국여성봉사단 회원들과 만나 잠시 환담을 나누고, 신흥사 입구에선 사진 촬영을 하던 젊은이들과 반갑게 악수를 나누었다.

이튿날은 서울로 오는 길에 해안초소에 들러 내무반을 둘러보고 야간 경계근무를 마치고 취침 중에 있는 사병들의 등을 두드리고 월동준비 상황을 묻기도 했다. 이어 오죽헌과 대관령 휴게소에 들러 잠시 휴식을 취한 뒤 청와대로 돌아왔다.

그의 마지막 생일의 발자취가 그러했다.

2007년 11월14일은 그의 탄신 90주년이 되는 날이었다.

구미 생가와 문경 청운각(교사 시절의 하숙집)에서는 숭모제가 열리고, 구미에서는 기념전시회와 축하음악회도 열렸다.

그러나 지도자를 추모하는 행사는 국가가 아닌 지역의 작은 규모로 조용하다 못해 초라하다. 아무런 직접 인연이 없는 장삼이사(張三李四)들이 먼길 마다 않고 추모 행사에 몰려들지만 정부의 지원도, 그 시절 은덕을 입은 어떤 사람들의 후원도 드러나는 것이 없다.

"한국은 그냥 발전한 게 아니라 로켓처럼 치솟았다."

한국의 근대사를 지켜본 한 외국 기자는 말했다.

"제2차대전 이후 인류가 이룩한 성과 중 가장 놀라운 것은 바로 사우스 코리아라고 말하고 싶다."

세계 경영학의 대부로 우리나라에도 잘 알려진 피터 드러커가 갈파한 말이다.

이런 외국의 찬사가 그 시절에 땀과 눈물을 쏟은 사람들에게 뜨거운 위안을 주고 있지만, 지도자 박정희의 뜻을 기리고 추모하는 행사를 국가는 외면하고 있다.

그러나 넉넉 잡아 탄신 100주년이 되는 해에는 크게 달라지지 않을까 싶다. 그에 대한 역사 평가는 갈수록 높아질 것이기 때문이다.